点亮青春灯塔，追寻科创梦想

2016年“攀登计划”广东大学生科技创新培育专项资金成果集

廖庆春 | 主编

中国纺织出版社有限公司

内容提要

人才是创新的根基，是创新的核心要素，而青年大学生是科技创新的重要力量。2015年起，共青团广东省委与省财政厅共同推动设立广东大学生科技创新培育专项资金，主要用于资助省内高校大学生开展科技创新实践研究。2016年，是“攀登计划”实施的第二年，成效显著。全书分门别类汇编了“攀登计划”立项项目发表的核心论文，展示了资助项目，收录了修订后管理办法，前后贯通，较为全面地展示了实施第二年的经验成果。

图书在版编目（CIP）数据

点亮青春灯塔，追寻科创梦想/廖庆春主编．—北京：中国纺织出版社有限公司，2020.12

ISBN 978-7-5180-8242-1

Ⅰ．①点…　Ⅱ．①廖…　Ⅲ．①大学生—技术革新—文集　Ⅳ．①G644-53

中国版本图书馆CIP数据核字（2020）第234197号

策划编辑：李满意　　责任编辑：张　强
责任校对：王蕙莹　　责任印制：王艳丽

中国纺织出版社有限公司出版发行
地址：北京市朝阳区百子湾东里A407号楼　邮政编码：100124
销售电话：010—67004422　传真：010—87155801
http://www.c-textilep.com
中国纺织出版社天猫旗舰店
官方微博 http://weibo.com/2119887771
三河市宏盛印务有限公司印刷　各地新华书店经销
2020年12月第1版第1次印刷
开本：710毫米×1000毫米　1/16　印张：13.5
字数：210千字　定价：58.00元

本书编委会

总 策 划： 池志雄

顾　　问： 武一婷

主　　编： 廖庆春

编　　委： 许业河　蔡　立　吴韵婷　梁　剑

黄智利　钟　裕　林晓雯　黎广炽

目录
CONTENTS

2016年“攀登计划”立项项目论文选登

云南勐海勐满金矿含金黄铁矿地球化学特征和矿床成因意义

蒋丽怡　李卓飞　孙晓明

（蒋丽怡，中山大学地球科学与地质工程学院，广州，510275；李卓飞，中山大学海洋学院，广州，510006；孙晓明，广东省海洋资源与近岸工程重点实验室，广州，510006）

黄铁矿作为最重要的载金矿物之一，普遍产于各种类型的金矿之中，其地质地球化学特征可以揭示矿床成因与成矿物质来源，故其常常成为金矿地质工作者的主要研究对象。

勐满金矿位于云南省勐海县勐满镇城子村境内，中心地理坐标 E100°07′20″、N22°10′00″。勐满金矿地处滇西昌宁—澜沧江成矿带，虽然矿床规模中等，但前人在区内已经发现了多处金矿床（点），其金矿找矿前景良好。

前人对勐满金矿展开了一些研究，但对其矿床成因和成矿过程还是有较大争论。有学者认为，勐满金矿属于微细粒（卡林型）—红土复合型金矿床；也有学者认为，勐满金矿属于热泉型金矿。本文将对勐满金矿的主要载金矿物——黄铁矿化学成分、硫铅同位素组成等进行系统分析研究，力图对勐满金矿床成矿物质来源和成因进行探讨。

一、成矿地质背景

勐满金矿位于昌宁—孟连褶皱带，临沧—澜沧腹背斜南部，勐满—南坑河大断裂西侧，勐海花岗岩（γ_5^1）西侧接触带上；成矿区划属为昌宁—澜沧江 Pb－Zn－Ag－Au－Sr－（Cu）成矿带。区内经历了多次强烈地质构造运动、岩浆侵入，又经变质作用叠加和后期岩浆活动影响，是寻找金矿产的有利地区。

本区地层分布具两分特点，以新元古界澜沧群（Pt_3）变质岩系为基底，中生界碎屑岩系沉积地层盖于变质基底之上。澜沧群变质岩系中金的背景值较高，目前，在本区已经发现的西定金矿、曼纳金矿、勐满金矿等多个金矿床，都分布在澜沧群变质岩系中。总体来说，本区具有良好的金的成矿地质。

二、矿区地质特征

勐满金矿区出露地层为新元古界曼来组（$Pt_3 ml$）变质岩、侏罗系花开左组碎屑岩和第四系（Q）残坡积。曼来组下段上部（$Pt_3 ml^1$）为变质中酸性火山喷发，形成凝灰岩、流纹质熔岩建造。

矿区内主要发育北西走向断裂，主要为 F_2、F_3 两条断层构造，断层性质均属于逆断层，倾角 60°～80°，属南坑河—勐满断裂的次级构造，为一组形成、活动于成矿以前的压扭性断裂。北西走向断裂带及旁侧次及构造、裂隙发育，主要沿曼来组片岩（$Pt_3 ml^1$）与侏罗系砂岩（J_2h）接触带分布；沿构造带可见构造角砾岩、黑色断层泥分布，岩石碎裂岩化、糜棱岩化强烈，为矿化蚀变提供了通道和空间，常产出厚 0.5～3.0m 的蛋白石层。

矿产主要赋存于曼来组变质岩、花开左组碎屑岩和第四系残坡积物中。以 F_2 断裂为界，勐满金矿分为光贺矿（段）区和热水塘矿（段）区。其中，光贺矿区主要富矿地层为澜沧群曼来组、侏罗系花开左组地层、两者接触带和第四系残坡积层，热水塘矿区的主要富矿地层为侏罗系花开左组地层和第四系残坡积层。

三、矿床地质

1. 矿体特征

勐满金矿主矿体呈北西向面状分布，长约 1400m，宽约 1000m，中间有夹石分布，平均垂直厚度在 20m 左右。矿体在垂向上埋藏浅，一般为 0～5m，绝大部分地段仅需剥到残坡积层即为矿体。采用 ω（Au）$=0.20\times10^{-6}$ 为边界品位，ω（Au）$=0.30\times10^{-6}$ 为工业品位，本矿区共圈定 2 个工业品位矿体和若干个小矿体。矿体产状受地形影响明显，与地形基本一致，一般倾角小于 10°。由于区域地层抬升速度较快，氧化带较厚，矿体受氧化带控制，氧化矿石大量发育。

2. 矿石类型和金品位

根据成矿阶段不同，本区可划分两大类矿石类型，分别是热液阶段形成的原生矿石和表生阶段形成的氧化型矿石。其中，原生矿石又可以根据岩性细分为浅变质岩型矿石、碎屑岩型矿石、热液蛋白石矿石和角砾岩型矿石；金的富集对岩性没有明显选择，均表现较强的硅化和黄铁矿化。

原生矿石：浅变质岩型矿石主要位于新元古界澜沧群曼来组下段（Pt_3ml^1），主要岩性为深灰色绢云母石英片岩。碎屑岩型矿石主要位于侏罗系花开左组下段上亚段（J_2h^{1-2}），主要岩性为紫红色粉砂岩、粉砂质泥岩。热液蛋白石矿石主要位于不整合面、断裂带及其旁侧的节理带中，呈块状、透镜状产出，以 ω（Au）$=0.20\times10^{-6}$为边界品位，矿石比例约为30%；其分布常沿纵裂隙贯穿不整合面，反映下部热液中的硅质向上迁移充填的结果。角砾岩型矿石在矿区内分布广泛，整个矿区范围内矿体及其外侧岩石均不同程度碎裂，一般均保留原岩结构构造特征，角砾大小1～20mm，大部分由硅质胶结；角砾岩的形成，与构造作用和热液沸腾作用有关。原生矿石中，主要的矿石矿物是黄铁矿、蛋白石，主要的脉石矿物是石英、绢云母。显微镜下观察，可见本矿区的脉石矿物石英常见梳状构造。原生金矿石的含金品位为 ω（Au）$=0.14\times10^{-6}\sim0.88\times10^{-6}$，平均 0.312×10^{-6}（表1）。

矿石类型：产于第四系残坡积层中，所在的红色黏土层一般厚3～8m，由下部各类基岩氧化风化而成。氧化型矿石主要含黏土和少量粉细砂，夹有少量石英、蛋白石、碎屑岩、片岩碎块；黏土矿物是主要的矿石矿物，含金品位 ω（Au）$=0.34\times10^{-6}\sim1.07\times10^{-6}$，平均 0.645×10^{-6}（表1）。根据 XRD 测试结果，氧化型矿石中的黏土矿物种类主要为高岭土，少部分为伊利石、绿泥石。

表1　勐满金矿各类型矿石的品位

	岩性类型	测试编号	ω（Au）$/10^{-6}$	平均 ω（Au）$/10^{-6}$
原生矿石	浅变质岩型矿石	MM003	0.173	0.312
		MM027	0.186	
		MM022－2	0.248	
		MM025	0.880	
	砂岩型	MM020	0.349	
		MM026	0.209	
	蛋白石型矿石	MM011－3	0.303	
		MM014	0.153	
	角砾岩型矿石	MM011	0.142	
		MM015	0.479	

续表

	岩性类型	测试编号	ω（Au）$/10^{-6}$	平均 ω（Au）$/10^{-6}$
原生矿石	氧化型矿石	MM019	1. 065	0. 645
		MM017	0. 449	
		MM023	0. 343	
		MM024	0. 724	

3. 成矿阶段划分及黄铁矿产状

本文在前人研究的基础上，将勐满金矿的成矿阶段划分为 3 期：成岩成矿期、热液期、表生期。

成岩成矿期：该地区曼来组的变质岩系和花开左组的碎屑岩系这两套含矿地层都经历了沉积成岩作用和浅变质作用，地层中金的背景值较高，为后来的矿化提供矿源物质。成岩成矿阶段的黄铁矿主要呈星散浸染状产出，粒度一般为 0. 05 ~ 0. 5mm，自形到半自形，立方体晶形，部分已经氧化成褐铁矿。

热液期：热液期是勐满金矿主要的成矿阶段，可进一步划分为主成矿阶段和晚期成矿阶段。主成矿阶段以大规模硅化和浸染状分布的细粒黄铁矿化为特征。主成矿期石英包裹体的均一温度为 220℃ 以下，盐度平均为 ω（NaCl，eq）=1. 53%。成矿晚期的石英包裹体均一温度在 200℃ 以下，平均盐度为 ω（NaCl，eq）=2. 64%。黄铁矿化主要沿片理面、断裂带和糜棱岩带分布，黄铁矿含量一般为 φ（黄铁矿）=2% ~5%，最高可达 20%。主成矿阶段黄铁矿形态呈浸染状产出，半自形到他形，粒度一般较小，颗粒破碎严重，聚集呈条带状、团块状、针状产出。晚期成矿阶段以形成含金的石英—黄铁矿细脉为特征，细脉宽 0. 05 ~ 1mm，脉体呈脉状、网脉状穿插在早期的矿石中。

表生期：以风化作用为主导，在风化过程中，原生矿物发生氧化作用，硅酸盐矿物逐渐转变成高岭土、伊利石等黏土矿物，硫化物如黄铁矿转变为褐铁矿等氧化矿物。同时，金在风化过程中发生富集，形成氧化型矿石。

目前关于勐满金矿的成矿年龄数据较少，程琳对勐满金矿中花开左组的含矿蚀变砂岩样品中的碎屑锆石进行裂变径迹法定年，得出锆石裂变径迹年龄为 94Ma ±4Ma ~114Ma ±5Ma，记录的最后一次热事件发生时代大约在白垩纪中期。

金银赋存状态：矿石矿物的扫描电镜测试结果表明，在矿区的各种主要矿石类型中均含有金银矿物。金矿物主要呈以下 3 种赋存状态。①呈包裹金的形式分布在原生矿石的黄铁矿脉中，包裹金主要以银金矿的形式存在；包裹金的粒径较小，均小于0.5μm；银金矿中金的含量约为 ω（Au）=87%，银的含量约为 ω（Ag）=13%。②以超显微粒金分布在原生硅化矿石和热液蛋白石的石英间隙中，金主要以自然金的形式存在，形态主要以浑圆状、不规则状为主，金矿物的粒径比包裹金大，多为0.5 ~4μm；另外，测试过程中发现银矿物也主要以自然银的形式赋存在硅化矿石的石英间隙。③以显微粒金形式被吸附在氧化型矿石的黏土矿物中，氧化矿石中的吸附金以自然金的形式存在，形态不规则，呈现粒状、团块状等，粒径较大，为 1 ~20μm，表现次生富集的特征。

四、样品采集和测试

1. 样品采集

本次测试样品均采自勐满金矿光贺矿区（段）和热水塘矿区（段），共在现场采集了 27 个不同点位的样品。其中，光贺矿区（段）12 个，热水塘矿区（段）15 个；原生矿样品 23 个，氧化矿样品 4 个。

2. 测试分析方法

（1）Au 含量分析

样品黄铁矿的金品位测试分析在澳实分析检测（广州）有限公司完成，测试方法使用澳实实验室的 Au - ICP21 流程，分析仪器为电感耦合等离子体发射光谱（ICP - AES）。

测试步骤如下：首先往试样中加入由氧化铅、碳酸钠、硼砂、石英砂及其他试剂混合组成的熔剂，再加入不含金的银；然后高温熔融和灰吹至生成金银合珠；接下来金银合珠加入稀释的硝酸，置于微波炉中进行消解去银，再加入浓盐酸进行进一步的消解熔金；消解完并待溶液冷却后，用去离子水稀释定容，再用电感耦合等离子体发射光谱分析；最后仪器测试曲线由匹配母体标准溶液构成。该方法对 Au 的检出下限为 ω（Au）=0.001×10^{-6}。

（2）电子探针分析

样品黄铁矿的主微量元素电子探针分析在中山大学测试中心完成，所用仪器为JEOLJXA－8800R型电子探针仪（EPMA），仪器可检测元素范围：B～U；波长检测范围：0.087～9.300nm；最低检测限可达 $W_B = 100 \times 10^{-6} \sim 300 \times 10^{-6}$。本次测试的加速电压为20.0kV，电子束流大小为 2×10^{-8} A，束斑直径2～5μm。本次测试元素为S、Fe、As、Co、Ni、Cd、Cu、Ag、Au共9种元素，使用的标样为硫化物标样，测试精度0.2%。

测试步骤：首先将样品用环氧树脂粘片，制成0.03～0.04mm厚的光薄片；在光学显微镜下观察并标记出黄铁矿的位置信息；然后给样品表面镀碳膜；最后，将样品镀碳光片送入电子探针仪中进行元素的定量分析。

（3）扫描电镜分析

样品黄铁矿的扫描电镜分析工作在中山大学地球科学与地质工程学院的发射扫描电镜实验室完成。扫描电镜型号为SIG－MA型扫描电镜，扫描电镜Apeture size设置为60μm、工作模式为High Current模式、ENHT电压为10kV，使用背散射图像观察。

（4）硫铅同位素分析

黄铁矿样品的硫铅同位素分析在核工业北京地质研究院分析测试中心完成。同位素测试前的准备工作主要是挑选黄铁矿单矿物，首先将含黄铁矿细脉的矿石样品进行清洗、切割和破碎处理，然后在双目镜下用挑针和镊子挑选所要分析的黄铁矿单矿物。

S同位素分析测试所用仪器为德国产MAT－251型气体同位素质谱仪。测试流程（简述）：首先将纯度大于99%的硫化物单矿物样品与氧化物亚铜按1∶10比例混合均匀，并研磨至200目；然后在真空到达 2.0×10^{-2} Pa的条件下加热，进行充分的氧化还原反应，反应温度为980℃，以生成二氧化硫气体；最后在真空条件下，用冷冻法收集二氧化硫气体，并用气体同位素质谱分析其中的硫同位素组成。分析精度，优于 $\pm 0.2 \times 10^{-3}$。分析结果，采用美国亚利桑那州卡杨迪亚布峡谷陨硫铁进行标准化，记为 $\delta(^{34}S)$。硫化物参考标准为GBW－04414、GBW－04415硫化银标准，其中 $\delta(^{34}S)$ 分别为 $-0.07 \times 10^{-3} \pm 0.13 \times 10^{-3}$ 和 $22.15 \times 10^{-3} \pm 0.14 \times 10^{-3}$。

Pb同位素分析测试所用仪器为ISOPROBE－T型热表面电离质谱仪。分析流程（简述）：先称取定量式样放入聚四氟乙烯坩埚中，用氢氟酸、高氯酸和盐酸将样品进行反复溶解并蒸干，然后用0.5mol/L 的 HBr 溶液溶解样品进行 Pb 的分离；再将溶解的样品用强碱性阴离子交换树脂进行 Pb 的分离提取，然后用0.5mol/L 的 HBr 溶液和2mol/L 的 HCl 溶液分别淋洗交换树脂，最后用6mol/L 的 HCl 溶液解脱并蒸干；将分离纯化好的铅样品上机进行铅同位素比值测量。1μg 铅的 $^{208}Pb/^{206}Pb$ 测量精度，优于0.005%；NBS981 标准值（2σ）：$^{208}Pb/^{206}Pb = 2.1681 \pm 0.0008$，$^{207}Pb/^{206}Pb = 0.91464 \pm 0.00033$，$^{204}Pb/^{206}Pb = 0.059042 \pm 0.000037$。测定方法依据：GB/T 17672—1999《岩石中铅锶钕同位素测定方法》。

五、测试结果和讨论

本次研究对勐满金矿的7 件探针片中的黄铁矿进行了电子探针元素定量分析：对其中一个主成矿阶段黄铁矿进行了面扫描图像，分别测量了 S、Fe、As、Co、Ni、Cd、Cu、Ag、Au9 种元素，分析点共计63 个，取得测量结果。另外，还对矿石中的黄铁矿进行了 S、Pb 同位素测试。

1. 黄铁矿主量元素

根据对测量结果的分析，勐满金矿黄铁矿的主元素 S 在早期成岩成矿阶段平均为ω（S）=52.20%（理论值为53.45%），然后逐渐增大，到主成矿阶段平均为ω（S）=53.44%，成矿晚期平均值 ω（S）=54.04%，显示黄铁矿从亏硫变化到富硫。元素 Fe 则从早期成岩成矿阶段的平均 ω（Fe）=46.74%（理论值为46.55%）下降到主成矿阶段的平均 ω（Fe）=45.40%和晚期成矿阶段的 ω（Fe）=45.44%，表示黄铁矿从富铁变化到亏铁。N（S）/N（Fe）值，相应从成岩成矿阶段的1.95 上升到主成矿阶段的2.05 和晚期成矿阶段的2.07（理论标准值为2.00）。

勐满金矿黄铁矿的δ（Fe）—δ（S）图解（图1a）显示黄铁矿中 Fe、S 元素偏离理论值的大小，且从图1a 可以看出类似的趋势。总的来说，勐满金矿的早期成岩成矿阶段的黄铁矿具有亏硫富铁的特点，主成矿阶段的黄铁矿具有亏铁的特点，晚期成矿阶段的黄铁矿具有富硫亏铁的特点。

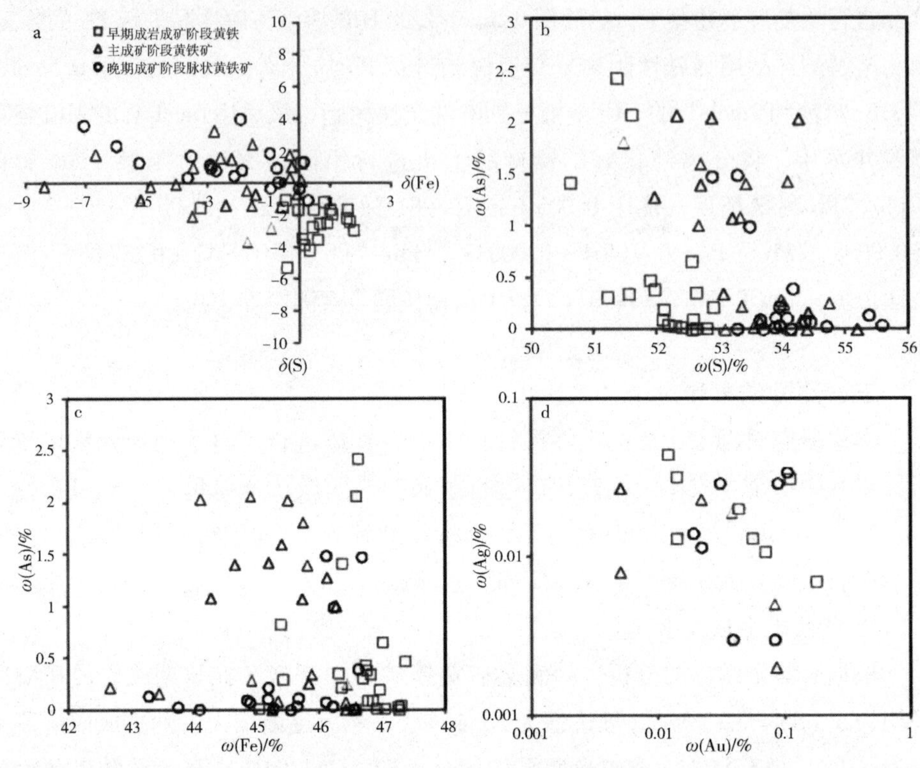

图1　勐满金矿不同成矿阶段黄铁矿的主微量元素投点图

有研究认为，变质热液成因的黄铁矿常有亏硫富铁的特点，浅成低温热液型金矿床、卡林型金矿床等低温矿床的黄铁矿常有亏硫亏铁的特点，沉积成因的黄铁矿的主要化学组分铁和硫的含量与理论值相近或硫的含量略多。勐满金矿黄铁矿测试数据反映出本矿区黄铁矿整体上从富铁变化到亏铁，说明在成岩成矿阶段时变质热液对地层中含矿黄铁矿的形成有较大影响，后来的主成矿期和晚期成矿阶段的黄铁矿则在一个相对浅成低温氧化的形成环境下形成。

2. 黄铁矿微量元素

黄铁矿的微量元素及其含量是黄铁矿主要标型特征之一，经过不同的地质作用，黄铁矿的微量元素的含量和比值会有不同的变化。

（1）As 元素

勐满金矿黄铁矿的电子探针分析结果显示，As 含量在各个成矿阶段的黄铁矿中的变化均极大，ω（As）数值介于 $30\times10^{-6}\sim24190\times10^{-6}$之间。在早期成岩成矿阶段，As含量平均为 ω（As）$=4320\times10^{-6}$，主成矿阶段的As含量上升到 ω（As）$=8260\times10^{-6}$，到了晚期成矿阶段则下跌到了 ω（As）$=2920\times10^{-6}$。

从勐满金矿黄铁矿的电子探针面扫描的测试结果也可以看出，As含量在黄铁矿分布不均的特点。

勐满金矿黄铁矿的 ω（S）—ω（AS）关系图（图1b）和 ω（Fe）—ω（As）关系图（图1c）显示出As与S、Fe呈现负相关关系，也显示出在矿化过程中As会进入黄铁矿晶格置换其中的S、Fe原子，黄铁矿中的铁元素也被其他+2价金属离子替代，它们一起使黄铁矿内部晶格缺陷增多，更有利于沉淀金络合物。

（2）Au、Ag元素

勐满金矿黄铁矿的电子探针分析结果显示，Au、Ag在各个成矿阶段的黄铁矿中均存在，但分布不一。Au在早期成岩成矿阶段，Au的含量比较高，有43%分析点的Au含量在检测限之上，但分布极不均匀，最低为 ω（Au）$=120\times10^{-6}$，最高值可高达 ω（Au）$=1660\times10^{-6}$，平均值 ω（Au）$=640\times10^{-6}$。主成矿阶段黄铁矿的Au测试结果显示，仅有38%的分析点检测到金，Au含量为 ω（Au）$=50\times10^{-6}\sim1130\times10^{-6}$，平均为 ω（Au）$=420\times10^{-6}$。晚期成矿阶段黄铁矿的Au含量检测结果最高，有61%分析点检测到金，含量为 ω（Au）$=190\times10^{-6}\sim1960\times10^{-6}$，平均为 ω（Au）$=950\times10^{-6}$。黄铁矿中Ag的含量相对较低，也表现出不均匀的特点。

从勐满金矿黄铁矿的 ω（Au）—ω（Ag）关系图（图1d）中可看出，各阶段黄铁矿的Au、Ag含量大致有一个负相关关系。各个成矿阶段中，早期澜沧群变质岩系地层中的Au背景值较高，另外从早期成岩成矿阶段到晚期成矿阶段，Au含量有逐渐上升的特点［从平均 ω（Au）$=640\times10^{-6}\rightarrow\omega$（Au）$=950\times10^{-6}$］，Au与Ag的比值也逐渐增加［从平均 ω（Au）/ω（Ag）$=1.96\rightarrow\omega$（Au）/ω（Ag）$=10.64$］，体现出Au不断富集成矿的过程。

研究表明，各种类型的金矿中的黄铁矿的As与Au含量有耦合关系。Reich认为：Au与As摩尔比值大于0.02时，Au以纳米自然金包裹体的形式出现在黄铁矿中；当该比值小于0.02时，含砷黄铁矿中的金主要以固溶体或离子金形式存在。从勐满金矿黄铁矿的 ω（Au）—ω（As）关系图（图2）可见，在早期成岩成矿阶段的较自形黄铁矿和晚期成矿阶段的脉状黄铁矿中，Au都主要以纳米自然金包裹体的形式出现在黄铁矿中，而在主成矿阶段，Au主要以固溶体或者离子金的形式存在于浸染状黄铁矿中。

前文分析了黄铁矿面扫描中 As 元素的分布特征，与之相比，面扫描结果显示 Au 在黄铁矿中的分布均没有环带特征，分布比较均匀，含量较低，与 As 没有明显的相关关系，与黄铁矿中的 Co 的含量高低和分布特征比较相似。从图 2 也可以看出，勐满金矿的 Au 与 As 不存在较显著的相关关系。

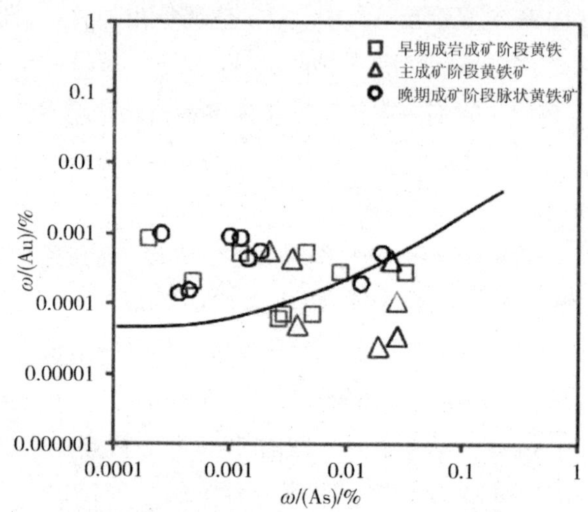

图 2　勐满金矿不同成矿阶段黄铁矿 ω（Au）—ω（As）关系图（底图据文献）

（3）Co、Ni 元素

从勐满金矿含金黄铁矿的电子探针面扫描结果可以看出，Co 在黄铁矿中分布均匀。在早期成岩成矿阶段的黄铁矿中，Co 元素含量较低，平均为 ω（Co）$=230\times10^{-6}$，Ni 元素含量平均为 ω（Ni）$=110\times10^{-6}$，ω（Co）/ω（Ni）值平均为 6.25；到了主成矿阶段，Co 元素含量逐渐增加，平均为 ω（Co）$=840\times10^{-6}$，Ni 元素含量逐渐下降，平均为 ω（Ni）$=20\times10^{-6}$，ω（Co）/ω（Ni）值平均为 21.2；晚期成矿阶段的黄铁矿的 Co 和 Ni 元素含量与主成矿阶段大致相同，Co 元素含量平均为 ω（Co）$=830\times10^{-6}$，Ni 元素含量平均为 ω（Ni）$=10\times10^{-6}$，ω（Co）/ω（Ni）值平均为 21.7。较高的 ω（Co）/ω（Ni）值，符合热液型黄铁矿和在变质岩中的黄铁矿的特征。

有研究认为，黄铁矿的 ω（As）—ω（Co）—ω（Ni）关系图与黄铁矿成因有较显著的关系。从勐满金矿含金黄铁矿 ω（As）—ω（Co）—ω（Ni）关系图（图 3）可以看出，早期成岩成矿阶段的黄铁矿投点范围比较分散，除了两个投点外集中在贫钴富镍富砷的范围，也就是变质热液型矿床范围内；主成矿阶段和晚期成矿阶段的黄铁矿投点范围比较一致，均落在贫 Ni、富 Co、富 As 的范围，其中大部分投点又集中在 As 的端元附近，符合地下热卤水成因矿床特征和浅成低温热液型矿床特征。

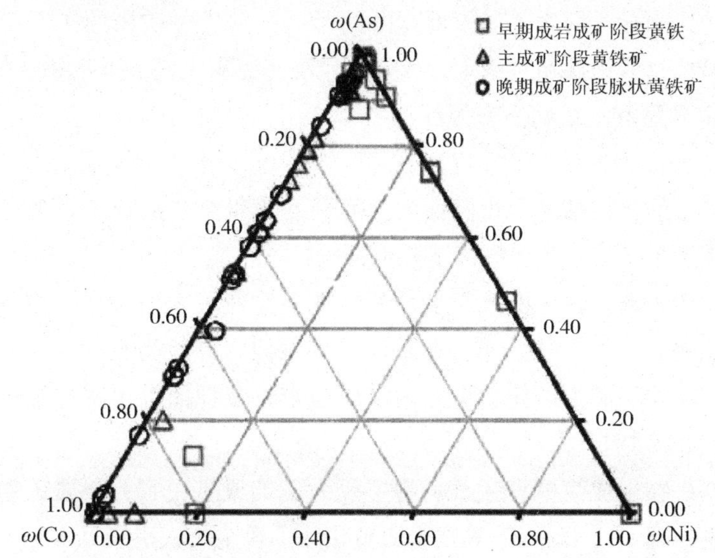

图 3　勐满金矿不同成矿阶段黄铁矿 ω（As）—ω（Co）—ω（Ni）关系图

3. 黄铁矿硫铅同位素

（1）硫同位素

硫同位素分析可以反映矿床中硫的来源。本次工作对晚期成矿阶段的含金石英黄铁矿脉的 5 个黄铁矿样品进行硫同位素测试，并与已有的黄铁矿硫同位素数据进行比较。勐满金矿的黄铁矿的 δ（^{34}S）变化范围较小，在 -4.1×10^{-3} ~ 2.1×10^{-3}之间变化，主要集中在 -3.0×10^{-3} ~ 2.0×10^{-3}之间。

据研究，硅化矿石中的低 δ（^{34}S）值是由硅质主要由细粒的石英和半结晶状态的石髓组成，表现出低温热液硅化的特征，该种情况被认为可能与大气降水淋滤有关，体现出中成矿后期的流体有大气降水加入。

（2）铅同位素

铅同位素在推测成矿物质来源及成矿作用过程等矿床成因研究中有重要作用。从勐满金矿的硅质岩矿石样品中挑出 4 个成矿晚期的含金黄铁矿样品进行铅同位素测试，并与已有的黄铁矿铅同位素数据进行比较。

不难看出，勐满金矿的铅同位素比较稳定，变化范围窄。铅同位素组成$^{208}Pb/^{204}Pb$变化于39.016～40.010（均值39.694），$^{207}Pb/^{204}Pb$变化于15.669～15.826（均值15.764）$^{206}Pb/^{204}Pb$变化于18.694～19.289（均值19.044）；$\omega(Th)/\omega(U)$值介于3.84～4.01，平均3.94，高于地幔值3.45，与地壳的$\omega(Th)/\omega(U)$值（约为4）相近。由此可见，勐满金矿床的矿石铅多为异常铅，矿床铅源物质来源相对稳定、成熟度较高，具有上地壳或沉积物的特点。

4. 成矿类型和成矿物质来源探讨

（1）成矿类型探讨

总结上文的分析结果，我们认为勐海勐满原生金矿的成矿类型是低硫型浅成低温热液型金矿床，主要有以下几点证据：

①矿床产于新元古界曼来组变质岩、侏罗系花开左组碎屑岩中，矿体产状受地形影响明显，似层状分布，在垂向上埋藏浅，一般为0～5m，大部分地段仅需剥到残坡积层即为矿体。矿区内沿断裂带、节理面等出露大量热液蛋白石脉和砂糖状石英脉。

②矿石矿物组成简单，脉石矿物主要为石英或蛋白石，金属矿物以黄铁矿为主，较少出现Cu、Pb、Zn等贱金属硫化物。含金黄铁矿未见卡林型金矿中常见的双层或多层生长结构。金主要以超显微态赋存在含金黄铁矿、石英或黏土矿物中。

③缺乏中高温蚀变组合，只发育绢云母化和黏土化等低温蚀变；在显微镜下可见本矿区的脉石矿物石英常见浅成低温热液型成矿系统经常发育的梳状构造、晶簇/晶洞构造。

④黄铁矿的产状特征、Fe、S主量元素和As、Co、Ni等微量元素，S、Pb同位素等地球化学特征均表现出本区热液成矿阶段是一个浅成低温的过程。

⑤前人测得的主成矿期石英包裹体均一温度在220℃以下，盐度平均为$\omega(NaCl, eq)=1.53\%$；成矿晚期石英包裹体均一温度在200℃以下，平均盐度为$\omega(NaCl, eq)=2.64\%$，流体包裹体的$\delta D=-94\times10^{-3}\sim-91\times10^{-3}$、$\delta(^{18}O_{水})=0.01\times10^{-3}\sim1.18\times10^{-3}$，显示其成矿流体主要为大气降水，与阿希等低硫型浅成低温型贵金属矿相似。

（2）成矿物质来源和成矿过程探讨

黄铁矿的S－Pb同位素特征显示，勐满金矿的成矿物质来源于上地壳，且早期成岩成矿期的黄铁矿的电子探针数据显示出围岩地层中的金的背景值较高，根据前人研究得出，勐满金矿的围岩的稀土元素与矿石的稀土元素总体特征十分相似，所以我们认为本区成矿物质可能主要来源于围岩中的澜沧群曼来组变质岩系和中侏罗统花开左组碎屑岩系。

勐满金矿的成矿时代争议较大，原因在于矿石中缺少合适的定年矿物。罗梅等（2006）对勐满金矿含金石英进行了热活化（ESR）定年，初步得出该矿成矿年龄为 35.9Ma ±3.6Ma，显示该矿成矿可能与喜马拉雅晚期造山作用有关，形成于喜马拉雅期伸展背景下的张性与张剪性断裂中，受到近 NS 向深大断裂控制。喜马拉雅晚期造山运动导致了本区大规模岩浆活动，大气降水下渗后被岩浆加热并发生对流，从其围岩中汲取成矿元素，沿张性断裂上升并发生沸腾作用导致成矿。前人研究显示该矿金矿流体垂向通道内发育磨圆与多次胶结的硅化角砾岩，矿石孔洞/晶洞结构在不同尺度（手标本与显微）普遍存在均表明流体在垂向运移过程中存在明显的沸腾作用，说明沸腾是该矿金沉淀的重要机制。

勐满金矿原生矿床在后期的表生作用中，金发生次生富集，从原生矿石的平均 ω（Au）$=0.31\times10^{-6}$ 到氧化型矿石的 ω（Au）$=0.65\times10^{-6}$，金的品位增加了一倍。从扫描电镜分析结果也可以看出，在氧化型矿石中，金的粒径也显著增大，以自然金的形式吸附在黏土矿物中，具有次生氧化富集成矿的特征，所以在浅成低温热液型矿床的基础上，次生氧化阶段是形成富矿的重要阶段。

六、结语

勐满金矿的金的赋存状态和迁移特征表现出以下特点：在早期成岩成矿阶段的较自形黄铁矿和晚期成矿阶段的脉状黄铁矿中，金主要以显微包裹金为主，成分为银金矿，在主成矿阶段，金主要以固溶体或者离子金的形式比较均匀地存在于浸染状黄铁矿中。次生氧化后，金以自然金的形式从黄铁矿中出溶，以微粒金的形式赋存在硅化矿石的石英间隙中。在后期的表生阶段，自然金被吸附在黏土矿物中，得到进一步的富集。

含金黄铁矿的主量元素、微量元素和硫铅同位素地球化学特征显示，勐满金矿属于低硫型浅成低温热液型金矿床，热液期的成矿物质来源于围岩中的澜沧群曼来组变质岩系和中侏罗统花开左组碎屑岩系，成矿流体主要为大气降水，热液成矿阶段金主要赋存在黄铁矿中，在次生氧化阶段，金从黄铁矿中出溶并进一步富集，次生氧化阶段是形成富矿的重要阶段。

致谢：本次研究的野外工作得到了云南省地质调查局李文昌局长、云南黄金集团等单位的地质人员的极大支持，实验过程得到中山大学测试中心、地球科学与地质工程学院的场发射扫描电镜实验室各位老师的大力帮忙，在此一并表示诚挚的感谢！

参考文献

[1] 杨贵来，杨伟光，罗梅，等．云南勐海勐满金矿床的地球化学特征及成因［J］．现代地质，2007，21（4）：667－674.

[2] 王翔，罗梅，于林松．云南勐满微细粒型金矿床稀土地球化学特征［J］．广东微量元素科学，2007，14（5）：42－48.

[3] 王翔．云南勐满金矿床成矿物质来源分析［D］．成都：成都理科大学，2008.

[4] 冯钞熔，王应宝，李云留，等．西双版纳勐海勐慢热泉型金矿［J］．云南地质，2008，27（2）：170－174.

[5] 邓军，李文昌，符德贵，等．西南三江南段新生代金成矿系统［M］．北京：地质出版社，2012.

[6] GONG Q，DENG J，YANG L，et al. Behavior of major and trace elements duringweathering of sericite—quartzschist［J］. Journal of Asian Earth Sciences，2011，42（1－2）：1－13.

[7] 程琳．云南勐满金矿床的矿床地球化学特征及成因分析［D］．北京：中国地质大学（北京），2014.

[8] 严育通，李胜荣，贾宝剑，等．中国不同成因类型金矿床的黄铁矿成分标型特征及统计分析［J］．地学前缘，2012（4）：214－226.

[9] 李红兵，曾凡治．金矿中的黄铁矿标型特征［J］．地质找矿论丛，2005，20（3）：199－203.

[10] DEDITIUS A P，REICH M，KESLER S E，et al. The coupled geo Chemistry of Auand Asin pyrite from hydrothermal ore deposits［J］. GeochimicaetCosmochimica Acta，2014，140：644－670.

[11] REICH M，KELSLE S E，UTSUNOMIYA S，et al. Solubility of gold in arsenian prite［J］. Geochimicaet－CosmochimicaActa，2005，69（11）：2781－2796.

[12] 宋学信，张景凯．中国各种成因黄铁矿的微量元素特征［C］//中国

地质科学院矿床地质研究所．中国地质科学院矿床地质研究所文集，1986.

[13] 周文雅．细微浸染型金矿床中黄铁矿的标型特征及意义［J］．岩矿测试，2001（2）：100－104.

[14] 李耀菘．铀矿床同位素地球化学［C］//于津生，李耀松．中国同位素地球化学研究，北京：科学出版社，1997：287－313.

[15] 吴开兴，胡瑞忠，毕献武，等．矿石铅同位素示踪成矿物质来源综述［J］．地质地球化学，2002（3）：73－81.

[16] 张静，杨艳，胡海珠，等．河南银洞沟造山型银矿床碳硫铅同位素地球化学［J］．岩石学报，2009（11）：2833－2842.

[17] ZARTMAN R E，DOE B R. Plumbotectonics—themodel［J］．Tectonophysics，1981，75：135－162.

[18] 朱炳泉．地球科学中同位素体系理论与应用——兼论中国大陆壳幔演化［M］．北京：科学出版社，1998：224－226.

[19] 陈衍景，倪培，范宏瑞，等．不同类型热液金矿系统的流体包裹体特征［J］．岩石学报，2007（9）：2085－2108.

[20] 邓军，王长明，李龚健．三江特提斯叠加成矿作用样式及过程［J］．岩石学报，2012，28：1349－1361.

本文载于《地质找矿论丛》第33卷第2期，2018年6月

基于小波分析和神经网络的便携式哮喘病监测系统的校准研究

郭珊山　吴朝晖　汪　庆　李　斌
（华南理工大学电子与信息学院，广州，510640）

支气管哮喘是危害人类健康的常见疾病，近年来发病率逐年提升，疾病造成的社会负担不断增加。目前全球有高达3亿的哮喘患者，其中中国超过3000万人，尚无有效的根治方法[1]。世界卫生组织制定的GINA（全球哮喘防治创议）和我国的《支气管哮喘防治指南》均将PEF或FEV1以及FEV1%作为哮喘急性发作期和非急性发作期病情严重程度和判断的金标准[2]，对于支气管哮喘疾病患者和高发人群来说，若能进行实时PEF和FEV1以及FEV1%指标监测，在哮喘发作之前就可以发现征兆，及时采取治疗措施，避免因哮喘突然发作引起生命危险，同时经过长期监测并结合专业治疗，最终有望控制哮喘。针对哮喘病理指标监测，国内外相关学者也进行了深入的研究[3]。然而，国内市场上除了欧美等国家生产的便携式监测仪外，鲜有国产的便携家用的哮喘病监测设备，根源在于精度问题是哮喘病病理指标监测的技术瓶颈。针对上述问题，本文提出了一种基于小波分析和BP神经网络结合的校准方法，同时将该小波分析和神经网络算法与MSP430单片机结合，完成哮喘病监测系统的校准。该校准算法收敛性好、实现方便、拟合精度高。

一、监测系统设计及校准算法分析

（一）便携式哮喘病监测系统设计

图1为基于小波分析和神经网络的便携式哮喘病监测系统。该系统中原始样本数据来自校准实验平台，具体在下文中将做出详细描述。校准实验平台获取的原始样本数据带有一定的高频噪声，利用小波分析可以有效滤除高频噪

声[4]。滤除噪声的校准样本数据进行归一化处理，使用 MATLAB 工具编写神经网络算法，将归一化处理后的校准数据输入神经网络学习训练，直到符合设定的精度要求为止。该网络的各层权值以及阈值参数将采用 C 语言编写神经网络计算程序嵌入 MSP430 单片机中。该系统充分利用了 MSP430 单片机丰富的接口以及浮点运算能力，单片机外挂病情采集系统实时采集哮喘患者的病情状况，将采集的数据进行小波去噪、归一化处理后调用神经网络计算程序诊断分析，将采集的电压信号映射成便于理解的哮喘患者病理指标信号，并由 LCD 实时显示监测结果。

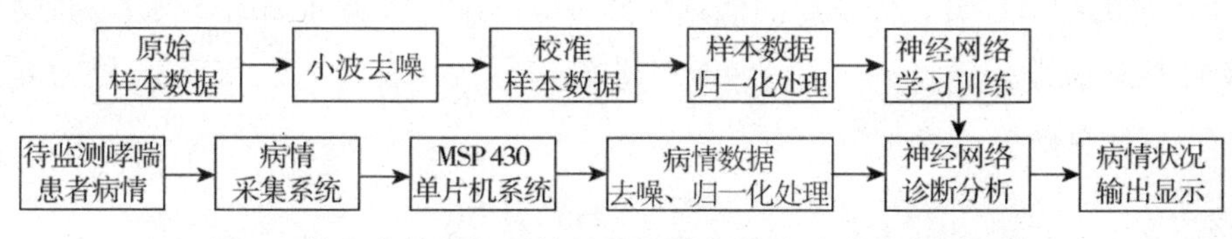

图 1　基于小波分析和神经网络的便携式哮喘病监测系统

（二）哮喘病监测指标算法实现

本文需要完成哮喘患者呼气峰流速（PEF）和一秒呼气量（FEV1）以及用力呼气量占用力肺活量比值（FEV1%）的校准，针对 PEF 参数，计算公式为：

$$\mathrm{PEF} = MAX\ \{flow\ (0),\ flow\ (1),\ \cdots,\ flow\ (N)\} \tag{1}$$

其中 N 为有效采样次数，$flow$（N）为第一次气体流量数据。单片机可通过（2）式计算 PEF。

$$flow\ (i-1)\ \leqslant flow\ (i)\ \geqslant flow\ (i+1) \tag{2}$$

对于 FEV1 参数，其表达式为：

$$\mathrm{FEV1} = \sum^{N-1} flow(i)\Delta t \tag{3}$$

式中 Δt 为采样间隔，N 为计时满一秒的有效采样次数，根据 FEV1 的医学定义，可知 $\Delta t = 1/N$。对于 FEV1% 参数，运算公式为[5]：

$$\mathrm{FEV1\%} = \frac{FEV1}{FVC} \times 100\% \tag{4}$$

其中，FVC 为用力肺活量。其运算表达式为：

$$\mathrm{FVC} = \sum_{t=0}^{M-1} flow(i)\Delta t \tag{5}$$

式中 M 为监测开始至结束内所有有效采样次数。$flow$（i）是关于电压 - 气流量的函数关系模型，对 PEF、FEV1、FEV1% 三个监测指标的精度起决定性作用，本文主要工作就是基于 MSP430 和小波分析以及神经网络算法来建立和校准该函数模型。

（三）小波去噪原理

1988 年，Mallat 将计算机的多尺度分析思想引入小波分析中，提出了多分辨率分析的概念[6]。同时提出了相应的小波分解和重构算法，也就是 Mallat 算法。本文将采用该算法来对原始样本数据去噪，根据多分辨率原理，对原始样本数据 $x[n]$ 进行多分辨率分析，即将信号序列分解成一个低频的平滑部分和一个高频的细节部分，分解后的低频部分可继续进行分解（如图 2 所示）。设第 j 级的平滑信号为 $c_j(n)$，第 $j+1$ 级平滑信号为 $c_{j+1}(n)$，细节信号为 $d_{j+1}(n)$，具体分解公式为[7]：

$$\begin{cases} c_{j+1}(n) = \sum_{m\in Z} c_j(m) h_d(2n-m) \\ d_{j+1}(n) = \sum_{m\in Z} c_j(m) g_d(2n-m) \end{cases} \tag{6}$$

式中 $h_d(n)$ 和 $g_d(n)$ 为由小波函数和尺度函数确定的分解低通和高通滤波系数。该系数可由 MATLAB 工具求得，本文采用 db3 小波进行 3 层小波分解。由于本文使用的原始样本数据是低频信号，在原始数据采集过程中由于系统和环境的干扰，夹杂着高频噪声，利用 Mallat 分解算法可有效对信号进行多分辨率分析，将低频信号和高频信号分解出来。

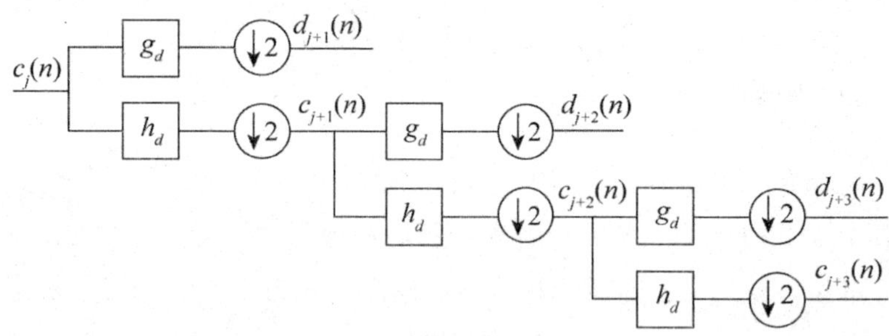

图 2　Mallat 算法多层分解结构图

基于平稳白噪声的正交小波变换仍然是平稳的白噪声这一结论，Donoho 和 Johnstone 提出了小波硬、软阈值去噪的方法[8]，该方法的思路非常简单：通过设定一个阈值，与各层小波的细节信号和平滑信号比较绝对值大于阈值的保留，小于阈值的直接剔除。本文中采用对该阈值去噪的方法进行信号去噪。

去掉噪声的细节信号和平滑信号可以通过公式（7）重构，来获取校准样本数据。

$$c_j(n) = \sum c_{j+1}(m)h_r(n-2m) + \sum d_{j+1}(m)g_r(n-2m) \tag{7}$$

式中 h_r（n）和 g_r（n）为由小波函数和尺度函数确定的重构低通和高通滤波系数。信号重构如图3所示：

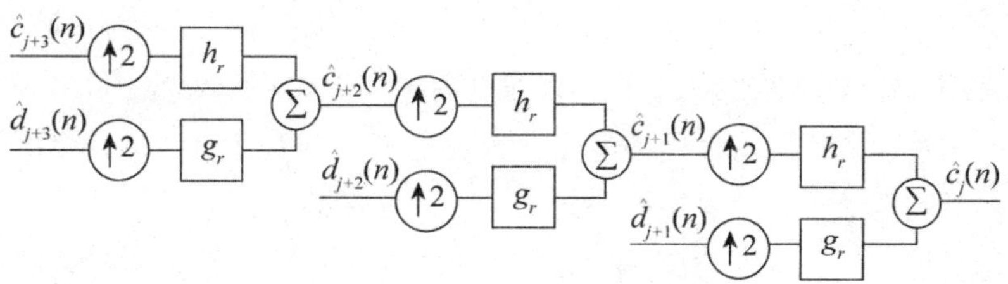

图3　Mallat 算法多层重构结构图

其中$\hat{c}_{j+3}$（n），$\hat{d}_{j+3}$（n），$\hat{d}_{j+1}$（n），表示阈值比较后的结果，$\hat{c}_j$（n）表示重构的信号结果。经过门限去噪后的重构信号高频噪声大部分被抑制，原始有用信号被保留，经过 Mallat 算法的处理，原始样本数据信噪比得到有效提高。

（四）神经网络算法原理以及神经网络构建

BP（BackPropagation）神经网络是1986年由鲁梅哈特（Rumelhart）和麦克兰（McCelland）提出的，它是一种误差按反向传播的多层前馈网络，是目前应用最广泛的神经网络模型之一[9]。BP 神经网络由输入层、隐含层、输出层构成，具有非常强的非线性映射能力，三层神经网络可以模拟任意复杂的非线性问题[10]。针对本文所研究的哮喘病理参数的校准，需要精确映射电压信号与呼吸气流信号的函数关系，本文采用如图4所示的三层 BP 网络拓扑结构。其核心思想是每个神经网络节点的输出值由上层所有节点的输出值、当前节点与上一层所有节点的权值和当前节点的阈值以及激活函数来决定[11]。近年来，将 BP 神经网络应用到疾病的分析和诊断也是一大热点，取得了很多丰硕成果[12]。

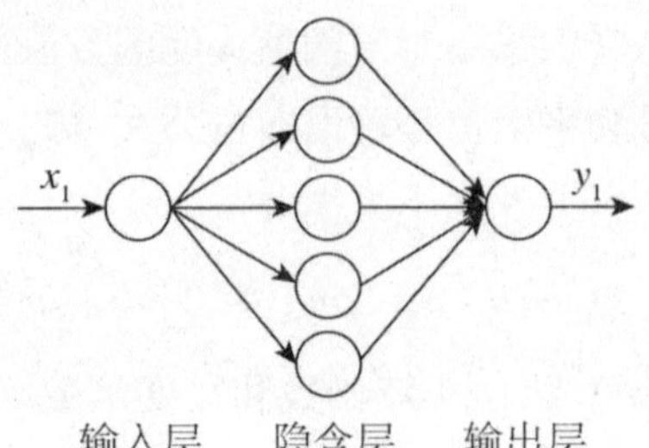

图 4　三层 BP 网络拓扑结构图

本文中，输入层维数为 1，输出层维数为 1，隐含层维数通过 MATLAB 实验来确定。通过设置不同隐含层神经元个数进行 MATLAB 仿真，进行多次实验并取收敛步数均值最少的隐含层神经元个数为本文的隐含层维数。根据实验本文选取的隐含层神经元维数为 5。根据上述理论以及 MATLAB 实验确认的各项参数编写神经网络计算程序嵌入 MSP430 单片机中，具体实现公式如下：

$$s_j = w_{1j}x_j + b_{1j} \tag{8}$$

$$a_j = f_1(s_j) \tag{9}$$

$$b_j = f_2\left(\sum^{5} w_{2j}a_j + b_{2j}\right) \tag{10}$$

其中，x_j 为神经网络输入层输入信号，a_j 为网络隐含层输出信号，b_j 为神经网络输出层输出信号，w_{1j}为神经网络隐含层神经元权重，w_{2j}为神经网络输出层神经元权重，b_{1j}为神经网络隐含层神经元阈值，b_{2j}为神经网络输出层神经元阈值。$f_1$0 为隐含层激活函数，$f_2$0 为输出层激活函数，具体表达式分别如（11）（12）：

$$f_1(n) = \frac{2}{-2n} - 1 \tag{11}$$

$$f_2(n) = n \tag{12}$$

由于神经网络计算程序需要嵌入 MSP430 单片机中，一方面，单片机运行指数函数需要耗费大量的单片硬件资源，降低单片机运算速度，另一方面，指数函数运算结果也需要大量的数据存储空间，若不完全存储，势必影响神经网络输出数据精度[13]。由于单片机处理多项式函数不管是硬件资源使用还是数据存储空间占用都优于指数函数，基于此，本文将采用多项式函数来替代（11）式，通过数据拟合的方式进行分段拟合[14]，通过拟合处理，可明显提高单片机的运算速度。

二、校准实验平台搭建与实验分析

（一）校准实验平台搭建

本文的校准样本数据来源于图 5 所示的校准实验平台，该平台由空压机、减压阀、通道选择器、流量控制器组、中央控制器组成。空压机产生稳定气源，流量控制器组分别由四台不同量程的流量控制器组成，由单片机电路控制通道选择器选择合适通道，完成不同气流量的大小控制，结合监测设备完成气流量—电压的映射关系的原始样本数据采集。

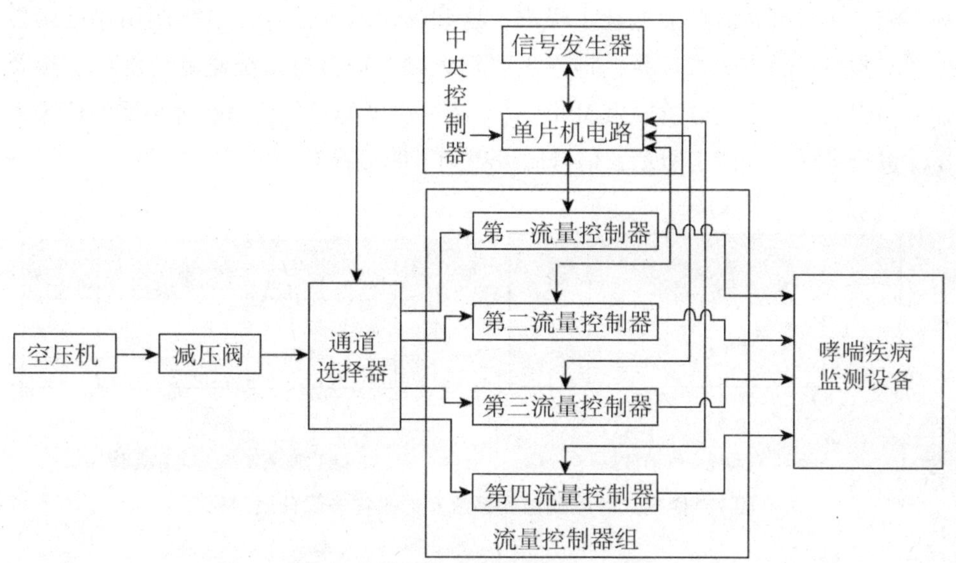

图 5　便携式哮喘病监测系统校准实验平台原理框图

（二）小波去噪实验分析

下面以 300LPM 为例进行分析。在校准阶段，校准实验平台产生 300LPM 的气流量，激励监测设备产生电压值。理论上分析，在其他条件不变的情况下恒定的气流将激励出恒定的电压信号，但在实际测量中不免受到系统本身以及外界环境影响，信号中混杂了高频噪声，如图 6（a）所示。这些噪声将严重影响监测系统的校准精度。从图 6（b）中可以看出本文中采用的小波分析算法具有良好的噪声滤除效果，滤除噪声后的信号将作为校准样本数据送入神经网络进行学习训练。

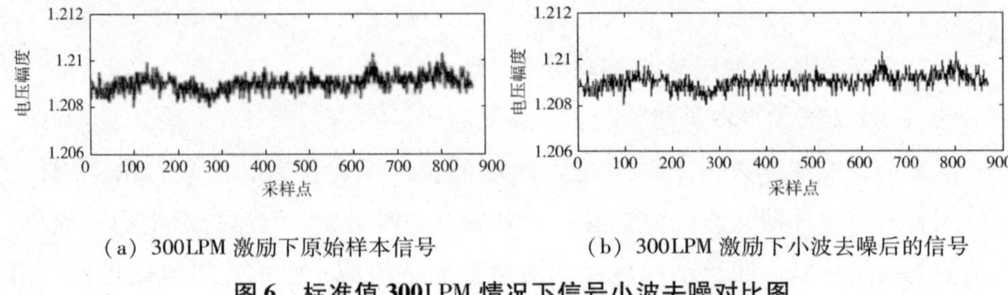

（a）300LPM 激励下原始样本信号　（b）300LPM 激励下小波去噪后的信号

图 6　标准值 300LPM 情况下信号小波去噪对比图

在监测系统工作状态时，患者用力呼气的同时依然受到系统本身以及环境的影响，导致真实波形上夹杂了噪声，这些噪声若不滤掉，系统调用校准函数模型时同时对噪声进行计算，将产生严重误判，这会对系统监测精度产生重要影响。因此，将小波分析嵌入 MSP430 系统，患者的呼气信号经过小波阈值去噪后才进行采样，如图 7 所示，信号质量得到了明显提升。

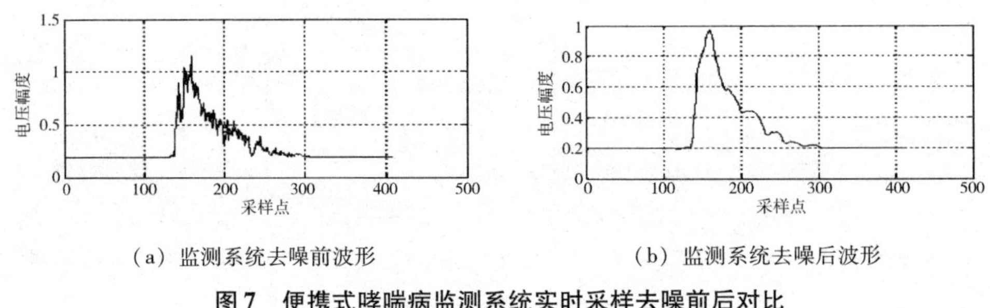

（a）监测系统去噪前波形　（b）监测系统去噪后波形

图 7　便携式哮喘病监测系统实时采样去噪前后对比

（三）神经网络实验分析

在校准阶段，经过去噪后的信号首先进行数据归一化处理，然后通过 BP 神经网络学习训练，训练目标设置为 0.001，也就是信号的训练值与样本值误差小于 0.001。图 8 为采用 MATLAB 编程，经过神经网络学习训练后的函数逼近结果，各个拟合点满足误差小于 0.001，具有较高的拟合精度。根据该拟合结果，确定该神经网络各权重以及阈值参数为便携式哮喘病监测系统的校准参数。将该参数结合小波算法嵌入 MSP430 中，然后对该系统重新激励，分析比较结果，如表 1 所示。本实验选取了 100LPM、200LPM、300LPM、400LPM、500LPM、600LPM 为测试点，将上述标准流量经过便携式哮喘病监测系统，直接映射出流量值输出。实验结果表明，在低流量时偏差较大，随着流量增大偏差减小，这符合传感器实际的非线性特性，根据实验结果，本文研究的便携哮喘病检测系统的校准系统完全符合我国发布的《肺功能仪器校准规范》偏差 10% 的要求[15]。

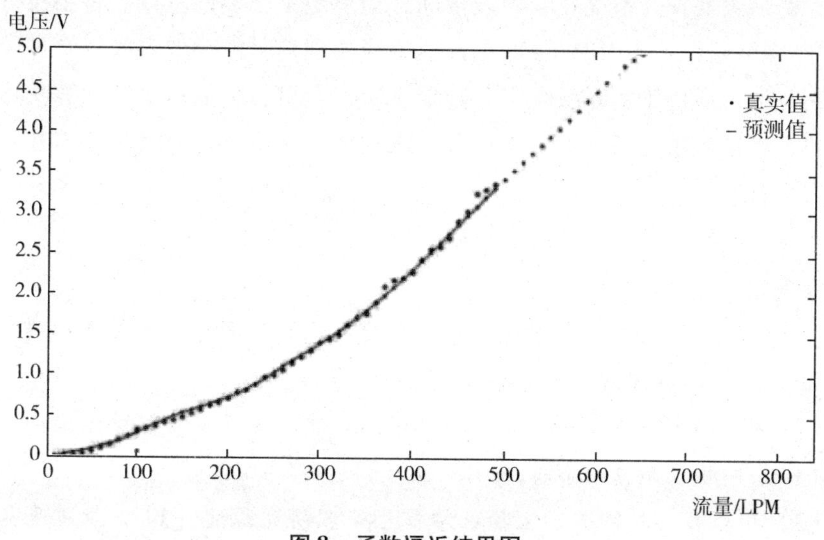

图 8　函数逼近结果图

表 1　测试结果分析表

标准值	测量值	标准值	测量值	标准值	测量值	标准值	测量值	标准值	测量值	标准值	测量值
	105. 5		207. 6		306. 4		407. 5		504. 6		600. 6
	105. 9		206. 4		307. 1		408. 9		505. 8		606. 5
100	104. 7	200	204. 7	300	303. 8	400	404. 7	500	500. 9	600	604. 8
	98. 4		205. 4		305. 3		402. 4		506. 1		602. 4
	103. 2		203. 2		304. 2		403. 1		501. 2		605. 2
最大偏差	5. 92		7. 6		7. 1		8. 9		6. 1		6. 5
最大偏差百分比	5. 9%		3. 8%		2. 37%		2. 26%		1. 22%		1. 07%

三、结语

相比较传统滤波器，本文采用 Mallat 小波算法具有品质因数恒定，分解尺度灵活可控，结合 MALAB 和 MSP430 单片机系统实现起来方便，运算量小等优点。实验表明本文将小波分析应用到便携哮喘病检测系统的校准获得了良好的效果，对提升监测系统精度起到了重要作用。同时对小波分析后的信号采用 BP 神经网络学习训练，对未知值的预测和对提高校准函数模型建立的准确性效果显著，为后续实现高精度哮喘病理指标采集奠定了坚实的基础。将小波分析与 BP 神经网络结合，利用 MSP430 单片机离线实现信号的小波去噪以及神经网络的分析与处理应用于实际系统实验结果表明完全可行，如对系统和算法做进一步改进，系统的精度还能进一步提升。该校准算法可广泛应用于便携式生物医学信号采集系统。

参考文献：

[1] 孙海平，华伟，倪淮亮，等．槐杞黄颗粒对毛细支气管炎后哮喘的预防作用［J］．江苏医药，2012，7（12）：1727.

[2] 中华医学会呼吸病学分会哮喘学组．中国支气管哮喘防治指南（基层版）［J］．中国实用内科杂志，2013，8（8）：615－622.

[3] 胡广书，汪梦蝶．生物医学信号处理研究综述［J］．数据采集与处理，2015，30（5）：915－932.

[4] 杨智，罗国，袁芳芳．平稳小波变换在膈肌肌电降噪中的应用［J］．数据采集与处理，2013，28（5）：546－552.

[5] 李京鹏，魏红．呼气峰流速监测在社区儿童哮喘管理中的应用分析［J］．山西医药杂志，2013，42（12）：1390－1391.

[6] MALLATS. A theory for multi－resolution signal decomposition：the wave let representation［J］．Ieee Transaction on Pattern Analysisand Machine Intelligence，1989，11（4）：674－693.

[7] 王江云，曾琼，王会霞．基于小波分析的地形多分辨率建模方法［J］．北京航空航天大学学报，2014，40（8）：1121－1126.

[8] 张国伟，黄建国，李力．一种改进型阈值去噪算法的 FPGA 设计与实现［J］．电子测量技术，2010，33（7）：80－83.

[9] 张宝堃，张宝一．基于 BP 神经网络的非线性函数拟合［J］．人工智能及识别技术，2012（27）：6579－6583.

[10] 张翼鹏，陈亮，郝欢．一种改进的量子神经网络训练算法［J］．电子与信息学报，2013（7）：1630－1635.

[11] 周金海，申刚磊，丁小丽，等. BP神经网络在疾病分析影响因素中的作用 [J]. 中国组织工程研究，2011，15 (9)：1702-1705.

[12] 郭永琪. 生物医学中的智能信号处理方法研究 [D]. 武汉：武汉理工大学，2010：3-26.

[13] 彭丹，杨磊，杨家强. 热膜式气流量传感器指数过渡分段拟合方法 [J]. 浙江大学学报（工学版），2015，49 (10)：1990-1998.

[14] 求是科技. 单片机典型模块设计实例导航（第2版）[M]. 北京：人民邮电出版社，2008.

[15] 马建民，罗峥. 肺功能仪校准方法 [J]. 上海计量测试，2013 (6)：33-35.

本文载于《电子设计工程》第25卷第21期，2017年11月

卖空机制与股票市场稳定性

——基于周末效应视角

顾 欣

（暨南大学经济学院，广东广州，510632）

我国于2010年推出融资融券制度，旨在通过引入卖空机制提高股票市场的稳定性和运行效率。然而，伴随着2015年我国股票市场暴跌，卖空机制被推到了风口浪尖，卖空交易是否会引起股票市场暴跌、加剧市场波动成为2015年以来的一个热门话题。一方面，肖浩和孔爱国（2014）认为，融资融券交易降低了标的股票的价格特质性波动。李志生等（2015）指出，融资融券交易有利于防止股票价格暴涨暴跌，该制度的推出有效提高了我国股票市场的价格稳定性。陈海强和范云菲（2015）认为，融资交易减弱了股票市场波动，而融券交易加剧了股票市场波动，由于融资交易远比融券交易活跃，总体来看，融资融券制度的推出降低了其标的股票的个股波动率。Bohl等（2012，2016）分别以我国台湾和德国实施卖空禁令为自然实验，发现限制卖空会加剧股票收益率的波动。另一方面，胡华锋（2012）对香港证券市场的实证研究表明，卖空交易在一定程度上加剧了市场波动。褚剑和方军雄（2016）指出，由于中国融资融券制度设计方面的原因，该制度的实施不仅没有起到稳定股票市场的作用，反而加剧了股价的崩盘风险。刘烨等（2016）发现，卖空机制与市场暴涨暴跌存在显著相关关系。巴曙松和朱虹（2016）认为，融资融券影响投资者情绪，进而加剧市场波动。此外，翟爱梅和钟山（2012）发现，卖空机制对股价波动的影响与市场状况有关：在金融危机之前卖空机制能够有效抑制股价波动，在金融危机越来越严重的时候会加剧股价波动，而在金融危机逐渐消退时对股价波动没有显著影响。由此可见，关于卖空机制对股票市场波动的影响，学术界仍然存在较大分歧。在此背景下，对卖空机制在股票市场中扮演的角色进行深入研究，进而为卖空机制对股票市场稳定性的影响提供经验证据，已经成为一个亟待解决的理论和现实问题。

本文基于周末效应视角，研究卖空机制对市场稳定性的影响。周末效应反映股票市场在周末容易出现异常波动，给股票市场稳定性带来冲击。为了解释这一市场异象，有学者从卖空交易的角度提出了假说，然而对于卖空机制与周末效应之间的关系，学界仍然没有定论。研究卖空机制对周末效应产生了怎样的影响，将为相关研究提供新的经验证据。本文以 2010 年 3 月 31 日我国融资融券试点标的股票为研究样本，运用混合面板回归和分位数回归方法，研究卖空交易对周末效应的影响，进而分析卖空交易对股票市场稳定性的影响。

以往文献主要从融资融券资格的角度研究卖空机制对股票市场波动的影响，未能对卖空交易通过何种途径影响股票市场稳定性做进一步分析。本文以融券偿还量和融券卖出量为分析指标，基于周末效应视角分析卖空机制如何影响股票市场稳定性，对政策制定者和监管者理解卖空机制在股票市场中的作用，进而完善我国融资融券制度具有重要的参考意义。

一、文献综述

周末效应最早由克劳斯（Cross，1973）提出，指周五的股票市场收益率较高，而周一的收益率较低甚至为负的现象。这严重挑战了法玛（Fama，1970）的有效市场假说。根据有效市场假说，如果股票市场是有效的，周末效应这种异常现象即使在短期内出现，长期内也将消失。然而大量实证研究表明，周末效应广泛存在于各国股票市场（Jaffe 和 Westerfield，1985；Agrawal 和 Tandon，1994；Kim 和 Park，1994；戴国强和陆蓉，1999）。

关于周末效应的形成原因，陈（Chen）和西格诺（Signal，2003）认为，由于周末不能交易，为了规避不确定性风险，卖空投机者会在周五结清空头头寸，而在周一再次建立新的空头头寸，造成股票价格在周五上涨，而在周一下降。Chen 和 Signal（2003）的卖空假说提出后，一些学者利用实证研究对其进行验证，但没有得到一致的研究结论。翟（Zhai）等（2013）使用 60 个市场的股指收益率数据进行实证研究，发现十几年前卖空机制导致并加剧了股票市场的周末效应，但是随着跨期套利行为日益增多，卖空交易和周末效应之间的关系在逐渐变弱。总的来看，Zhai 等（2013）的研究支持了 Chen 和 Signal（2003）的卖空假说。但是，安琪（Angel）等（2003）和克里斯托夫（Christophe）等（2009）使用纳斯达克的交易数据、布鲁（Blau）等（2008）使用纽约证券交易所的交易数据进行实证研究，均发现卖空交易不能对周末效应做出有经济意义的解释。高（Gao）等（2015）以1994年香港推出融资融券制度为自然实验，发现融资融券制度推出前后实验组和控制组的周末效应差异变化并不显著。言（Yan）等（2016）使用台湾股票市场的数据，从融券卖出量和融券偿还量的角度研究融券交易与周末效应的关系，研究结论也不支持卖空假说。

国内学者普遍认为，我国股票市场也存在显著的周末效应（戴国强和陆蓉，1999；奉立城，2000）。但是，国内学者对卖空交易如何影响周末效应的研究非常少，仅有朱民武（2015）利用A股票市场场数据，检验Chen和Signal（2003）的卖空假说在我国股票市场的适用性。研究结果表明，股票收益率和波动性与融券卖空率负相关，股票成交量与融券卖空率正相关；融券卖空增强了股票市场的周末效应。

二、研究设计

（一）样本数据

我国推出融资融券制度以来，先后对融资融券名单进行过四次大规模的扩容。考虑到样本时间长度及数据完整性，选取2011年1月1日至2015年3月31日为样本区间，以2010年3月31日融资融券试点标的股票为样本股，并按照以下标准剔除部分观测值：①金融业企业；②变量缺失的公司；③受到交易所退市风险警示或其他风险警示的公司。卖空交易数据来源于CSMAR数据库，周末效应以及控制变量相关数据来源于RESSET数据库。为了控制极端值的影响，对所有变量的最大和最小1%数据进行截尾处理。为了控制潜在的截面相关问题，对标准误进行公司层面的聚类处理。

（二）模型与变量

为了使实证结果更加可靠，同时使用样本数据时间和截面的二维信息，运用混合面板回归模型研究卖空交易对周末效应的影响，构建回归模型如下：

$$Rweekend_{i,t} = \gamma_0 + \gamma_1 \times LNMRV_{i,t} + \gamma_2 \times LNMSV_{i,t} + \gamma_3 \times LNSIZE_{i,t} + \gamma_4 \times LEV_{i,t} + \gamma_3 \times BM_{i,t} + \varepsilon_{i,t}$$

其中：$Rweekend_{i,t}$为t周i公司的周末效应；$LNMS$为t期i公司金融券卖出量的自然对数；$LNMRV_{i,t}$为融券偿还量的自然对数；$RLNMSV_{i,t}$为融券卖出量自然对数的替代变量；$LNSIZE_{i,t}$为t期i公司的规模；$LEV_{i,t}$为t时期i公司的财务杠杆；$BM_{i,t}$为t期i公司的成长能力。

本文载于《南方金融》2016年第9期，2016年10月

种粮补贴政策绩效调查及新常态下补贴制度优化

——广东省的实证分析

谷卓桐　王彬彬　张日新

自 2004 年起国家实施的多种粮食补贴政策，有效调动了农民的种粮热情，有效确保了国家粮食安全。但与此同时，现阶段中国粮食结构性供需矛盾突出，粮食生产和流通体制正在经受巨大考验。加之，在当前城镇化发展迅速、就业渠道拓宽等农业发展新常态下，种粮补贴政策的政策激励逐渐弱化。粮食补贴政策，作为国家实施农业保护、促进粮食生产中最常用的政策工具，是调整农业结构和转变发展方式中的重要一环。

2015 年国家明确了粮食补贴政策“三合一”，即将“农资综合补贴、种粮直补和农作物良种补贴”合并为“农业支持保护补贴”的改革方向，广东省各地区也在积极开展制度改革工作，但目前尚处于初步推进阶段，具体实施细则和相关地区配套政策还不完全。在政策调整的关键阶段，对其实施基础和落实的可操作的考察和探索显得尤为重要。而“三项补贴”政策在中国稳定实施了十余年，积累了一定经验，对其实施基础和效果进行总结，并深入剖析其落实过程中存在的问题，有助于为补贴政策调整的推进提供重要借鉴。

笔者所在研究团队于 2012—2016 年跟踪调查了广东省各地区农业补贴政策的落实情况。本文立足于微观视角，重点基于调研团队于 2015 年 10 月—12 月到粤东西北及珠三角地区的 9 个城市深入走访调研收集的数据进行分析，以粮食补贴政策运行落实效果及政策对象的反馈作为主要依据，考察十多年来广东省农业补贴的实施绩效，总结存在的问题，为完善适合广东省情、可操作性较强的农业补贴政策提供借鉴参考。

一、广东省粮食供需及补贴实施现状

1. 广东省粮食供需现状

（1）总需求量不断增长，生产形势严峻

广东是全国第一人口大省，也是全国最大的粮食主销区，属于人多地少的缺粮省。据广东省粮食局数据显示，广东省粮食需求保持刚性增长，近5年粮食消费量大于4100万吨/年，且年均增长近100万吨。

但与此同时，粮食生产情况不容乐观。2004—2014年广东粮食作物播种面积、谷物播种面积、粮食产量、谷物产量总体都呈波动递减趋势，2015年略有小幅增长。尽管粮食产量在2008—2012年实现了自1998年以来首次四年连续增长，但同时受雨雪冰冻、强降雨、强台风等灾害性天气影响在2008年、2013年出现大幅度减产。与2004年相比，2015年粮食播种面积减少了2838.8平方千米，减幅达到10.18%；谷物播种面积减少3440.3平方千米，减少了22.29%；粮食总产减产31.9万吨，人均拥有量缩减了2629千克，广东省粮食生产情况令人担忧。

（2）广东省粮食自给率低

根据粮食局统计数据，近年来广东省粮食外购量年均达2800吨。2005年广东省粮食缺口为2000万吨，到2015年粮食缺口已达到2925.9万吨，供需缺口进一步扩大。2004年到现在，广东每年的粮食自给水平不足40%。根据全国粮食安全战略布局，2014年国家大幅调高了广东省的地方储备粮规模，储备规模变为原来的1.19倍。加之广东省耕地资源稀缺且后备资源相对匮乏，保证粮食产量、保障粮食安全的任务十分艰巨。因此，积极落实农业“三项补贴”政策，激发农户种粮热情、提高粮食单产工作变得极为迫切。

2. 农业“三项补贴”实施情况

（1）补贴标准及落实情况

种粮补贴政策实施以来，广东省结合实际发展情况，不断调整完善补贴对象和标准。其一，省级补贴仅补水稻，中央补贴增加了玉米、小麦。其二，种粮直补标准由2004年20元/亩急速下到2008年8元/亩，2015年为4元/亩。其三，农资综合补贴标准自2006年7元/亩渐增到2014年74元/亩，2015年变为61元/亩。其四，农作物良种补贴省级财政支持标准为水稻20元/亩；中央补贴标准为2008年早稻10元/亩、中晚稻15元/亩，2009—2010年起玉米、小麦10

元/亩，2011年起水稻增至15元/亩。

（2）2004年以来"三项补贴"政策呈现四个特征

第一，补贴资金来源和方式保持稳定。中央、省、市、县四级财政支持，按照实际种植面积进行补贴。第二，补贴力度不断加大，资金分配结构略有调整。如下图1反映了2004年以来，广东省"三项补贴"拨付金额情况。根据图1可见，"三项补贴"资金变动趋势如下：①种粮直补总额从2004年开始以五年为期，经历了微增—平稳—略减三阶段。②农资综合补贴资金量总体上大幅上涨，但波动明显。自2006年起以三年为期，经历了激增—稳定—大幅增加—逐步下降四阶段。因2015年"三合一"政策调整，补贴标准大幅降低。③农作物良种补贴总额基本保持平稳。第三，补贴对象逐步扩大，条件放松。①种粮直补门槛不断降低。2007年以前补贴对象是种植水稻达到一定规模的农户，2008年后放开规模限制，种粮补贴成为普惠政策。②农资综合补贴对象一直是所有种稻农民。③农作物良种补贴范围不断扩大。第四，补贴品种逐步增多。早期（2004—2006年）补贴品种单为水稻一种，自2007年开始诸如石灰岩地区那些不适宜种植水稻的地区，农民耕种的玉米、番薯也纳入补贴品种范围。中央财政的农作物良种补贴品种增加了小麦及玉米。

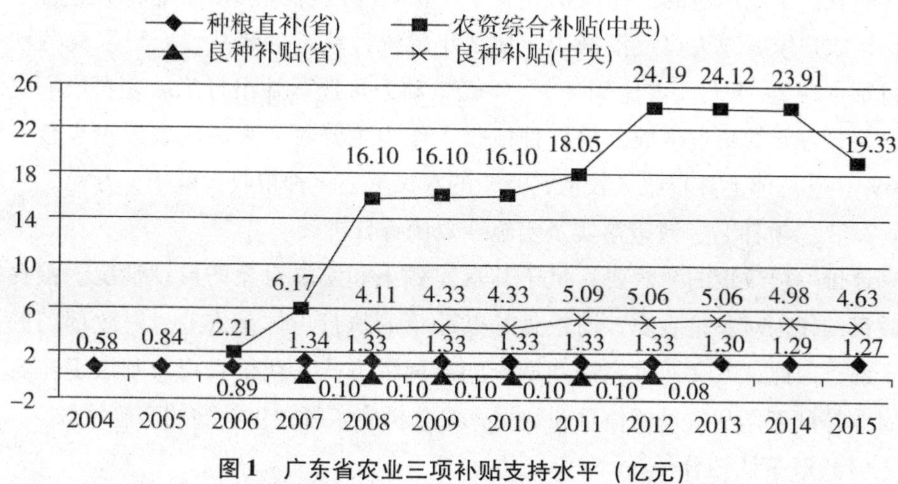

图1　广东省农业三项补贴支持水平（亿元）

二、农业三项补贴实施绩效研究数据来源与样本特征

1. 数据来源与样本特征

本文数据来源于国家统计局、广东省统计年鉴，及作者所在研究团队在广

东省所做的实地访谈和问卷调研结果统计。本次调研范围覆盖9个城市、16个县（区）、70个镇（街）、301个村，调研对象主要包括了省级、市级、县（区）有关农业和财政等执行农业补贴政策的相关部门负责人，镇（乡）、村干部1200位，以及获得农业补贴的农户3670位。采用随机入户的抽样方式，最终回收有效问卷3282份及访谈提纲914份。按照地区分布来看，农户调查有效问卷在韶关、梅州、清远、河源、湛江、茂名、佛山、江门和阳江的回收比例分别为：12.58%、34.25%、13.28%、7.71%、9.08%、6.89%、2.29%、3.87%和10.05%。村干部及乡镇干部访谈提纲有效问卷在韶关、梅州、清远、河源、湛江、茂名、佛山、江门和阳江的回收比例为：10.07%、18.38%、19.91%、15.65%、3.06%、5.47%、2.19%、0.66%和24.62%。

根据本次入户调查结果，当前广东省种粮主体呈老龄化程度严重、受教育程度低、家庭耕地面积差距大、种粮收入低、家庭主要收入以非农来源为主等特点。①访问受众以36~55岁的男性被调查者居多，占比66%；71%的农户受教育程度集中在初中及以下程度。②当前广东省从事种粮生产相关活动的多数是年纪大的老人或在家带小孩的妇女，调查过程中发现不少70岁以上的农户仍继续从事种粮活动。③本次被调查者中普通农户占较大的比例，大户仅占5%，75%的农户家庭承包的土地面积都少于5亩。④随着城镇化推进和农业劳动力转移，农户家庭总人口逐渐减少，加之年龄统计范围的缘故，农户家庭劳动力数量基本在2~4人（占比71%），年轻劳动力多选择外出打工。⑤农户家庭年收入超2万元的超过半数，但靠种植收入作为主要收入来源的农民占少数，仅有6%。⑥总体上种粮收入较低，95%的农民家庭年种粮收入低于1万元。

2. “三项补贴”政策落实及实施绩效调查分析

评价一项政策的绩效要立足于其落实效果和实施对象的反馈情况。粮食补贴政策的作用对象是农户，而粮食补贴政策的执行主体是农业、财政部门的基层干部。因此，本文通过座谈和调查问卷两种方式，获得农户及基层工作者关于农业补贴工作和效果的信息和数据，来分析广东省种粮补贴的实施绩效。

（1）政策认知分析

总体而言，基层农业干部对农业补贴政策的理解和认知程度很高，农民的认知情况良好。60%以上的受调查农户对补贴目标、补贴原则、补贴条件、补贴标准、补贴方式、补贴申报和发放程序都比较了解；但也有10%~20%的农户对政策了解程度比较低。深入追问后发现，15%回答了“比较了解和了解”

种粮补贴的农户其实对补贴的构成明细、补贴标准、实际发放金额等细节也不甚清楚，更有20%左右的农民将种粮补贴当作了惠农爱心补贴。思考导致这个现象的原因，主要是由于农户主观上对政策内容知情权的漠视以及客观上宣传成本高、难度较大。当前农业以小农耕种模式为主，自家耕地面积很小因而获得的补贴金额较小，农民没有动力去了解补贴细则。另外，广东农民外出务工者居多，相关政策、通知下发以村委公告为主，若要入户宣传，人力物力成本投入都是巨大的，基层工作经费本就不足，因此难以实现人人熟知。

（2）政策效果评价

①86%的农户和72%的基层农业部门管理人员都认为粮食补贴政策对农户是否种粮的选择基本无影响，因多数农户耕种水稻是以满足自己家庭口粮为出发点的。况且，粮食种植在经济效益上不具优势，理论上农民在就业选择和作物选择上均不倾向于粮食生产。[1]广东地区多数农户家庭耕地面积小，难以形成规模经营，产量低、收益少，农户自发的种粮意愿不强。②进一步考察农户认为补贴政策对农户生产决策、生产行为选择、直接效益方面的影响程度。总体上，农户认为农业补贴政策在一定程度上能够维持和激发农户的种粮积极性，但对政策实施效果褒贬不一。其一，农户认为补贴对生产行为的影响要略大于其直接经济效果。50%左右的农户认为种粮补贴对收入增加、产量提升和种植规模扩大有积极影响，超过55%的农户认为政策对生产要素投入、成本缓解提升有促进作用。当然，另外50%认为补贴对生产决策行为的影响很小或是完全没有影响的农户主要是由于，在种粮过程中无论是否有补贴，购买和投入生产资料都是必需的。而且决定农户种粮生产行为的相关因素中，经济效益[2][3]、劳动力情况[4][5]、土地规模[6]等更为重要，与有无补贴政策的关系相对较小。其二，也有45%的农户认为补贴效果有限，虽然粮食补的钱通过“卡通”直接发到了他们的手上，增加了农户的绝对经济利益，但未能显著提高种粮的比较利益。60%的受访干部肯定了农业补贴政策对减轻种粮户的负担、调动农民种粮积极性的促进作用，其中，近20%的干部认为补贴的实施有利于提高单产，促进和稳定粮食生产。但绝大多数农民和干部都反映，当前补贴标准和金额过低。可见，补贴的人均几十块钱不足以对其种粮意愿产生大的刺激，这也是影响补贴效果的重要原因。

如表1，笔者所在调研团队根据收集到的数据，给农户种粮收益算了一笔账。以河源市龙川县义都镇中心村为例，按照一个农民自己耕种田地，不计算个人田间管理人工费用的情况下，种子、肥料、农药、灌溉、插秧、收割等花费算起来，一亩水稻成本需要840元。按照当地水稻平均亩产750斤，单价130元/百斤的标准计算，每亩种粮收益才975元。因此，种植一亩水稻的净收益为135元。加之，2015年中心村水稻种粮补贴为81.26元/亩，如此计算下来，一亩水稻给农民带来的收益为216.26元。粮食补贴政策确实能够激励农户种粮意愿及行为选择，但并不是决定因素，只有在土地、劳动力、价格等政策配合的情况下，才能发挥政策最大的效果。面对当前中国在很长一段时期内仍将处于二元经济结构的状态，种粮比较利益很难明显得到改善[7]，因此强化补贴政策对农民种粮积极性的促进作用仍是重点。

表1　2015—2016年中心村农民早稻

（单位：元）

<table>
<tr><th colspan="8">成本</th><th>产值</th><th>补贴</th><th>收益</th></tr>
<tr><td colspan="3">农资费用</td><td colspan="3">生产服务费用</td><td colspan="2">人工费用</td><td rowspan="4">975</td><td rowspan="4">8126</td><td rowspan="4">216.26</td></tr>
<tr><td rowspan="2">种子</td><td rowspan="2">肥料</td><td rowspan="2">农药</td><td rowspan="2">排灌费用</td><td colspan="2">外雇机械作业费</td><td rowspan="2">插秧</td><td rowspan="2">备耕</td></tr>
<tr><td>打田</td><td>收割</td></tr>
<tr><td>80</td><td>130</td><td>80</td><td>120</td><td>100</td><td>100</td><td>110</td><td>120</td></tr>
</table>

数据来源：数据为本调研组实地调查后，整理资料取农户给出的平均数得出

三、存在问题分析

1. 当前补贴标准、补贴形式的设置，影响了补贴促农种粮作用的发挥

农业已进入高成本时代，[8]近年来，虽国家补贴投入巨大，资金总额逐年上升，但中国补贴对象人数众多，分摊到每家每户的资金也就每亩几十块钱。分散的资金在过高的农资价格及偏低的粮食经济效应面前，想要切实支持粮食生产就显得杯水车薪了。由此，无论是农户还是基层干部对补贴金额几乎都不满意，认为偏低。

①补贴标准难以弥补粮食作物与其他经济作物之间的价差。这就导致了农民种粮意愿不强烈，而更倾向于种植其他收益高的经济作物，如始兴县农民上半年多以黄烟作为主要作物。从湛江徐闻县获得的数据，2015年当地水稻利润仅为75元/亩，而蔬菜2134元/亩，是种粮利润的28倍多。

②多名目的现金补贴与促生产相脱节。分三种名目下发且金额小的现金补

贴导致农户对具体明细不甚关注。以现金方式发补贴，导致了不少农民对补贴用途的理解偏差，认为是党和政府的关心款，用以抵扣水电费等生活消费支出，而没将其运用到农业生产当中去。专业从事种粮的农户更青睐于生产资料形式的补贴，或将补贴资金用于支持农户购买生产资料的环节，从而让种粮者有一个切实的、可预期的利益保障。

2. 实际种粮者无法兑付到补贴资金，弱化了农户土地流转的意愿

①在实际操作中 80% 以上的补贴发放对象都是土地承包者而非切实种粮的农民。当前广东大部分农村多数村民外出赚钱，部分留在村里的农户会借或租熟人的农地种粮，而无论种植面积多少，其获取补贴的部分仅是自己具有承包权的土地，租种或借来耕种的土地获得的补贴由土地的承包者（耕地出租者）所有。土地所有者和土地经营者分离之后补贴收益以租金的形式在两者之间重新分配，从而弱化了农业直接补贴的产出效应，也背离了政策设计“谁种粮，补贴谁”的初衷。

②农户愿意借土地给别人种，但却不愿意将土地流转出去的矛盾现象普遍存在。他们一方面希望自己耕种以保证自家口粮供应，另一方面担心土地流转出去无法继续获得补贴使得收入减少。而“愿意租种别人的土地进行规模经营”的农户也不到三成，一方面广东地区土地细碎，想要成片耕种需要很高的洽谈成本；另一方面，认为租种别人土地没有补贴，且容易产生纠纷。归根结底，第一，“普惠制”三项补贴已经变成一种土地补贴、收入补贴，持有耕地的承包者认为“有利可图”。第二，目前土地确权工作尚未全面完成，土地流转私下交易居多，没明确种粮补贴资金的归属问题。第三，耕地多为口头借用或租用，无完善的手续和正式规范的合同，交易风险比较高。从长远来看，农民外出务工会越来越多，家庭外迁、放弃农耕的现象也会越来越多，若长此以往，抛荒现象就会变得严重，同时，也会阻碍土地规模化经营的开展。

3. 补贴面积与实际种植面积不一致，政策对农业生产的支持大打折扣

现行直接补贴仅与种植面积挂钩，在运行中与粮食生产管理水平、粮食产量没有直接联系，在一定程度上影响了农民的主动性，有利于农民增收，但不利于增加粮食供给和农业现代化的发展。目前，广东地区分户申报面积时主要采取三种办法，一是按照第二轮土地承包时面积进行申报，二是以税改时计税面积和机动地承包面积来申报，三是在补贴政策开始实施时农民上报的种植面积的基础上，根据村集体的规定适当打个折扣来进行登记申报。但由于面积核

实年份久远，加之基层工作人员去核实每家每户的耕种面积和品种的成本过高，缺乏可操作性。由此，目前面积统计也多不准确，导致政策不能体现其促进粮食生产的政策导向作用，也使得支持农业生产的补贴资金打了折扣。

4. 对农田水利设施维护的缺失，阻碍补贴效果的发挥

在调研过程中，52% 的农民反映农田水利设施的维护不足一定程度上制约了农业生产。其一，主要是由于当前成农田水利建设与维护的主体缺失。其二，建设后的维护费用缺失。笔者了解到，农业管理部门或者村里普遍无专项的设施维护经费，有些地区有项目支持的，在项目实行期间就有资金进行维护，若无项目，则要村里自己筹钱解决。对农业生产基础设施和农民生活设施的维护投入不足，一系列配套措施不到位，一定程度上影响了粮食的可持续生产及补贴支农效果的发挥。本次调查中，有 10% 的受访农民提出了统一从农业补贴中抽取一定比例进行小型农田水利建设维护的建议。

5. 农业补贴工作的行政成本高而工作经费不足

农村工作，尤其是种粮补贴工作，涉及的是大片的耕地和成千上万户的农民。严格执行政策规定和高效完成补贴核实、发放工作存在一定的冲突。若要每年切实地调查统计耕种面积，核实农户补贴资料需要大量的人力物力，且工作程序下至村小组上至上级相关部门，经过的审核、公布、复核程序繁杂，工作量大、涉及部门广，用于农业补贴方面的工作占据了基层农业部门的大部分工作时间。部分地区种植业科的工作人员极少，因此开展工作难度较大。加之，基层的行政单位，在各个审核环节中，印发的表格、通知需使用大量的纸张，下乡入户核查时的交通费等工作成本较大，较少有单位有专门的工作经费，尤其是村镇一级的基层部门，更无工作经费，一定程度上加大了工作的难度。

采取这种办法主要是由于三方面考虑：其一，有些地区村民在交公粮时期为了少交就瞒报少报了种植面积，村集体为了公平决定不允许村民因为有补贴就加大申报面积；其二，目前村里存在一些土地不种粮的情况；其三，村里的山地有出现撂荒。所以用剔除这部分之后的面积申请补贴，折算下来，经过村集体计算，实际种植面积是补贴政策实施初期申报面积的 70%。

6. 农业生产性服务缺失和科技推广低效

开展现代农业，确保农业生产的稳定有序发展离不开农业科技和生产服务的支持。受访农户的 45% 希望通过现代农业科学技术来提高农业生产效益，希望获得诸如农作物病虫害防治信息，选择良种、生产技术、市场信息等生产服

务。但调查结果显示，65% 的农户认为当前生产性服务缺失。从个体角度来说，小规模种植的农户收入本就有限其对于生产性服务的支付意愿较低。从当前农业社会化服务的主体看，以政府为主、企业为辅。调查过程中发现，当前各县各乡农业合作社大量存在的服务实用性较为缺乏，能及时为附近农户提供插秧、育苗、烘干、病虫害防治等服务的更是少之又少。广东地区，一些农资企业为了推广产品，会为农户免费提供种子、肥药，但都是短期小范围的。一些种粮大户也会为基地周边农民提供田间指导技术服务，但目前此类甚少。

据调查显示，55% 基层干部认为当前农业科技推广问题突出，主要是农业技术推广队伍整体素质和专业程度不高，且从事生产指导的工作人员由于行政工作太多，无法更好地投入到技术推广中。调研组走访的地区中，87% 的村一级缺乏相关的技术人员，且村级服务机构组织化程度低，供需对接失衡。这些都导致了农业技术服务的缺失和低效。随着技术的不断创新和现代农业的推进，农业科技培训在农业生产中变得越来越重要。广东地区对农户的培训呈现两极分化情况：其一，大户接受培训机会较多，普通农户很少；其二，有项目资金支持的地方农户培训频繁，没有项目的地方则几乎没有。

四、对策建议

推进农业的供给侧结构改革三个主要着力点在于：稳定和提高粮食产能、平衡粮食供需，促进粮食品种结构的调整、适应市场需求，形成价格竞争力。[9] 这就要求具体的农业补贴政策设计和落实上注重激发农户和农业组织的改革和创新。当前提高粮食生产效率、推进粮食供给侧结构改革的根本落脚点在于四点：其一，提升农户种粮积极性；其二，有效利用耕地，促进规模经营；其三，合理布局良种、调整种植结构；其四，提升农业科技、农业社会化服务水平。从广东今后粮食补贴运行来看，需要注意以下几个方面。

1. 改革面积核实工作方式

土地租转及规模化经营将是未来农业发展的主流方向，将补贴按照实际种植面积发放给农业生产者，是实现对生产者的直接激励和补贴政策本身的“精细化”[10]，若执行不好，依然难以改变种粮补贴变为土地补贴的实质。因此，面积核实依然是难点。建议各地区改变以往土地核实的老办法，寻找专业公司利用遥感技术对实际种植面积进行测量，并建议减少申报和核实的次数，改为一年或两年申报和核实一次。一方面减少中间相关手续，减轻基层人员工作量，另一方面也可杜绝目前出现的农民多报种粮面积以骗取补贴现象。

2. 转移“普惠制”粮食补贴的重点

①介于当前种粮群体老龄化的现状，可以适当试点从补贴资金中分出一小块设立区别于养老保险的“高龄务农补贴”，对农村 60 岁以上务农老人实施补贴。其一，保留了普惠制粮食补贴体制下特定人群的既得利益。其二，与城镇“高龄津贴”相对应，缩小城乡差距。其三，从分配制度上讲，也便于理清农村土地人员结构，减少城乡资源同时占用的情况，逐渐改变当前“土地补贴”的性质。其四，可以规避 WTO 对于粮食补贴“黄箱政策”的制约。

②就当前散户耕种粮食商品率低的现状，转向支持大户、家庭农场等新型农业经营主体。重点帮助其改善生产条件，支持生产成本补偿、生产能力建设。补贴形式可以是按照一定种植规模和土地质量，给予土地流转费补贴。据测算，流转后平均每亩耕地可提高 15% 的土地利用率。[11] 大户补贴工作的核心在于对种粮大户资格的确认和面积的核实，[12] 严防虚报面积冒领补贴。

3. 纳入对现代农业要素使用的支持政策

要提高粮食种植生产效率、淘汰落后种植模式，并从种子培育、耕地维护、种植结构、环境改善等方面进行调整和创新，以满足人民群众日益增长的对于安全、高品质粮食的需求。这就要求各地农业局、农业推广部门要利用资源整合的优势，引进专业高端人才，适当给予农民在高科技含量、先进可持续生产技术等先进农业要素投入方面的引导，在保障粮食安全兼顾粮食质量的同时，注重市场导向调节耕种结构，实现产地与消费地的无缝对接。就政策设计层面来说，对新型经营主体新品种推广普及、高科技含量肥药使用、传统生产方法优化、及田间管理技术改进、农业机械技术等现代要素使用的支持政策应逐步纳入补贴范围，以促使规模种植者会获得更大的发展空间和发展动力。

4. 加强农业基础设施投资补贴

可以考虑以后增加的农业补贴部分，以一定比例的资金，加上精准扶贫的一部分经费作为农田水利基础设施维护的专项资金。由省级财政部门和农业部门牵头，在广泛调查和协商的基础上，下发规范文件以确定管理权属和资金比例范围，并出台规范管理办法，由各市县根据文件细化辖区内具体细则。这有助于农民抵御自然灾害所带来的粮食风险，稳定粮食产量，减少农民生产农产品的成本支出，一定程度上增加农民的收入，同时改善落后的农业生产条件。

5. 强化专业合作职能，因地制宜提供农业生产性服务

建议每年安排专项资金或农业补贴的一部分用于支持农业专业合作组织的发展。鼓励已成立的社区农业专业合作组织，强化组织联合优势，在发展规模种植的基础上，对农资购买、粮食销售等方面实行集约化经营。有条件的合作社向农户提供育种、插秧、施肥、除害、收割、加工、销售等服务内容；供应各种实用的种子种苗、农业机械和化肥农药等生产资料；提供有关科技、市场等方面的信息，为广大农户提供产前、产中、产后等专业化的服务。当然，农业生产性服务的需求存在地区差异性，尤其广东省内，粤东西北地区经济发展情况不同，农业部门需要加以引导，针对本地服务消费群体特征提供强度不同的服务。

参考文献

［1］王燕青，李隆玲，武拉平．农民种粮是否有利可图？——基于粮食种植成本收益分析［J］．农业经济与管理，2016，(01)．

［2］刘承芳，张林秀，樊胜根．农户农业生产性投资影响因素研究——对江苏省六个县市的实证分析［J］．中国农村观察，2002（04）．

［3］张建杰．粮食主产区农户粮作经营行为及其政策效应——基于河南省农户的调查［J］．中国农村经济，2008（06）

［4］马彦丽，杨云．粮食直补政策对农户种粮意愿、农民收入和生产投入的影响基于河北案例的实证研究［J］．农业技术经济，2005（02）．

［5］王永春，王秀东．美国农业生产者补贴及其对我国的启示［J］．农业经济问题，2008（01）．

［6］周强，夏显力．粮食主产区农户种粮行为及其影响因素分析——以山东省安丘市为例［J］．广东农业科学，2012（05）．

［7］马欣．中国农业国内支持水平及典型政策效果研究［D］．北京：中国农业大学，2015.

［8］武拉平，沙敏．农业高成本的影响及其对策研究［J］．农业经济与管理，2015（02）．

［9］董鹏．粮食供给侧改革之思路［J］．黑龙江粮食，2016（04）．

［10］汪小勤，曾瑜，等．农业直接补贴政策：文献综述与国别研究［J］．

河南社会科学，2016（03）.

［11］安徽省农村财政研究会. 对构建新常态下种粮补贴制度的调查与思考［J］. 当代农村财经，2015（12）.

［12］胡华浪，李伟方，裴志远. 落实农业补贴政策促进新型经营主体发展——浅谈承包土地确权登记颁证的成果应用［J］. 农业经济，2016（04）.

本文载于《农村经济》2017 年第 2 期，2017 年 2 月

供给侧改革视角下政府购买公共服务的现实困境与解决路径

——基于广东省三地市的实证研究

欧阳航　赵　月　杨舒慧

（华南师范大学公共管理学院，广东广州，510006）

一、问题导论

推进政府购买公共服务是当前我国深化行政体制改革、加快政府职能转变的重要内容。作为一种市场交易性行为，政府购买公共服务同样遵循相关的经济学供求理论，在这一供求关系中，政府作为顾客存在日益增长的需求，需要作为供给方的社会组织的有效供给才能得到有效满足。近年来，随着服务型政府的加快建设和公共财政体系的不断健全，政府购买公共服务在我国各级各地区不断深入推进，各级各部门所需购买的公共服务规模不断扩大、种类不断丰富、要求不断提高。然而实践中由于信息的不对称、公共产品的特殊性等原因，社会对公共服务的供给很大程度上并不能满足政府现有的需求，更谈不上创造新的政府购买需求。供给侧缺陷俨然成为我国公共服务商品市场制约和限制政府购买公共服务的一大现实困境。

因此，推进政府购买公共服务不仅要关注政府买什么、怎么买，如何去扩大政府购买规模的问题，还须从供给侧的角度出发，着眼于公共产品的供给端，关注如何有效满足政府的购买需求，如何挖掘和扩大其潜在购买需求，从而完善社会和市场对公共服务的有效供给，才能在有效满足政府现有需求的同时进一步激发其潜在需求，加快转变政府职能，建设服务型政府。

二、供给侧角度下政府购买公共服务的现实困境

随着我国政府购买公共服务的工作不断推进，其需求不断扩大，这就需要社会有更多符合条件的社会组织去满足政府的需求，提供政府所需的公共服务。而当下从市场需求和供给的角度看，我国政府在向社会组织购买公共服务时却已存在不容忽视的供给缺陷，这些供给缺陷主要表现为供需错配、供给偏差、供给不均和供给竞争缺乏这四个方面。

1. 特征因素——致供需错配

供需错配指当前我国由社会组织提供的公共服务不能有效满足政府和公众的现实需求，主要表现为供给过剩和不足并存，某些领域公共服务社会供给过多，而某些领域又存在供给严重不足或零供给的状态。

如表1所示在一般的八大类社会组织中，深圳市最多的社会组织是社会事业类（社会福利类），而其他类别的社会组织明显较少，有些甚至完全没有，如文娱体育类。造成此困境的原因包括以下几点。

（1）公共产品特征：公共服务因其规模性、公益性、专业性等特征决定了真正具备资质和能力向政府提供公共服务的社会组织在客观上是有限的，加之很多领域的准入放开力度不够，很多组织无法进入相关领域。

（2）社会组织发展：虽然目前我国社会上能够提供的公共服务的社会组织越来越多，但由于我国绝大多数社会组织尚处于初期发展阶段，其提供的公共服务还是较低级和普遍常规的，同质性也很高，而企事业单位提供的公共服务种类较为固定。因此一方面某一类公共服务供给过剩、导致资源浪费，另一方面很多政府所需的较高层级的新型公共服务供给却不足，从而导致政府无法购买。

（3）信息不畅通：由于信息的不透明、不对称，社会各界无法及时捕捉政府对公共服务的需求信息，无法果断识别政府的政策方针，因此不敢盲目生产新的公共产品或服务，也导致了零供给或生产制造滞后的现状，造成政府的需求无法得到有效满足。

表1　“十二五”末深圳市社会组织种类构成

组织类别	经济类	科学研究类	社会事业类	慈善类	综合类
所占比例	8%	6.9%	55.9%	19.2%	9.8%

数据来源：深圳市社会组织“十二五”建设总结报告

2. 委托代理——致供给偏差

随着政府将越来越多公共服务外包给社会组织，社会组织提供的公共服务无法满足和有效解决公共问题和公共需求的现象也日益增多，服务质量参差不齐，很多多元化、个性化、细致化的需求无法得到满足，即社会组织的公共服务供给没有满足真正的需求目标，形式大于实质，绩效低下。

这种供给偏差产生的原因是在政府购买公共服务的政策框架下，行政机构不再直接生产公共服务，而是以公民的利益代言人和服务购买者的身份出现，向服务市场提出购买需求，并借助服务合同方式向服务承包商购买服务以满足公共服务需求（詹国彬，2013）。在这种框架下，政府是和服务承包商而不是服务的直接受益者构成委托—代理关系，政府是委托人，服务承包商是代理者，两者之间一旦形成委托—代理关系，就很难避免逆向选择和规避道德风险问题。在多方信息不对称的情况下，再加上目前我国政府购买公共服务的监管制度不完善，绩效评估机制不健全，现实中还尚未成立专门的机构或部门对社会组织购买的公共服务的质量和效果进行科学系统的监管与评估包，因此导致很多服务承包商一方面只讨好委托者（即政府相关部门或官员）的喜好。另一方面在金钱和利益的驱动下，提供给社会和公众的也是以次充好的服务，结果并没有真正解决社会问题满足公众需要，导致严重的供给偏差。

3. 要素分布——致供给不均

当前我国公共服务供给不均主要表现为地域供给不均。政府职能转移和购买公共服务是简政放权、推动政府行政体制改革的必然要求，是各级各地政府部门都必须推行的工作。2013年7月，李克强总理在国务院常务会议上要求推进政府向社会力量购买服务并颁布指导意见。然而目前我国社会组织公共服务供给出现严重的地域不均问题，主要表现为大城市供给多于小城市、省会城市供给多于其他地级市、市府所在县区供给多于其他县区（如表2所示）。

社会组织服务供给不均与服务生产要素的分布和流动性有密切关系。按照经济学的一般原理分析，单一的或极少的一两种生产要素不可能形成生产力，只有若干种生产要素的相互结合和有机结合才能形成生产力并促进社会发展。发达地区集中了形成社会组织的多种生产要素，诸如各类劳动、人才、技术和资金等，因此在此比较容易形成各种社会组织，并茁壮成长，去购买政府的公共服务。而在欠发达地区则刚好相反，拥有一两种可怜的生产要素难以形成诸多社会组织来提供政府所需购买的服务。此外，公共服务作为一种公共产品，其流动性较差，虽然国家一直在倡导各类企事业单位、社会团体或大学生组织开展“科教、文卫、艺术”三下乡活动，但这些活动开展成本高、运作过程难、活动收益小，其内在的流动性还是比较固化和吃力的。因此社会组织的分布存在严重不均，由此带来的社会组织服务供给的严重不均已极大程度上限制了相关地方政府部门向社会力量购买公共服务的推进，很多发达地区早已承包给社工组织开展的社区服务在一些欠发达地区仍由政府在亲力亲为。

表 2　2015 年底广东省三地市登记在册的社会组织数量以及人口组织比

城市	已登记社会组织数量	城市常住人口（单位：千万）	人口/组织
广州市	6464	13.5	0.00047
东莞市	3913	8.35	0.00044
梅州市	1706	4.34	0.00039

数据来源：根据各市民政局网站公开信息自制列表（人口/组织比表示人均社会组织数量）

4. 市场未全——缺供给竞争

所有支持和倡导政府购买的理论都是建立在“政府购买把公共服务供给推向一个市场竞争的领域中，而市场竞争的结果将带来效率的提升和成本的降低”的假设之上，可见政府向社会组织购买公共服务效益的实现是建立在充分的市场竞争上的。然而我国社会组织在公共服务的供给方面却存在两个问题，一是市场竞争主体难以形成，二是现有竞争水平较低。据调查在人口超过 1300 万的广州，公共服务购买洽谈会仅有 34 家社工服务机构出席参加竞投，而人口仅有 700 万的香港，却有超过 1 万家民间组织参与其中。

公共服务产品的属性决定了其供给主体的特殊性与有限性，进而导致公共服务市场发育困难，市场主体没有完全形成。在我国很多地区、很多公共服务，如果不是政府需要，根本就不会有供给、有市场。因此在更多时候，政府要么就放弃购买要么就被迫采用定向购买（委托购买）的方式，所谓的市场竞争很多情况下都不存在，服务的数量与质量就难以保障，而建立在此基础上的成本降低和效率提高也因此大打折扣。

由此可见，政府购买服务转移职能主要靠各类社会组织来实现，社会组织的发展与成长，即供给侧的发展深刻影响着政府购买公共服务的行为表现、质量和力度。

三、政府购买公共服务供给侧困境的解决路径

扩大政府购买公共服务的力度，推进政府职能转移，在把政府诸多职能推向社会或市场的同时，绝不能忽略社会和市场的承受能力，即公共服务的供给能力，改善供给体系才能有效对接相应需求。基于以上分析，政府购买公共服务在扩大总需求的同时，政府或社会应因势利导，以问题倒逼的形式，着眼供给侧改革，多方合力解决我国政府购买公共服务的供给困境。具体解决路径有以下几种方式（如图 1 所示）。

1. 引入多元主体，引导发展方向，解决供需错配

政府要积极转变观念，明确自身管理职能与定位，坚定服务型转型方向，重新审视和界定社会组织等在社会治理上的角色定位与重要作用，逐步加大放开力度和放开领域，促进以社会组织为主导的多元公共服务社会供给主体的形成。此外，在培育增量的同时，还需调整存量，调整公共服务资源在不同领域的分配，以缓解供给过剩与不足并存的局面。要积极引导社会组织等向无供给方、供给匮乏的公共服务领域发展，鼓励社会资本和社会组织等进入相关公共服务领域，引导其将现有资源从供给过剩的领域调整到供给匮乏的领域，开发和提供新型公共服务，提高自身产品的独特性，培育适销对路的公共服务。

2. 促进转型升级，强化社会责任，克服供给偏差

各类市场公共服务的提供者应不断促进自身发展、促进自身转型升级，积极学习吸收国外先进发展经验，积极探索适合我国国情的发展模式，引进先进技术和理念，创新管理模式、服务种类和产品形式，不断满足我国社会和公众对公共服务日新月异的需要。同时，强化企业或组织的社会责任感，克服组织内部的官僚主义作风，明确自身成立使命与价值，清晰自身具体工作任务和目标，真正为社会、为公众等具体服务对象服务，实现对组织和个人的绩效管理。

3. 促进要素合理分配，因地制宜开发新要素，破除供给不均

引导和鼓励一些发展成熟的社会组织和基金会等将公共服务的业务范围扩展到不发达城市，利用资金支持、税收减免等优惠政策促进公共服务生产要素逐步向不发达地区输送。公共服务市场供给匮乏的地方政府更应发挥积极作用，积极主动引进相关要素，努力营造良好的发展环境，使得外面的社会组织等更

容易进驻。同时更应充分认识和了解当地资源、盘活和充分利用当地现有要素、鼓励相关要素向提供政府和公共所需的公共服务发展，培育和发展当地社会组织，因地制宜发展适合地区社会情况的公共服务市场供给。

4. 规范购买行为，加大公开透明度，促进供给竞争

为形成竞争购买环境，在发展社会组织、引入竞争机制的同时，还需健全政府购买服务运行机制，促进购买服务规范化、常态化。各级各地应根据经济社会发展实际和人民群众对公共服务的现实需求，在充分听取社会各界意见基础上，尽快研究制定政府向社会力量购买服务的指导性目录，明确政府购买的服务种类、性质和内容，并及时进行动态调整，及时向社会公开发布，从而促进公共服务社会供给的稳定性、常态性和竞争性。

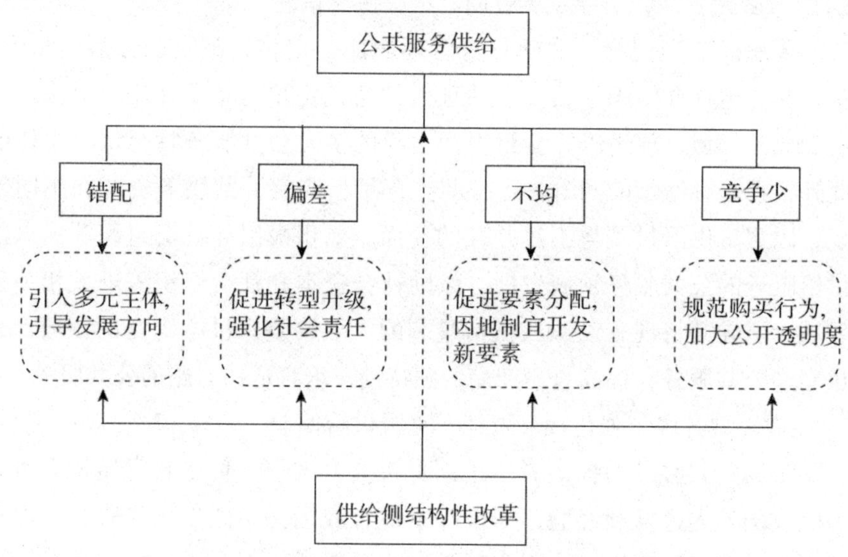

图1　我国政府购买公共服务的供给侧结构改革路径图

四、结语

加快转变政府职能、推进政府购买服务向社会和市场释放了大量的公共服务需求，有效的需求需要有效的供给才能得到满足，即购买公共服务的需求和公共服务的供给相对接才能真正实现政府公共服务的市场化交易行为。面对公共服务社会供给市场存在的问题，我们应转变思维和方式，将供给侧结构性改革的思维引进来，重视和解决政府购买服务的供给侧问题，才能在满足现有需求的同时，扩大和刺激潜在需求。实现这一目标的过程中将带来两方面的利好，

一是促进政府购买公共服务的发展，加快转变政府职能和服务型政府的建设；二是将给市场创造巨大的就业空间和创业机会。因此，推动政府购买公共服务的供给侧改革将是一件利国利民的重要举措。

参考文献

[1] 徐嘉良，赵挺．政府购买公共服务的现实困境与路径创新：上海的实践［J］．中国行政管理，2013（08）．

[2] 詹国彬．需求方缺陷、供给方缺陷与精明买家——政府购买公共服务的困境与破解之道［J］．经济社会体制比较（双月刊），2013（05）：142－150.

[3] 崔正，王勇，蒋中龙．政府购买服务与社会组织发展的互动关系研究［J］．中国行政管理，2012（08）：48－51.

[4] 冯志峰．供给侧结构性改革的理论逻辑与实践路径［J］．经济问题，2016（02）：12－17.

摘自《中国市场》2017 年第 9 期，2017 年 9 月

全息脑控阿凡达机器人系统设计

吴润基　杜玉晓　王玉乐
王灵松　杨积升　欧幸源　黄健华　何樱汶
（广东工业大学自动化学院）

影视作品中构想出的“阿凡达”能够达到利用脑电波远程控制克隆生物体，从而实现人的意识与被控制体融合并能控制其运动和通过其感官感知环境实况的效果。近年来，脑机接口和脑控机器人逐渐成为国际前沿的研究热点，包括美国国防部等机构都在投入巨资研究此类系统。关于此方面的实验研究结果相继发表在 *Nature*、*Science* 等重要国际期刊上。

目前国际上已有一些研究机构实现了简单的脑控人形机器人系统。而国内也有类似的系统，但仍未能同时实现远程脑控及环境感知等功能，也即真正意义上“阿凡达”平台的搭建。国内在这方面的研究文献较少，而相关的最新研究文献中，如《基于 SSVEP 直接脑控机器人方向和速度研究》和《基于运动想象脑电信号的机器人控制研究》，前者搭建的控制系统实现了控制机器人的运动，还设计了低速、中速和高速 3 级运动速度组合了 9 个脑控指令。后者则提出了一种基于 Choquet 模糊积分隐马尔科夫模型的脑电信号分类方法。但这两个系统仅实现了“阿凡达”脑控部分的功能，均缺乏了信息反馈这一重要构成部分。而《一种基于 SSVEP 的仿人机器人异步脑机接口控制系统》，则开发了基于 TICC2460 芯片的无线传感器网络模块，系统具有脑电控制、语音交互、游戏手柄交互、机器视觉与避障功能。但该系统仅采用了基于稳态视觉诱发单一的脑机接口，未能集成运动想象的功能，使系统的操作性下降且与“阿凡达”的控制模式有所相差。

本文所提出的全息脑控阿凡达机器人系统，将 μV 级别的高速高精度脑电采集放大电路集成于以 ARMCortexm3 为主控的穿戴脑电设备上，并同时设计了可兼容稳态视觉诱发（Steady - StateVisualEvokedPotentials，SSVEP）和运动想象

（Motor Imagery，MI）的脑电解析算法，在实现脑电信号的精确解析的同时，还使设备的使用灵活性得到提升。而以 STM32 为主控芯片的智能人形机器人则集成了音视频和温湿度等多种传感器，可实现环境信息的采集并实时反馈于穿戴设备上。两者通过无线交换控制信息和环境参数信息，实现了机器人的远程脑控及环境信息的实时反馈。该系统初步完整地实现了“阿凡达”的各项功能，是国内第一个“阿凡达”全息脑控机器人系统平台，且具有完整的自主知识产权。

一、系统整体设计

根据设计要求，系统主要由可穿戴脑电设备和人形机器人两大部分组成。二者通过蓝牙进行通信。系统结构图如图 1 所示。

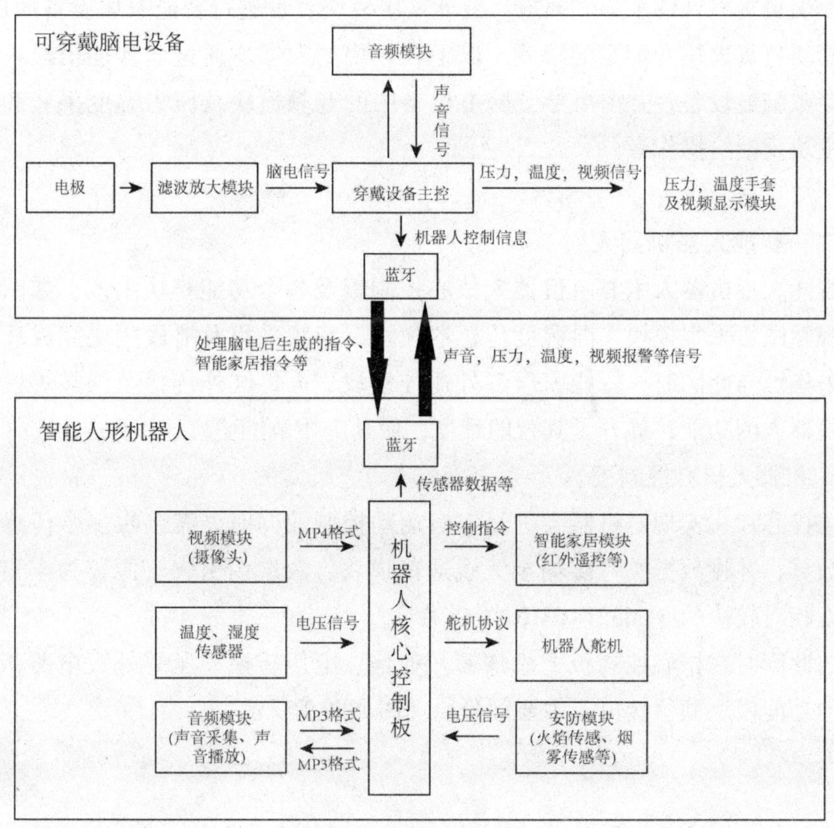

图 1　系统结构图

可穿戴脑电设备主要由穿戴设备主控模块、电极、滤波放大模块、音频模块、压力温度手套及视频显示模块、蓝牙通信模块组成。滤波放大模块将由电极采集到的微弱脑电信号放大及模拟滤波，处理过的数据进入穿戴设备主控模块进行数字滤波和算法处理，通过算法分析得到对应的控制指令，最终通过蓝牙通信模块将控制指令发送给人形机器人。

智能人形机器人的机械结构及舵机系统采用优必选科技有限公司生产的 Alpha 1p 机器人，并加上自主设计的核心控制板。人形机器人的主要功能模块包括核心控制板、视频模块、温湿度传感器模块、音频采集及播放模块、智能家居模块、机器人舵机、安防模块及蓝牙通讯模块。其中核心控制板负责根据接收到的控制指令进行舵机系统的控制、向智能家居模块发送控制命令、接受其余各模块采集的环境数据。视频模块、温湿度模块分别负责视频、温湿度采集。音频模块负责声音的采集和播放。智能家居模块负责进行智能家居设备的控制。安防模块负责火焰和烟雾的检测。以上各模块的数据均通过蓝牙通信模块发送给可穿戴脑电设备，并由可穿戴脑电设备中的音频模块及压力温度手套和视频显示模块反馈给操作者。

二、智能人形机器人

智能人形机器人主要由机器人核心控制板及各个功能模块组成，如图 1 所示。视频图像采集模块、温湿度传感器模块、音频采集及播放模块完成环境参数的采集。与此同时，智能家居红外遥控模块、火焰红外传感及烟雾等模块拓展了机器人的功能，提升了其智能程度，使其应用范围更广。

1. 机器人核心控制板

主控芯片在实现对机器人进行实时运动控制的同时，需接收多个传感器模块的数据，并将数据实时传输至无线通信模块。故选用引脚资源较为丰富，运算速度相对较快的 STM32F103RCT6 芯片。

与此同时在核心控制板上添加蓝牙通信、电压转换稳压等外设电路，并且为其他功能模块预留接口。主要部分原理图如图 2 所示。

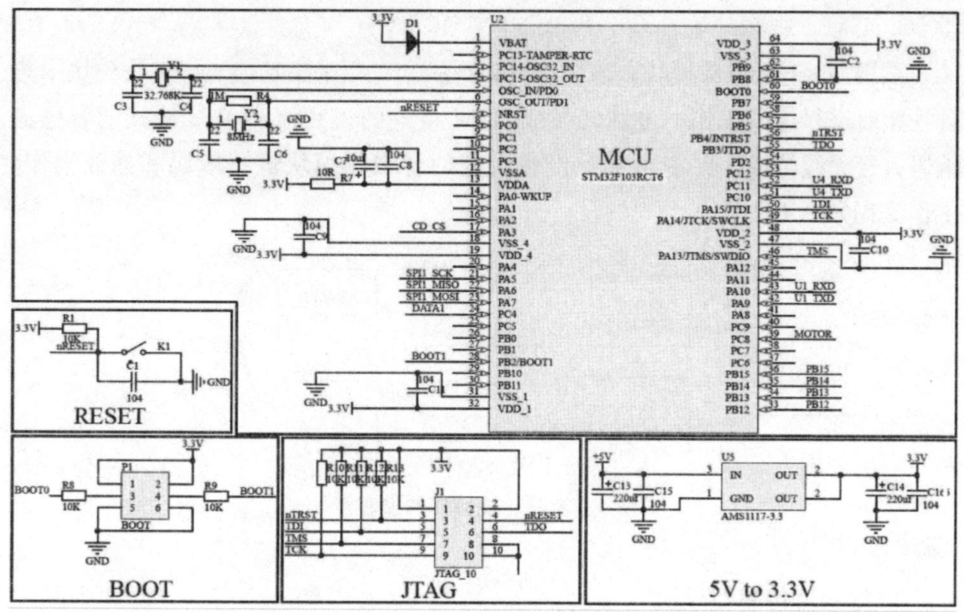

图 2　主控模块原理图

2. 系统电源

本系统选择 2 节 18650 可充电锂电池供电，并经过不同稳压电路以提供 8.4V、5V、3.3V 等多个不同电压等级的电源，为舵机、主控、各传感器模块及通信模块供电，同时通过 BQ2057 电池管理芯片进行电池充电与放电保护。电源模块原理图如图 3 所示。

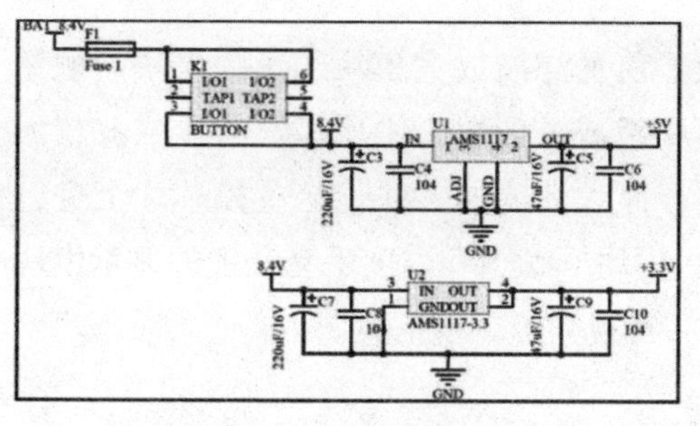

（a）稳压模块原理图

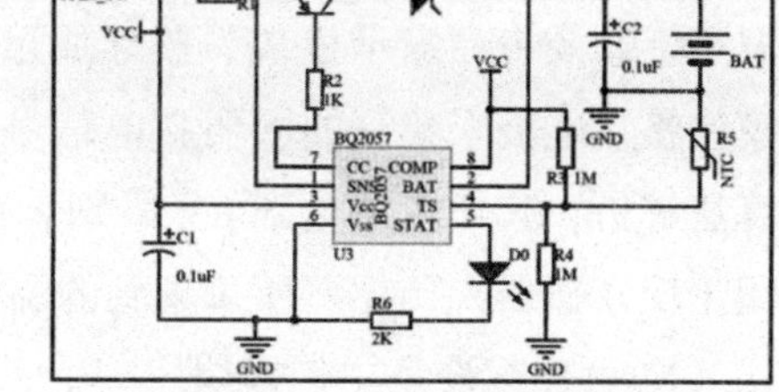

（b）管理模块原理图

图 3　电源模块原理图

3. 音频、视频模块

采用 M041 摄像头模块，该模块具备视频和音频采集功能。摄像头模块采集音视频后进行编码工作，分别转换成 H264 格式的视频流和 MP3 格式的音频流编码，经无线传输，并由可穿戴设备对应的音视频模块进行解码和播放操作。工作流程如图 4 所示。

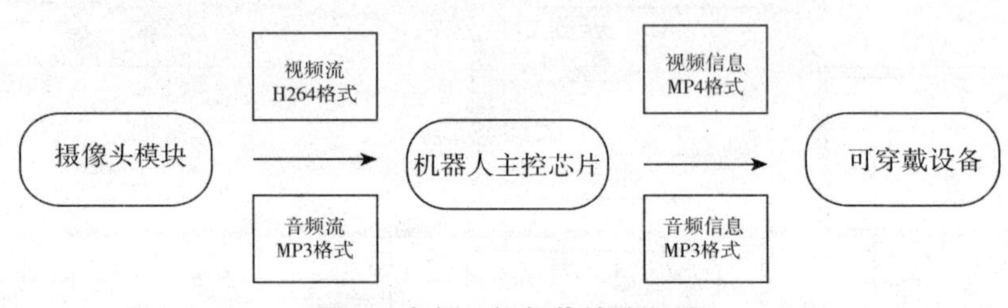

图 4　音频、视频传输流程图

4. 温湿度传感器模块

采用 DHT11 温湿度模块对环境温湿度进行采集，相对湿度精度为 25% ±5% RH，温度精度：25℃ ±2℃，可满足一般环境条件下的温湿度检测。

5. 智能家居模块、安防模块

智能家居红外遥控模块内带码库并同时具有红外学习功能，由主控芯片控制并可实现多种智能家居设备的红外遥控。安防模块则主要由火焰传感和烟雾传感组成，可实现火灾检测。

三、可穿戴脑电设备

可穿戴脑电设备由主控模块、电极、前置滤波放大模块、音频模块、触觉温度手套及视频显示模块、蓝牙通讯模块组成。如图 1 中所示。前置滤波放大模块将从电极采集到的微弱脑电信号进行放大和滤波，并传至主控芯片上进行算法解析，其精度可达到 μV 级别。音频模块、触觉和温度手套及视频显示模块用于反馈机器人传感器所采集到的温度、音视频等环境信息。

1. 可穿戴设备主控模块

可穿戴设备主控芯片采用 NXP 公司生产的基于 ARMCortex - M3 内核的 LPC - 1768 芯片。LPC1768 的操作频率可达 100MHz，具有高达 512K 的 flash 内存、丰富的外设接口和优异的处理速度，能满足本系统快速处理脑电信号庞大数据量的需求。

2. 脑电采集模块

本系统采用由广州美伦安迪电子科技有限公司生产的脑电前端采集放大电路，其具备μV级别的高速高精度脑电信号采集能力，极大地提高了本系统脑电信号的采集精度和速度，为后续的信号解析提供重要的基础。该模块的结构如图5所示，其包括模拟电路和数字电路两大部分。

模拟电路部分中，信号放大处理模块由前置放大、高通滤波、二级放大、低通滤波和电压跟随电路构成。其总放大倍数为6000倍，能够实现μV级别的微弱脑电信号的精确放大。

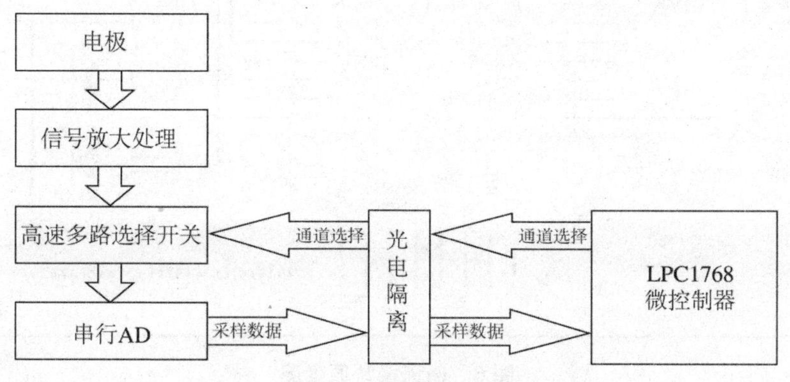

图5　采集模块结构图

数字电路中，主控芯片ARM高速I/O口输出多路选择电子开关及串行AD芯片的控制信号、时钟信号，同时通过串行AD将数据送入主控芯片，可实现脑电信号的高速同步采集。

与此同时，数据、控制信号和时钟信号通过高速光耦芯片进行隔离。模拟电路部分和数字电路部分的电源通过“DC-DC”进行电源隔离。信号隔离和电源隔离的设计，既保证被测人员与电源隔离，提高了设备的安全性，同时可减小由于电源波动、外壳屏蔽的干扰造成的采集信号波动，确保了脑电信号较高的采集精度。

四、系统通讯模块

本系统无线传输模块选用蓝牙模块HC-05，并利用其UART口来实现穿戴设备及机器人之间的数据传输，波特率最高可达1382400bits/s，根据设计需要将波特率设置为 115200bits/s。

如图 6 所示，HC－05 的 TXD 和 RXD 引脚分别和 LPC1768 单片机的 RXD 和 TXD 连接，建立数据传输路径，并分别集成于可穿戴设备和机器人上。依次设置为主、从模式后，启动时即可自动连接，进行数据的无线透传，实现系统通信。

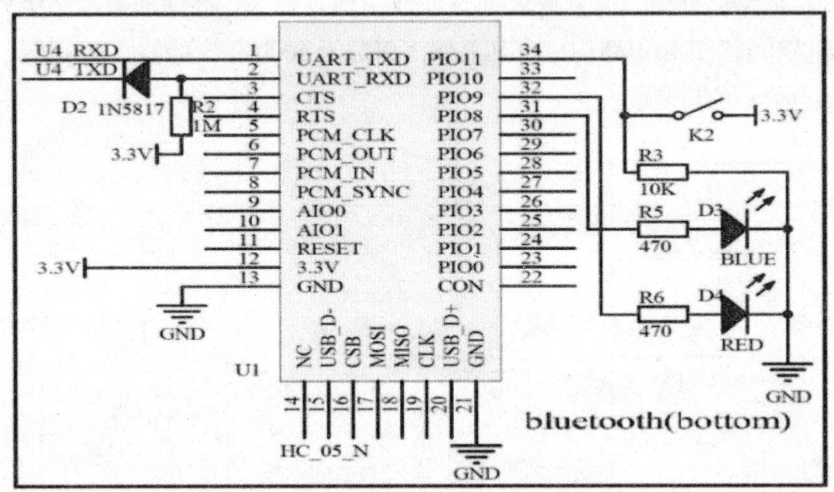

图 6　通讯模块原理图

五、实验测试结果及分析

1. 实验人员及环境

实验过程中，对稳态视觉诱发和运动想象两种脑电控制模式分别进行测试。受试者为 6 名在读本科生（用 No. 1 ~ No. 6 表示），年龄在 18 ~ 22 岁之间，3 男 3 女，均身体健康，无精神疾病，无脑部损伤，均为右利手。试验在安静、弱光的环境下进行，受试者坐在距离试验台 50cm 的椅子上，视线平行于刺激屏幕。实验照片如图 7 所示。

图 7　系统实验照片

2. 稳态视觉诱发实验

受试者坐在椅子上观察刺激光源。四个刺激光源上、下、左、右闪烁的频率分别设置为 8Hz、12Hz、15Hz、18Hz。每人每个刺激光源观察 40 次，每次实验持续 6s，每 5 次实验之间间隔 20s，以便受试者眼部能够得到放松。

3. 运动想象实验

由于运动想象实验易受到外界干扰，所以本次实验分为训练阶段和正式采集两个部分，且两部分的步骤一致。

实验具体步骤：

第一步，0 ~ 2s，所有指示灯熄灭，受试者睁眼，并开始放松；

第二步，2s，提示音响起，同时指示灯开始亮起，受试者准备想象相应的动作（上、下、左、右四盏灯，分别对应舌头动、腿动、左手动、右手动）；

第三步，3 ~ 10s，受试者闭眼开始想象；

第四步，10s，提示音响起，受试者停止想象，睁眼，本次实验结束；

第五步，重回步骤 1，每 10 次试验之间间隔 30s，让受试者得到充分放松。

通过训练一方面使受试者心情放松，提高脑电采集的准确性，另一方面让受试者熟悉整个操作流程确保其能正确地想象相应的动作。每位受试者进行 40 次实验。

4. 实验结果及分析

各受试者实验的准确率统计如表 1 所示。

表1 准确率统计表

受试者 实验类型		No. 1	No. 2	No. 3	No. 4	No. 5	No. 6
稳态视觉诱发	8Hz	100%	100%	97.5%	97.5%	100%	100%
	12Hz	95%	92.5%	95%	100%	97.5%	92.5%
	15Hz	90%	87.5%	90%	92.5%	95%	90%
	18Hz	87.5%	85%	90%	90%	87.5%	80%
运动想象	左手	75%	80%	70%	80%	82.5%	87.5%
	右手	85%	80%	85%	77.5%	87.5%	80%
	腿部	67.5%	72.5%	75%	70%	77.5	75%
	舌头	80%	85%	72.5%	87.5%	70%	75%

由表1可以看出，稳态视觉诱发的识别准确率较高，能保证控制的准确性；而运动想象的实验操作简单，并具有不易疲劳、使用人群广、更符合人类习惯的优点。故将这两种方法结合起来可实现优势互补，同时提高系统的准确性和可操作性。

六、结论

本系统在实现脑电设备可穿戴的同时，创造性地利用多类传感器实现了控制对象周遭环境参数的反馈，还将两类脑机接口的优点进行优势互补，提高了控制过程的准确性和稳定性。其为国内阿凡达脑控机器人的研究提供了一个基础而重要的平台。从实验结果可知，脑电解析的准确性仍可进一步提高，而这依赖于对脑电解析算法的更深一层的优化以及对操作者的进一步训练。与此同时，还可利用更多种类的传感器来实现更多形式的环境参数反馈，如风速，光强，放射性强度等，从而使该系统的实际应用范围更加广泛。本系统虽只实现了基础的功能，但提出的全息脑控阿凡达机器人系统这一概念却为未来真正研制“阿凡达”并真正实现人的意识与控制对象融为一体奠定了重要的基础。

参考文献：

[1] KRUSIENSKI D J, GALAN F, GOYLE D, et al. Critical issues in state - of - the - art brain - computer interface signal processing [J]. Journal of Neuran Engineering, 2011, 8 (2): 025002.

[2] RITACCIO A, BRUNNER P, GERVENKA M C, et al. Proceedings of the 2nd international workshop on advances in Electrocorticography [J]. Epilepsy and Behavior, 2011, 22 (4): 641 - 650.

[3] 高上凯. 神经工程与脑—机接口 [J]. 生命科学, 2009, 21 (2): 177 - 180.

[4] 伏云发, 郭衍龙, 李松, 等. 基于 SSVEP 直接脑控机器人方向和速度研究 [J]. 自动化学报, 2012, 38 (8): 1630 - 1640.

[5] NICOLELIS M A L. Actions from thoughts [J]. Nature, 2011, 409 (6818): 403 - 407.

[6] HOCHBERG L R, SERRVYA M D, FRIEHS G M, et al. Neuronal ensemble control of prosthetic devices by ahuman with tetraplegia [J]. Nature, 2006, 442 (7099): 164 - 171.

[7] SANTHANAMG, RYU S I, YU B M, et al. A high - performance brain - computer interface [J]. Nature, 2006, 442 (7099): 197 - 198.

[8] SCOTT S H. Converting thoughts into action [J]. Nature, 2006, 442 (7099): 141 - 142.

[9] TAYLOR D M, TILLERY S I H, SCHWARTZ A B. Direct cortical control of 3D neuroprosthetic devices [J]. Science, 2002, 296 (5574): 1829 - 1832.

[10] MUSALLAM S, CORNEIL B D, GREGER B, et al. Cognitive control signals for neural prosthetics [J]. Science, 2004, 305 (5681): 258 - 262.

[11] BELL C J, SHENOY P, CHALODHORN R, et al. Control of a humanoid robot by a noninvasive brain - computer interface in humans [J]. Journal of Neural Engineering, 2008, 5 (2): 214 - 220.

[12] 满海涛. 基于运动想象脑电信号的机器人控制研究 [D]. 杭州: 杭州电子科技大学, 2013.

[13] 邓志东, 李修全, 郑宽浩, 等. 一种基于 SSVEP 的仿人机器人异步脑机接口控制系统 [J]. 机器人, 2011, 33 (1), 129 - 135.

[14] 张林. 脑控机器人系统的共享控制方法研究 [D]. 大连: 大连理工大学, 2014.

[15] 何庆华, 彭承琳, 吴宝明. 脑机接口技术研究方法 [J]. 重庆大学学报, 2002, 25 (12), 106 - 109.

本文载于《电子世界》第 6 期, 2017 年 5 月

打造从政策到法律的补贴制度升级版

——以新能源汽车骗补为切入点

杨解君　杨高臣
（广东外语外贸大学）

一、补贴的制度问题：新能源汽车骗补现象的因由追问

“补贴”作为法律上的概念，国际法和国内法上使用都较为普遍。作为国际法上的术语，补贴是“为增加某一产品的出口或限制某一产品的进口，而对某些行业或企业（或其产品）提供无偿的经济支持、扶助的行为”。该概念一般与“反补贴”概念相联系，在国际法尤其是国际贸易法中频繁见之，国际法学或涉外经济法学对补贴与反补贴制度的研究较为深入，成果也颇为丰硕。在国内法上，补贴则是指为了促进、改善、支持特定行业、产业的发展所采取的财政资助行为。补贴一词虽在国内法中频繁使用，而有关补贴制度的讨论却尚待深入展开。

近年来，一些新兴产业之所以能迅速发展和崛起，与国内补贴政策的引导和激励有着密切的关系，特别是对新能源汽车产业的发展助推作用明显，但补贴制度在实践应用中存在着诸多不足之处。无论是就产业优化升级和发展的客观趋势而言，还是就市场主体的行为选择而言，“补贴”都存在着巨大的制度升级需求。因此，本文以新能源汽车产业为切入点，以期由点到面地探讨我国国内法意义上补贴制度的健全与完善。

当前，新能源汽车产业的发展，呈现出两个向度的境况：一方面，国家大力支持新能源汽车产业，对生产、销售新能源汽车的企业及购买新能源汽车的消费者进行补贴，巨额的补贴极大地刺激了我国新能源汽车产业的发展；另一方面，随着产业规模的不断扩大，部分企业受利益驱动，违反相关法律法规骗

取和违规谋取财政补贴。[1] 这一现象已经严重危害到新能源汽车行业的发展，不仅侵害了国家财政利益和秩序，而且侵犯了相关企业的合法权益，也对社会产生了严重的危害，很可能使激励新能源汽车产业发展的政策导向走向反面，从而阻碍新能源汽车的技术革新与推广应用。

新能源汽车发展的这两个向度，都可以归因于我国现行的以政策为主要构成的补贴制度——补贴的设计和实施主要以政策方式为载体，补贴的政策导向主要是激励。以激励为导向的补贴制度既然能促进新能源汽车及其他行业、产业的发展，为什么又存在阻碍新能源汽车的技术革新与推广应用的可能？新能源汽车行业大规模骗补现象的发生是否说明现行补贴制度存在重大的漏洞？对于这些问题的思考与回答，都必须从现行补贴制度的现况入手加以考察，从而梳理和分析我国补贴制度的现状和缺陷，并在此基础上提出健全与完善的对策性建议。

二、“单轮独行”的政策：补贴政策的激励导向与局限

“补贴”的定义和内涵，在不同的学科语境下有着不一样的视点。以经济学的角度观之，补贴既是一种经济手段，也是一种产业政策。以法律视角观之，补贴在性质上实为一种行政给付行为，是指政府或者其他公共机构提供的并为接受者带来利益的财政资助以及相关形式的收入或者价格支持，包括给付型补贴（如财政补贴）和减免型补贴（如税收优惠）。[2] 我国对新能源汽车产业有一定的税收优惠即减免型补贴，但主要还是给付型补贴即政府对新能源汽车产业进行的公益性、专项性、财政性资助。这些资助，对于产业的发展往往是一柄双刃剑——既可以对产业的发展起到激励、引导作用，又可能因违背市场规律而最终揠苗助长，导致补贴政策在实施效果上事与愿违，新能源汽车产业骗补现象频发便是典型的例证。当前，我国补贴的实施多以政策为主，是“单轮独行”的“政策驱动”，缺乏法律层面的制度支持。

---

[1] 骗补现象主要有如下几种情况：一是一些企业违反相关法律法规，如车辆未达到推广标准甚至未生产，但违规取得牌照骗取补贴；二是车辆符合规定，但卖给关联企业而非终端用户，未达到补贴条件却提前谋取补贴；三是车辆卖给终端用户，但在获取补贴后大量闲置，造成财政资金的浪费。

[2] 《反补贴条例》第 3 条规定：“补贴，是指出口国（地区）政府或者其任何公共机构提供的并为接受者带来利益的财政资助以及任何形式的收入或者价格支持。”

（一）补贴政策的激励

在我国，补贴政策涉及的产业相当广泛，有传统产业也有新兴产业，有朝阳产业也有夕阳产业，有垄断行业也有自由竞争行业。补贴政策在不同时期、不同领域、不同产业或行业中的具体作用是不一样的。但共性是，补贴政策对新兴产业、朝阳产业的发展是具有激励功能的，这也是补贴政策制定和发力的初衷。具体来说，新能源汽车补贴政策的激励主要表现为：

第一，旨在激励技术进步。一般说来，补贴政策都会着重涉及生产研发技术创新的激励。一些新能源汽车产业的政策性文件，如2012年国务院《节能与新能源汽车产业发展规划（2012—2020年）》、2014年国务院办公厅《关于加快新能源汽车推广应用的指导意见》、2016年广东省人民政府办公厅《关于加快新能源汽车推广应用的实施意见》等，都强调了在生产环节鼓励新能源汽车的技术创新与进步，以期“加快形成具有自主知识产权的技术、标准和品牌”。

第二，旨在激励商业模式创新。近年来，国务院及其相关主管部门推出了若干新能源汽车推广应用的政策，其重要目的就在于号召和鼓励社会资金和民营资本参与新能源汽车的经营与推广，参与的范围不仅包括汽车生产，更包括电力供应、充电桩应用等系列模块的互动，鼓励创新商业运营模式。

第三，旨在激励金融创新。补贴政策在金融服务上的支持和鼓励作用，是最直接、最管用甚至可能是最“救急”的。例如，2009年财政部《节能与新能源汽车示范推广财政补助资金管理暂行办法》、2010年财政部《私人购买新能源汽车试点财政补助资金管理暂行办法》等，即是以补贴激励融资创新为目标的重要政策。

第四，旨在激励基础设施完善。新能源汽车的推广与普及，离不开充电桩等基础设施的建设，单靠汽车企业的“单打独斗”，新能源汽车产业恐怕连产业结构都难以成型。而补贴政策恰能对基础设施建设形成正向的积极的引导和激励，让新能源汽车产业系统的组织结构得以快速地演进和成熟。例如，2012—2020年新能源汽车产业发展规划的主要任务之一就是“积极推进充电设施建设”，2016年财政部等多个部门就专门出台了关于“十三五”新能源汽车充电基础设施的奖励政策，为基础设施建设提供了政策保障。

（二）补贴政策的局限

尽管补贴政策对新能源汽车的发展能发挥出正面与积极的功能及效应，但现行补贴政策也存在一定的局限，尤其是只依靠“单轮独行”的政策工具是不够的，政策的固有局限需要法律来弥补和克服。这是因为：一者，政策激励功能的发挥有其局限性，政策的激励有超越甚至取代市场机制的可能，也有直接或间接对市场过度注入政府意志的可能，从而使政策演变为权利配置资源而非市场配置资源的手段，即“单轮独行”可能“行”而背道；二者，补贴制度缺乏法律层面的制度支撑，法律之“轮”未运转起来，单靠政策驱动是难以形成促进产业发展的长久、稳定的合力的，即“单轮独行”可能“行”之不远。当前，补贴政策的局限主要表现在：

第一，补贴政策内容的科学性问题。为了促进某些行业、产业的快速成长，我国补贴政策较多地使用了财政补贴、税收减免、信贷优惠等手段，而这些手段对市场主体（特别是企业）的投资诱导性是很强的，有些补贴政策甚至直接规定了“指导目录”❶。这实际上是“人为”地创造投资领域甚至诱导投资，很有可能偏离甚至架空市场机制。补贴政策的出台，确实是政府对某些行业、产业的倾斜性扶持，是政府想以最快的速度、最小的成本创造产业发展的最大红利，很多时候，政府的服务角色和后勤角色就会通过补贴政策而转化为资源分配者的角色和市场行为的旗手，从而主观、粗暴地干预了市场竞争。❷ 例如，财政部对“2016 年新能源汽车推广应用补助标准”以及“纳入中央财政补助范围的新能源汽车产品技术要求”的明确，反而引发市场主体为追求短期、即时的利益而骗补。可以说，正是由于某些补贴政策内容的科学性和稳定性不足给骗补留下了可乘之机。

第二，缺乏明确的法律依据。以新能源汽车的补贴政策为例，中央财政对新能源汽车的补贴是逐年下降的，而补贴下降的规划则是通过每年下发一个政策性文件，而且这些文件对具体的补助标准和产品技术要求都有实质性变更。由此可见，在补贴政策的制定、实施、评估和退出的机制及程序缺乏明确的法

---

❶ 如 2011 年的《产业结构调整指导目录》，详细列出了未来鼓励、限制和淘汰的技术、产品和工艺。其中，鼓励发展的产品、工艺和项目就达 750 种之多，涉及 28 个领域。在这些选择中，有些是经过市场检验的，但有些只是主观认识的结果。如果产品、工艺或项目只要被纳入指导目录之中，政府就会投入大量资金，予以倾力扶持，结果可能会因为选择失误而导致大量资源浪费。

❷ 随着上市公司年报的陆续披露，在政府补贴的前十名排行榜中，国有企业均占多数，2012 年重庆钢铁实现净利润 9880 多万元，而当年合计获得各种政府补贴就达 20.02 亿元。（参见：以轩《十大国企获巨额补贴，金额堪比创业板全部盈利》，《第一财经日报》2013 年 5 月 2 日）

律依据的情况下，补贴政策存在着随意性的倾向，其政策实施效果就难免差强人意。

第三，补贴政策的稳定性与持久性问题。学界较为普遍的观点认为，补贴政策的效力层级低、规范性差、约束力和强制力不够，一些科学合理的补贴政策因未能及时上升为法律而缺乏稳定性、权威性、规范性和执行力。此外，补贴政策需要及时上升为法律，并非指任何补贴政策都应上升为法律，也不是指所有的科学、合理的补贴政策都应上升为法律，因为补贴的实施往往具有暂时性和可变性，哪怕在当时当地是科学合理的，也会随着情势的变化而变化。所以，应该“及时上升为法律”的，是补贴政策所蕴含的科学发展的理念、原则和合乎市场规律的宏观体制、机制和程序。

三、缺漏的“法律之轮”：补贴制度的漏洞

目前，补贴政策对产业发展的激励与驱动是一种“单轮独行”的状态。在这一格局中，不仅“法律之轮”未能运转起来，而且法律规定亦缺漏不少。虽然说新能源汽车骗补现象的产生，主要应归因于骗补者的不当利益驱动，但是现行新能源产业补贴制度所存在的漏洞无疑是其制度上的诱因。现实运行中的补贴制度，至少存在如下一些问题：

（一）在政策与法律间，重政策而轻法律

补贴政策与补贴法律，是补贴制度的两大支柱，如车之双轮、鸟之两翼，但在补贴运作的实践中却过于偏重政策而轻视法律。我国时下并没有专门关于新能源产业补贴的法律，其规定多散见于不同层级的法律法规之中，且主要表现为宪法的间接规定和法律的抽象规定。同时，补贴的法律化程度较低，缺乏专门性的立法和具有针对性的制度安排。例如，《预算法》中虽有涉及补贴方面的规定，但对新能源产业并没有针对性。更重要的是，新能源产业补贴的主体、类型、范围、标准等，均缺乏专门性的法律或行政法规予以明确，而有关新能源产业补贴的规范性文件规定也显得过于抽象。可以说，新能源汽车骗补行为的频发，与法律法规缺乏对新能源汽车补贴的主体、类型、范围、标准等的规定存在较大的关联度。

（二）在法律调控上，重下位法而轻上位法

补贴制度中政策多法律少，补贴的实施主要依靠规范性文件，从而淡化了高度权威性和严谨性的法律规范之适用。由于法律和行政法规规定分散、间接

甚至缺位，使得补贴的法律调控功能难以发挥出来。如果仅靠位阶较低的下位法来推动和实施补贴，则很难形成制度合力。法律调控功能的发挥，需要体系化的制度联动，既要有下位法更要有上位法，既要有特殊法也要有一般法。

（三）在制度设计上，重实体而轻程序

由于缺乏统一的补贴法（或行政给付法）或产业调控法，补贴的实施又以政策为主，补贴的实施程序就会因为行业、产业的不同而不同，就会因为政策制定部门的不同而不同，也会因为地方的不同而不同。这种“具体问题具体分析”以防止“一刀切”的政策创制态度是无可厚非的。但是，基于法治的要求，政府行政给付（补贴）的权力应受到法律的控制与约束，行政给付相对人（补贴受惠方）的权利也需要受到法律保护。这些都要靠正当性的补贴程序予以满足，但补贴的程序性制度却严重缺失。

现行补贴制度对补贴申请的条件、审核流程、评估标准、事中监管、跟踪反馈等规定大都过于抽象，且法律层级较低，多为部门规章或地方性法规，而且各个规章和地方性法规“各自为政”、方案不一、难以衔接。“什么人具备什么条件，按照何种程序获得政策性补贴无明确规定，各种补贴规定分散在财政法规和规章之中，各个时期还有多种临时性补贴规定，前后矛盾、政出多门，无法有效预测、指引、评价人们的行为”。从新能源汽车补贴情形来看，新能源产业补贴的程序设置是欠妥的，其补贴程序缺乏完整性和严谨性——无论是消费者（补贴接受的终端）还是政府机构（补贴给付方）在新能源汽车交易的准备、决定、运行及补贴实施和监管等各个阶段都难以受到有效的程序法律规制。骗补企业能从新能源补贴中牟利，与补贴程序的设置缺乏完整性和严谨性亦有着莫大的关联。

（四）在目标导向和机制上，重激励而轻约束

补贴，既是一种重要的经济制度，也是重要的法律制度。因而补贴就不能忽视其作为法律制度所应该具有的社会功能——维系社会的公平正义。现行补贴制度在目标导向上，存在着重激励而轻约束的明显倾向，这会导致重权利而轻义务的偏颇而致不公平。以新能源汽车补贴为例，为推动新能源汽车的技术研发、提高新能源汽车的市场的占有率以及加速新能源汽车的产业化与商业化，政府给予一定的财政补贴和税收减免，既是必需的也是必要的，这也是世界上一些发达国家（如日本、美国等）推广新能源汽车的主要激励措施。不过，我们仅仅将政策激励的着眼点放在了新能源汽车的规模与数量追求上，而忽略了

风险的防范及反向的约束机制，使得骗补者有了可乘之机。这些欠缺主要表现为：一是缺乏对补贴接受者（企业和消费者）的监督机制。虽然有关新能源补贴的政策对接受者规定了大量的义务，但对补贴接受者违反补贴义务却无相对应的责任规定，而且对于如何监督（即监督程序）、受到损害该如何救济等，都缺乏相应的制度规范；二是对违法骗取补贴者几乎没有相应的制裁措施，即使有也只是“轻描淡写”而致骗补的违法成本低；三是对行政补贴的权力监督制约机制尚不完善。根据一些新能源汽车补贴的地方政策，补贴的审批机构和监管机构一般是“一体化”的，补贴资金的使用未尽透明化、公开化，新能源产业补贴的专门预算制度和审计制度也尚未建立，行政补贴的权力防控机制欠缺。

四、政策与法律的“双轮驱动”：打造补贴制度的升级版

政策与法律作为产业健康发展的“车之双轮”“鸟之两翼”，缺一不可，而且此“双轮”只有同步运转起来，方可突破补贴政策“单轮独行”的局限。我国补贴制度需要升级，需要从政策的“单轮独行”向政策与法律的“双轮驱动”转变，实现政策与法律的同步运转：一者，确保补贴实施（经济调控）的科学性与合法性，避免出现违背市场规律的草率性决策和权力寻租，这属于方向上的扶正；二者，提升受补贴产业发展的效率和稳定性，这属于速度和质量相统一的制度保证。

（一）立法方面：补贴立法与补贴政策同步

要实现政策与法律的同步运转，首先就需要加快推进补贴立法——应以制定“财政补贴法”和“产业调控法”（或者“产业促进法”）为重点，以制定配套细则及重点行业领域的行政法规（如“新能源汽车补贴条例”）为着力点，同时吸收科学合理的、经市场验证可行的、运转较为成熟的补贴政策（包括地方补贴政策）中的实体规则和程序规则，从而健全补贴法律制度。

在立法的重点上，应进行“财政补贴法”和“产业调控法”等专门性立法。这些专门性立法，既要规制行政行为，防止政府滥用权力、权力寻租，也要规制行政相对人的行为，防范和制裁“骗补”等违法（或违反政策）行为。基于补贴政策的制定、实施、评估和退出的机制及程序都缺乏明确法律依据的现实，补贴制度的专门性立法还必须重点规范行政主体制定和实施补贴政策的行为。也就是说，“财政补贴法”和“产业调控法”等相关专门性立法，要肩负起使产业政策科学化、合法化的重要任务，合理配置补贴政策决策主体的职

权职责，设置补贴政策制定、实施、评估和退出的机制和程序，如此，补贴政策与法律的“双轮驱动”才可能沿着正确的方向运转。

在立法的定位上，要厘清不同行业的补贴法律制度之间的关系。如新能源汽车补贴法律制度的创制，要厘清其与环境补贴、农业补贴、电力补贴等其他行业、产业、领域的补贴法律制度的关系；厘清新能源产业补贴法律制度与其他相关的上位法、一般法（如电力法、可再生能源法、环境保护法等）等的关系，这也是捋顺补贴法律制度间的逻辑关系、构建补贴法律体系的重要环节。

在立法的路径上，可以选择先分散、后统一，先地方、后中央的立法路径。当然，直接由全国人民代表大会及其常委会制定法律是最理想的。但是，考虑到我国立法的实际情况，而且我国很多法律的完成都是“先行政”（由国务院制定行政法规试行）、“后法律”（由全国人大及其常委会制定法律），待条件成熟时再上升为法律的立法路径，这一路径也许不失为破解补贴立法滞后、补贴政策“独行”局面的现实之策。

（二）规范方面：填补法律规则的漏洞

补贴制度由于涉及的行业、产业、领域较多，为了更有针对性地探讨填补补贴法律的规则漏洞，此处重点以新兴产业——新能源汽车补贴的法律规则为例展开论述。

1. 实体规则方面

其一，立法上明确补贴的主体、条件、类型和范围。在新能源汽车补贴方面，我国现行法律体系中缺乏法律或行政法规层面的规定，而部门规章和地方性法规及其他政策性文件的补贴规定又显得不够具体，操作性不强，而且规定之间互不衔接、不统一。因此，需要以法律或行政法规的形式予以确定和统领。如，新能源产业补贴的类型和范围应该明确，补贴的环节不应只局限于生产和销售环节，还应扩展至售后、保险等环节；新能源产业补贴的标准也亟待通过法律或行政法规予以统一。

其二，对补贴给付人与接受人的权利义务及责任制度进行增补和强化。“由于补贴对补贴当事人的规定不明，也就导致了对当事人权利义务缺乏系统性的规定。”例如，新能源产业补贴的部门规章和地方性法规，一方面对于补贴接受人一般都规定了不少义务，但对这些义务的履行却缺乏相对应的责任机制；另一方面，对补贴给付人（即政府）权力滥用、权力寻租等行为缺乏有力的约束，补贴政策的制定和实施就增加了“任性”的可能，以致落实效果不佳。所以，补贴制度的完善，亟须对补贴给付人与接受人的权利义务及责任制度进行增补和强化。而且，骗补行为和滥权发放补贴的行为已侵害到国家财政秩序和社会公共利益，不应只作为一般行政违法行为对待，而应上升到刑事制裁。

2. 程序规则方面

其一，细化补贴的“事前”程序。补贴的事前程序，主要是指产业补贴在实施之前应当对其必要性、可行性及预期效果进行科学合理的评估，通过公正、科学、高效的调查研究，获取可靠数据，形成补贴决策的依据，公开补贴的信息，从而使补贴的审批和发放更为科学、合理且合法。补贴的“事前”程序并非可有可无，亦不可简单化或抽象化，而时下大多数补贴政策对新能源汽车补贴的事前程序的规定都较为模糊和抽象。

其二，调整补贴实施的“事中”程序。新能源汽车补贴的实施过程，主要是指补贴的发放过程和资金使用的状态。补贴的实施，应坚持信息公开原则，以法律或行政法规的形式规定依职权和依申请公开的事项。因此，建议建立全行业补贴的公共数据采集平台，模仿“物流信息网”的方式❶，将补贴的发放过程和资金的使用状态置于公众监督之下，以便全过程、全方位地跟踪和监督。另外，建议修订《财政违法行为处罚处分条例》，增加“未依法公开”等程序违法的罚则，与专门性立法共同规范补贴的实施行为，从而预防和杜绝骗补和滥权发放补贴等违法行为。

其三，设置补贴的“事后”跟踪、反馈与评估机制。一方面，设立新能源产业补贴的事后跟踪机制，这既是为了给补贴实施法律监管，也是为了给补贴的终端接受者（消费者）提供有效的法律保障。另一方面，设置事后评估机制也是为了确保补贴实施的科学性。因为补贴是专门针对行业、产业发展的不成熟或扭转弱势而实施的，补贴的事后评估就是要通过科学合理的市场评估、环境评估、行业技术评估等总体性评估，为行业、产业是否继续实施补贴、是否需要改变补贴方式或适时退出等影响行业产业发展的长远问题提供决策的依据。

（四）机制方面：激励与约束并重

重激励轻约束，构成了现行补贴制度的重大漏洞。法律之“轮”，必须激励与约束并重。为此，需要完善以下机制。

---

❶ 全国的物流快递公司通过数据联网的方式，让客户凭借快递运单号码即可自由地在互联网中准确地查询、跟踪到物流信息。

第一，更新或提升补贴的标准。虽然我国制定了新能源汽车的相关补贴标准，但有些标准已显落后，某些关键技术标准缺失，可见标准制定的前瞻性不足。为此，不仅行政机关要加强宏观支持和引导，而且立法机关和行业主管部门（或行业协会）应根据技术发展的先进程度，及时制定和调整新的标准，按期发布技术标准信息，政府对于达标者或有更高标准的企业进行更高补贴。而更新或提升补贴标准的机制与程序，宜由立法予以具体明确，这也是通过法律的稳定性和权威性使补贴政策的出台更具可预期性，从而使补贴制度激励和约束功能并重。

第二，补贴转型，以“税”代“贴”、以奖代补。在新能源汽车推广的激励措施上，我国主要以补贴为主。补贴短期内可以调整产业的内部结构，但终究不是长久之策。有必要在方式上实行补贴的转型，采取以“税”代“贴”、以奖代补的方式。补贴转型，骗补行为也就“毛将焉附”了。在税收方面我国已制定了一些优惠政策，不过，税收优惠政策的出台并不能说明补贴类型的转型，即并不能说明补贴从给付型转向减免型。国家应该通过立法确立哪些产业以“税”代“贴”、哪些产业以奖代补，而后再通过具体的补贴措施予以实施，从而稳定市场预期，提升补贴制度的激励和约束效果。

第三，增强补贴的监管机制。一方面，设置补贴实施的信息披露机制，建立面向社会的第三方监察机制。信息披露机制和第三方监察机制的确立应采取立法的形式，再通过不同的产业补贴政策予以体现。设置补贴信息披露机制和第三方监察机制，并不是否定行政机关内部的监管机制，而是在完善行政机关内部监管机制的基础上（如审计部门依法进行账内审计与账外调查），进一步增强补贴法律制度中的监管效果，让市场的力量、民主的力量与法治的力量形成合力，从而规范、促进、推动产业的健康发展。另一方面，建立补贴资金的专项预算与责任机制。客观地说，我国新能源汽车补贴的预算决策仍处于“全过程无责”状况，新能源产业补贴的专项资金的使用自然是“堪忧”的；除了应解决责任性问题之外，由于新能源产业的科技色彩浓厚，预算制度的加强还应注意预算决策的科技因应性。因此，应建立新能源产业补贴的“可问责”和“科学化”的预算制度——“追究责任，即在预算决策过程中的违法者必须要切实承担相应的法律责任，监督者和责任追惩主体通过监督、诉讼和惩罚机制来实施对违法者的追究”；同时，“为保证预算内容的正当合理，预算决策具有科学依据，在我国有必要引入绩效预算的管理模式”，而这些制度的设立与实施及其效果，需要法律和政策的同步推进。

参考文献：

[1] 李昌麟．经济法学［M］．北京：中国政法大学出版社，1999.

[2] 杨解君，肖泽晟．行政法学［M］．北京：法律出版社，2000.

[3] 江飞涛，李晓萍．直接干预市场与限制竞争：中国产业政策的取向与根本缺陷［J］．中国工业经济，2010，(9)．

[4] 刘桂清．产业政策失效法律治理的优先路径——“产业政策内容法律化”路径的反思［J］．法商研究，2015，(2)．

[5] 黄茂钦．论产业发展的软法之治［J］．法商研究，2016，(5)．

[6] 徐清．新能源汽车补贴为何又成“唐僧肉”［N］．检察日报，2016-03-23.

[7] 孙志芳，孙增芹．完善我国新能源补贴法律制度的几点建议［J］．山东财经大学学报，2015，(6)．

[8] 杨解君．财政预算决策弊端与体制机制创新研究［J］．南京工业大学学报（社会科学版），2014，(2)．

本文载于《江西社会科学》2017 年第 5 期，2017 年 5 月

油酸酰胺丙基羟基磺基甜菜碱的合成及性能研究

魏 渊 郑 成 毛桃嫣 刘 颖 罗伟佳 朱艺婷

（广州大学精细化工研究所，广东广州，510006）

长链烷基磺酸甜菜碱是一种新型的两性表面活性剂，具有耐温、耐酸碱、抗盐性好、等电点范围宽、黏弹性强等特点，广泛应用于油田驱油、皮革、日用化工等诸多领域。近年来，油酸酰胺丙基甜菜碱作为一种良好的黏弹性表面活性剂，被应用于油田的基质酸化，可有效降低油和水的界面张力，提高三次采油采收率。这种长链烷基酰胺丙基甜菜碱分子可在酸压、酸化过程中形成大量的蠕虫状胶束，其相互缠绕形成三维瞬时网状结构，引发溶液黏度的急剧增加，得到黏弹性溶液或弹性胶。驱油用表面活性剂应具有足够大的碳数、较好的水溶性和低廉的成本，合成工艺要简单成熟且易于工业化。本文以可再生资源油酸为原料，经酰胺化、季铵化反应合成油酸酰胺丙基羟基磺基甜菜碱，并对提纯后的产品进行表征，具有良好的乳化及稳泡性能。其合成工艺见图1。

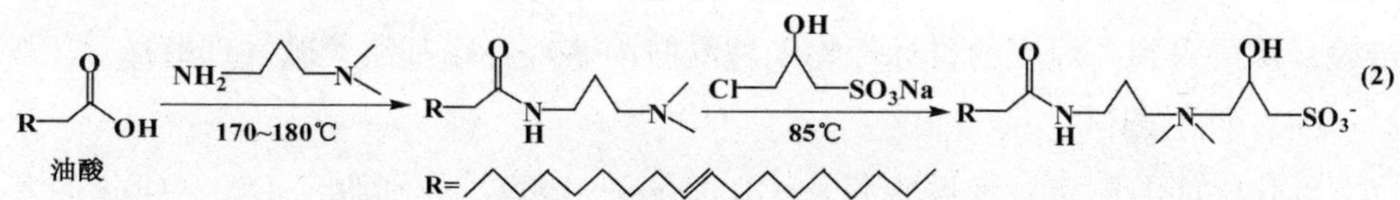

图1 油酸酰胺丙基羟基磺基甜菜碱合成工艺

一、实验部分

1. 实验药品及仪器

N，N－二甲基－1，3－丙二胺，国药集团化学试剂有限公司；浓盐酸，分析纯，西安西北化工试剂厂；环氧氯丙烷、亚硫酸氢钠、乙二胺四乙酸、油酸、异丙醇均为分析纯，天津市大茂化学试剂厂。

TENSOR27 型红外光谱仪，DRX400 型核磁共振波谱仪，瑞士 BRUKER 公司；BZY－1 型全自动表面张力仪，上海衡平仪表仪器厂；2151 型罗氏泡沫仪，上海隆拓仪器设备有限公司。

2. 实验方法

（1）3－氯－2－羟基丙磺酸钠的合成

在反应瓶中加入亚硫酸氢钠 115g（1.1mol），催化剂乙二胺四乙酸 1.20g，250mL 水，加热至 40℃，搅拌使其充分溶解；于 70℃/1.5h 内滴加环氧氯丙烷 93g（1.0mol）；再升温至 85℃，继续反应 2h。反应完毕后，趁热倒入烧杯中，冷却静置，有白色晶体析出，经减压抽滤，真空干燥后可得到白色晶体 180.3g，收率为 91.27%。

（2）酰胺化反应

在反应瓶中加入一定量油酸，于 40℃/0.5h 滴加一定量的 N，N－二甲基－1，3－丙二胺；加热至 160℃，氮气保护下反应 6～8h。反应结束后，减压蒸馏，除去过量的 N，N－二甲基－1，3－丙二胺和反应生成的少量水，冷却至室温，抽滤，得到黏性棕黄色液体。

（3）季铵化反应

在反应瓶中加入上步反应得到的叔胺 30g（0.08mol）、混合溶剂［V（异丙醇）：V（水）＝1：2］45mL，以及 3－氯－2－羟基丙磺酸钠 19.6g（0.1mol）的水溶液（体系 pH＝8），在 85℃下搅拌回流反应 8h（通 N2 保护），得到淡黄色至褐色稠液体，叔胺转化率为 88.9%。减压蒸除溶剂后加入适量的异丙醇，加热溶解，趁热过滤除去固体杂质，再通过旋蒸除去异丙醇，重复 2～3 次上述步骤，即可得到高纯度的目标产物油酸酰胺丙基羟基磺基甜菜碱（OSB）。

（4）性能测试

乳化性能的测定：参照定量法 GB 11543—1989，分别测定 LSB、OSB 的乳化性能。

首先，先后准确吸取 40mL 的 1g/LOSB 溶液和待测的 40mL 矿物油，转移至同一 100mL 具塞量筒内。

其次，盖上玻璃塞，用手指捏紧，剧烈地振荡 5 下后，静置 1min，重复上述动作 5 次。

最后，振荡完毕后静置，并立即开始计时，当分出 10mL 的水相时，记录下时间。

增容性能的测定：配置 0.01mol/L 表面活性剂溶液，在 11 个 100mL 容量瓶中，分别用移液管移入 10mL 表面活性剂溶液，并分别加入 0 ~ 0.6mL 的苯，摇匀后静置过夜，再定容至刻度，加热振荡摇匀溶液，用紫外分光光度计测试样品的吸光度。

泡沫性能测定：参照国标 GB/T 13173—2008 操作方法测定 OSB 的泡沫性能，并和市售产品月桂酰胺丙基羟基磺基甜菜碱（LSB）作对比实验。

表面张力测定：本实验根据 Wilhelmy 吊片法原理，用全自动界面张力仪测定。

在实验中，表面活性剂溶液的增容、泡沫、表面张力等性能的测试会存在一定的误差，因此在具体测试时，本实验进行多次测量以尽量克服误差的产生。

二、结果与讨论

1. 合成条件优化

（1）单因素实验

本文首先考量了反应时间、温度、原料摩尔比等多个单因素对缩合反应过程中油酸转化率的影响。如图 2（a）所示，油酸的转化率随反应时间的增加而逐渐增大，8h 后增长放缓；在图 2（b）中，油酸转化率随反应温度升高而逐步增大，温度超过 170℃时，转化率增大不明显，而且温度过高容易导致油酸中的双键被氧化，生成副产物，产品颜色加深。由图 2（c）可知，加大物料摩尔比，油酸转化率增加，而当 n（N，N－二甲基－1，3－丙二胺）：n（油酸）大于 1.1：1 后，反应程度变化较小。由于 N，N－二甲基 1，3－丙二胺在反应中易挥发且价格比油酸昂贵较多，所以综合考虑，物料摩尔比应略大于 1：1，但一般不大于 1.1：1。

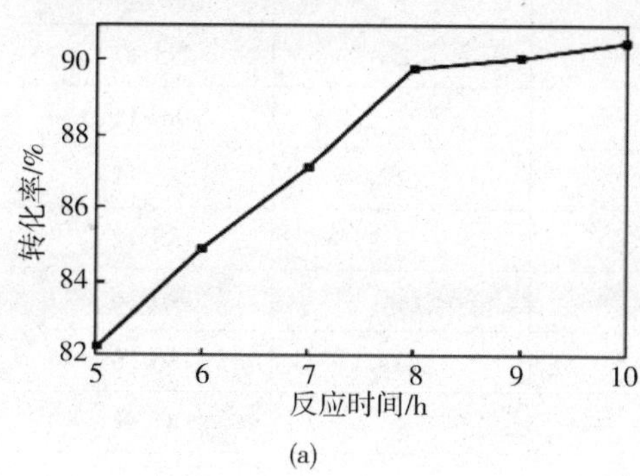

(a)

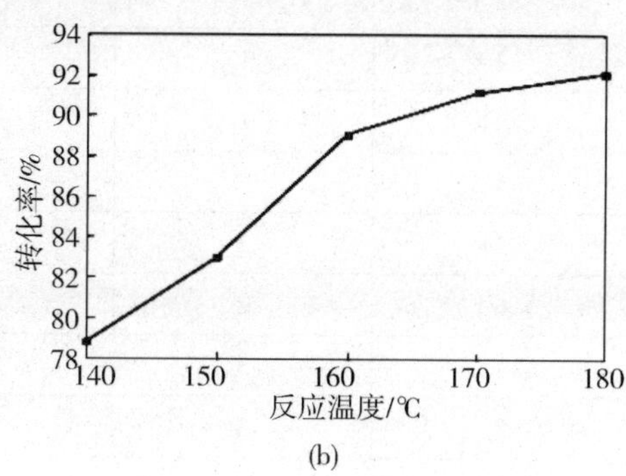

(b)

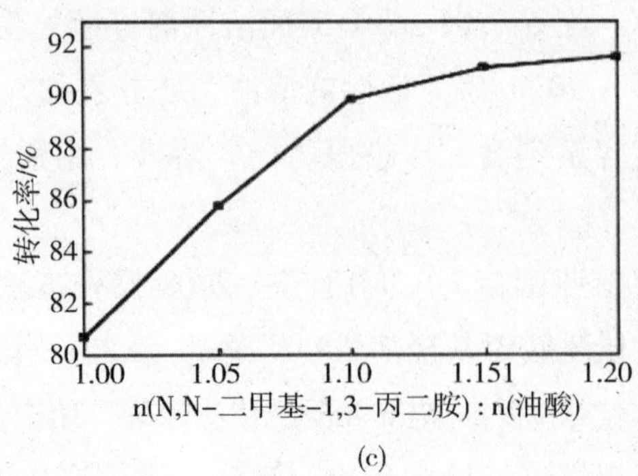

(c)

图2　不同反应条件下油酸转化率随各单因素的变化曲线

（2）正交试验优化

影响酰胺化反应的影响因素有反应时间（A）、反应温度（B）、原料摩尔比（C），以油酸转化率为评价指标，根据以上单因素实验结果，用L9（33）正交表设计正交试验，因素水平见表1，实验结果见表2。

表1　正交试验设计因素水平表

水平	A 反应时间/h	B 反应温度/℃	C 原料摩尔比
1	5	150	1.04
2	7	160	1.07
3	9	170	1.1

表2　正交试验方案与结果

试验号	A	B	C	转化率/%
1	1	1	1	80.35
2	1	2	2	85.27
3	1	3	3	88.15
4	2	1	2	82.11
5	2	2	3	86.12
6	2	3	1	90.86
7	3	1	3	86.70
8	3	2	1	87.46

续表

试验号	A	B	C	转化率/%
9	3	3	2	93.49
K1	253.77	249.16	258.67	
K2	259.09	258.85	260.85	
K3	267.65	272.5	260.97	
k1	84.59	83.04	86.22	
k1	86.36	86.28	86.95	
k1	89.22	90.83	86.99	
极差 R	4.63	7.79	0.77	
因素主→次	B→A→C			

从表 2 能够看出，极差 RB > RA > RC，各因素对油酸转化率的影响次序为 B > A > C。从耗能和资金角度考虑，本实验的最佳搭配为 A3B3C1，即酰胺化反应的最佳工艺条件为：反应时间 9h，温度 170℃，*n*（N，N－二甲基－1，3－丙二胺）：*n*（油酸）为 1.04：1，笔者在该条件下进行三次平行实验，油酸的平均转化率可达 93.1%。

2. 结构表征

图 3 所示为产物油酸酰胺丙基羟基磺基甜菜碱（OSB）的红外光谱图。在 $3425cm^{-1}$ 处是 O－H 的伸缩振动吸收峰，$2926cm^{-1}$ 处是 $-CH_2-$ 反对称伸展振动峰，$1198cm^{-1}$ 处为磺酸基的特征吸收峰，在 $1466cm^{-1}$ 是 CH_3 反对称振中强吸收峰，这说明有磺酸基的存在；在 $617cm^{-1}$ 和 $528cm^{-1}$ 处为 $-SO_3-$ 的振动吸收峰，$1547cm^{-1}$ 处为酰胺 N－H 的面内弯曲振动吸收峰，$1647cm^{-1}$ 处为酰胺 C＝O 的伸缩动峰，证明存在酰胺基；$1041cm^{-1}$ 处为醇的 C－O 伸缩振动吸收峰；$723cm^{-1}$ 为亚甲基 C－H 吸收峰。由此可以初步判断合成产物为目标产物 OSB。

将提纯过的油酸酰胺丙基羟基磺基甜菜碱进行核磁共振氢谱分析（CD4O，125MHZ），如表 3 所示，推测的产物与目标合成物保持一致。

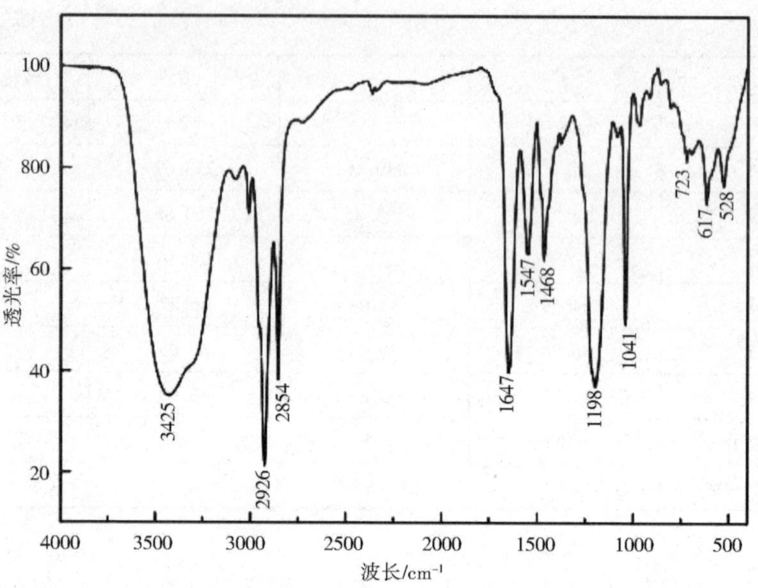

图3　油酸酰胺丙基羟基磺基甜菜碱的红外吸收光谱图

表3　油酸酰胺丙基羟基磺基甜菜碱样品1HNMR峰归属

编号	δ	质子数
a	0.79	3
b	1.05～1.23	18
c	1.51	4
d	5.19～5.27	2
e	1.73～1.94	4
f	2.06－2.10	2
g	2.92	1
h	2.60～2.71	2
i	3.32～3.37	2
j	4.80	6
k	3.22～3.32	2
l	3.84	1
m	3.61～3.66	1
n	2.77	2

3. 性能测试

（1）表面张力测定

先配制不同浓度梯度（10－8～0.1mol·L^{-1}）的油酸酰胺丙基羟基磺基

甜菜碱（OSB）溶液，然后通过 Wilhelmy 吊片法，按浓度由低到高测试各溶液的表面张力，三次测定结果如图 4 所示。最终产物 OSB 的临界胶束浓度为 1.04×10－4mol · L^{-1}，表面张力为 γcmc＝25.4mN · m^{-1}，产品的表面活性良好。

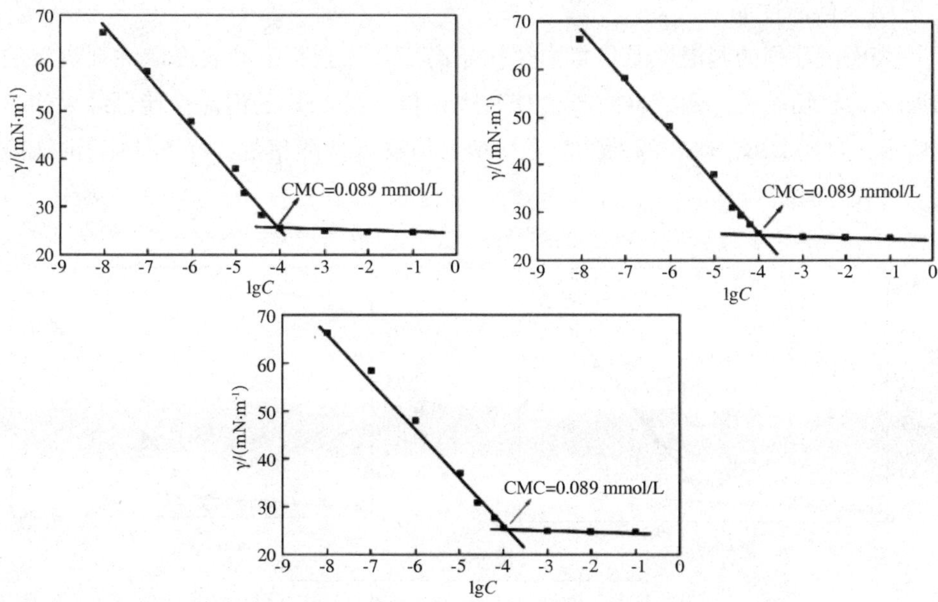

图 4　油酸酰胺丙基羟基磺基甜菜碱水溶液的 γ－lgC 的关系曲线

（2）乳化性能

分别测定产物 OSB 和市售表面活性剂月桂酰胺丙基羟基磺基甜菜碱（LSB）的乳化性能，实验结果如表 4 所示，OSB 有良好的乳化能力，当油相是松节油和液体石蜡时，乳化效果优于 LSB，在煤油－水体系中较差于 OSB，在苯－水体系中效果相近。

表 4　OSB 的乳化性能

样品名称	不同油类的乳化时间/min			
	松节油	煤油	苯	液体石蜡
OSB	6.48	0.56	0.61	7.57
LSB	0.25	13.18	0.5	6

（3）增容性能

配制不同浓度的苯溶液，用紫外分光光度计测定样品的吸光度，得到不同浓度溶液对应的吸光度数据图。三次测定的实验结果如图 5 所示，OSB 对苯的增容极限 A 为 0. 320mL，根据式 $X = \frac{A \times 1000}{V \times c}$ 算得其增容能力 X 为 $8 \times 104 mL \cdot mol^{-1}$。

（4）泡沫性能

表面活性剂的起泡性能是将泡沫初始高度作为指标，和表面活性剂溶液的表面张力密切相关。测试自制产品 OSB 和市售产品 LSB 的泡沫性能，结果如表 5 所示，对比 LSB，OSB 的发泡能力一般，但稳泡性能很好，在 5min 后泡沫高度只下降 3mm。

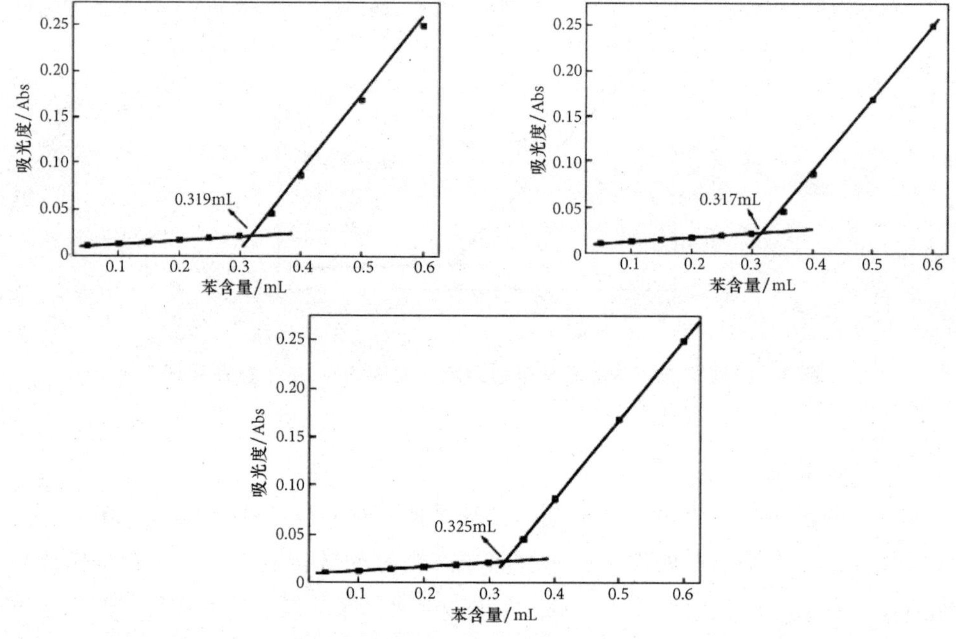

图 5　吸光度 Abs 与苯含量关系图

表 5　油酸酰胺丙基羟基磺基甜菜碱的泡沫性能

样品	时间/min	泡沫高度/mm（40℃）				△H/mm
		1	2	3	平均值	
OSB	0	60	63	61	61.3	3
	5	57	59	59	58.3	
LSB	0	150	148	153	150.3	9
	5	138	140	146	141.3	

三、结论

以油酸、N，N－二甲基－1，3－丙二胺、亚硫酸氢钠以及环氧氯丙烷等为原料，通过缩合反应和季铵化反应制得目标产物油酸酰胺丙基羟基磺基甜菜碱（OSB），并通过红外光谱、核磁共振氢谱证实其结构。本文探究了反应温度、时间、物料摩尔比等单因素对缩合反应过程的影响，并通过正交试验得到了最优工艺为反应时间 9h，反应温度 170℃，n（N，N－二甲基－1，3－丙二胺）：n（油酸）为 1.04：1，该条件下油酸的转化率可达 93.10%。测定 OSB 的 CMC 值为 1.04×10－4mol·L^{-1}，γcmc＝25.4mN·m^{-1}；产物对苯的增容能力为 8×104mL·mol^{-1}；与月桂酸酰胺丙基羟基磺基甜菜碱（LSB）对比，结果表明 OSB 具有良好的乳化能力和泡沫性能。

参考文献

[1] 何祖慧，王继宇，刘勇，等．芥酸酰胺丙基羟基磺基酸甜菜碱的合成及其表面活性［J］．合成化学，2013，21（4）：488－490.

[2] 耿向飞，胡星琪，陈明贵．十二烷基二甲基羟丙基磺基甜菜碱的合成和性能研究［J］．应用化工，2011，40（8）：1412－1415.

[3] Liu M，Zhang S，Mou J，et al. Diverting mechanism of viscoelastic surfactant－basedself－diverting acid and its simulation［J］．Journal of Petroleum Science&Engineering，2013，105（3）：91－99.

[4] 于洪江，刘玉，肖志海．芥酸酰胺丙基羟基磺基甜菜碱的合成及性能研究［J］．日用化学工业，2014，44（1）：19－22.

[5] 鲁红升，张轩，全红平，等．油酸酰胺丙基甜菜碱的合成改进及性能评价［J］．精细石油化工，2012，29（2）：1－5.

[6] 马丽华，邓小刚，谭赟．抗温抗盐两性离子聚合物降滤失剂的合成与评价［J］．精细石油化工，2015，32（4）：23－26.

[7] 蔡红岩，王红庄，王强．油酸酰胺丙基甜菜碱的合成与性能［J］．日用化学工业，2013，43（6）：428－432.

[8] Qiao W, Cui Y, Zhu Y, et al. Dynamic inter facial tension behaviors between Guerbet betaine surfactants solution and Daqingcrudeoil［J］. Fuel, 2012, 102：746－750.

[9] 蔡红岩，王强，王红庄，等．驱油用芥酸酰胺丙基甜菜碱的合成与性能评价［J］．精细化工，2014，31（5）：638－642.

[10] 葛丽娟，刘白玲，张涌，等.3－氯－2－羟基丙磺酸钠的合成工艺研究［J］．合成化学，2015，23（12）：1153－1157.

[11] 李侠清，张贵才，裴海华，等．油酸酰胺甜菜碱转化率的液相色谱分析及产物表征［J］．精细石油化工，2015，32（1）：38－41.

本文载于《精细石油化工》第34卷第4期，2017年7月

基于 XCT 技术的混凝土智能缓蚀系统性能表征

刘昱清　丁蔚健　秦韶丰　洪舒贤　邢　锋

（中国地震局工程力学研究所 地震工程与工程振动重点实验室，黑龙江哈尔滨，150080；深圳大学 广东省滨海土木工程耐久性重点实验室，广东深圳，518060）

在混凝土中添加缓蚀剂是阻止混凝土中的钢筋产生锈蚀的有效方法之一，然而研究发现，将缓蚀剂亚硝酸盐直接掺入混凝土后会被混凝土束缚，另外，像单氟磷酸钠一类的外涂型缓蚀剂会由于其涂抹形式而降低作用效率。现今对智能混凝土的研究已成为一大热点，采用微胶囊形式实现混凝土的自我修复功能也成为研究方向之一。微胶囊具有易于加工、成本低等特点，可直接与混凝土混合且不发生化学作用，不影响水泥水化过程，与混凝土相容性较好，而且微胶囊可使囊芯物质免受混凝土环境的影响。因此，采用微胶囊形式实现混凝土的自我修复功能具有良好前景。针对钢筋的保护，智能缓蚀系统已经在模拟孔溶液中得到验证，并且呈现出良好的缓蚀效果，但在实际混凝土环境下的缓蚀效果仍有待考证。

单氟磷酸钠可产生沉淀物质生成致密障碍层，亚硝酸钠可氧化钢筋修复钝化膜，从而避免因钢筋锈蚀所造成的结构过早开裂现象，起到延长混凝土服役寿命的目标。结合缓蚀剂单氟磷酸钠以及亚硝酸钠对钢筋的保护机制，本文设计了一套基于胶囊的混凝土智能缓蚀系统。

该系统所设计的胶囊为亚硝酸钠微胶囊（$NaNO_2$/EC）和单氟磷酸钠微胶囊（MFP/EC），其中前者以亚硝酸钠为囊心，乙基纤维素为囊壁材料；后者以单氟磷酸钠为囊心，乙基纤维素为囊壁材料。本文采用对照试验方式，同时结合新型 XCT（X 射线层析成像）测试技术，对混凝土智能缓蚀系统进行原位无损监控以及缓蚀效果定量化评估。

一、试验

1. 原材料

微胶囊原材料所用水泥为海螺牌 P·O425 普通硅酸盐水泥，拌和水及溶液配制用水均为去离子水，氯化钠为西陇化工分析纯 AR 级，样品制备所用环氧树脂为汉高百得双组分环氧胶。

2. 样品制备

微胶囊采用挤出滚圆法和喷雾干燥法制备，具体制备方法如下。①将原材料按 m（羟丙甲基纤维素）：m（吐温 80）：m（微晶纤维素）：m（亚硝酸钠或单氟磷酸钠）=2：2：39：57 混合作为囊芯材料，与去离子水混合后，采用挤出滚圆法制造囊芯颗粒，之后将其放入旋转滚筒中。②乙基纤维素具有低黏度和高延展性，有很强的成膜能力。将乙基纤维素溶解在 m（乙醇）：m（甲苯）=1：4 的混合溶液中，然后加压喷入装有囊芯颗粒的滚筒里，使含有乙基纤维素的混合溶液黏附在囊芯颗粒上，在恒温 30℃的条件下，混合溶液中的乙醇和甲苯挥发干燥，乙基纤维素则黏附在囊芯表面成为囊壁，即制得微胶囊。③加入滑石粉，使得胶囊之间不产生黏结。

以水灰比（质量分数，文中涉及的比值、掺量等除特别指明外均为质量比或质量分数）0.4，砂灰比 1.0，微胶囊掺量为水泥质量的 5% 来制备试样。首先将原材料（分有胶囊类和无胶囊类）按比例混合并搅拌均匀，之后浇入 10mm×10mm×10mm 的立方体模具中；接着将直径为 2.5mm 的钢筋垂直插入新拌砂浆中心，并进行振捣压实；试样制备完成后放入标准养护室养护 24h。初次养护完成后，拆模并把试样放入养护室中继续养护 28d。养护完成后，取出样品，将其表面水分擦干，在上部钢筋裸露处用防水胶布包裹并涂上环氧树脂，待环氧树脂干燥后，样品制备完成。记 $A^{\#}$ 为无胶囊的空白样，$B^{\#}$ 为掺 $NaNO_2$/EC 微胶囊试样，$C^{\#}$ 为掺 MFP/EC 微胶囊试样。

3. 试验方法

将制备好的试样采用干湿循环进行加速锈蚀，每隔 72h，利用 XCT 测试并通过图像处理技术定量分析胶囊的缓蚀性能。此外，采用扫描电子显微镜（SEM）验证 XCT 测试图像的可靠性和锈蚀过程定量化的可行性。

（1）干湿循环

将试样放入事先配制好的质量分数为 3.5% 的氯化钠溶液中；然后将装有氯

化钠溶液的烧杯放置于水浴锅内，在恒温 50℃ 的条件下进行湿润；湿润后在 50℃ 恒温下匀速鼓风干燥试样，风速控制在 4m/s。干湿循环时间采取 1∶1 模式，即试样干燥 3h 后自然冷却再湿润 3h，每 6h 为 1 个干湿循环周期。

（2）XCT 测试

每隔 72h（12 个干湿循环周期）进行 1 次 XCT 测试，直到试样开裂损坏。XCT 测试设备为 XRadiaMicroXCT－400 型 X 射线微观断层扫描测试工作站。测试设定参数为：电压 70kV，电流 112μA；放大倍数 0.4，三维重构图像量级 1024×1024×1000，像素分辨率 15.0173μm。

（3）扫描电镜分析

扫描电子显微镜（SEM）和能量色散谱仪（EDS），通过形态和化学组成来分析钢筋腐蚀结果与图像的处理关系。SEM 型号为 QuantaTM－250FEG（FEI，美国产），EDS 型号为 AMETEKEDAX，美国产。

（4）粒径分布分析

胶囊粒径分析采用 BT－9300ST 型激光粒度分布仪（丹东市百特仪器有限公司产），测量范围：0.1～1000μm，采样速度 3500 次/s。进行胶囊粒径分析时，以去离子水作为溶剂，用湿法分散。

二、结果与讨论

1. 胶囊性能

微胶囊的宏观形貌及搅拌后的形貌见图 1。由图 1 可见，$NaNO_2$/EC 微胶囊呈圆球形，MFP/EC 微胶囊呈椭球形，各微胶囊相互独立，无粘连状态，这说明每个微胶囊的功能是相互独立的。另外，微胶囊表面并不是很光滑，可与水泥基材料牢靠地黏结在一起。由图 1 还可见，砂浆能够黏附在微胶囊上且微胶囊保持了良好的球状形态。这显示微胶囊能够在砂浆环境下存在，并不会因搅拌破裂而影响水泥的化学性能。

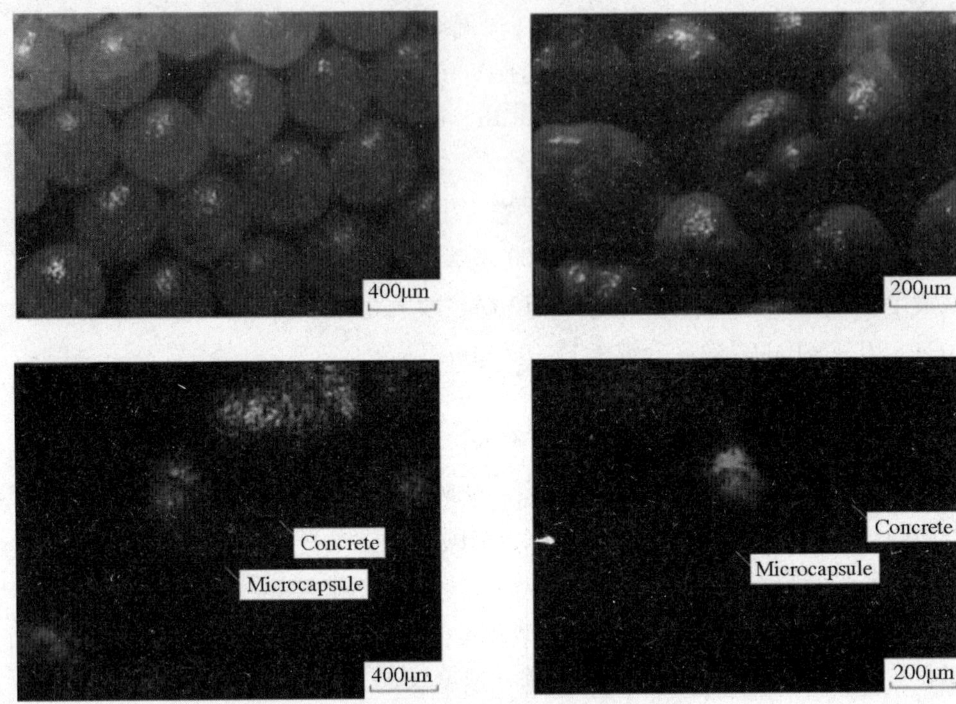

图1　微胶囊宏观形貌以及搅拌后的形貌

2. 微胶囊作用机理

有害离子（氯离子、碳酸根离子等）进入混凝土智能缓蚀系统后，在水的浸泡作用以及微胶囊囊壁内外离子差异的条件下，使囊壁出现结构性破坏，囊芯物质溶于孔隙溶液中，并产生化学反应。$NaNO_2$/EC 微胶囊在混凝土孔隙溶液中会发生式（1）、式（2）所示反应：

$$Fe^{2+} + 2OH^- + 2NO_2^- = 2NO + Fe_2O_3 + H_2O \quad (1)$$

$$Fe^{2+} + OH^- + NO_2^- = NO + \gamma - FeOOH \quad (2)$$

由式（1）、式（2）可知，此反应可加强钢筋钝化膜，从而延缓氯离子对钢筋的破坏。MFP/EC 微胶囊在混凝土孔隙溶液中会发生式（3）所示反应：

$$6Ca^{2+} + 3PO_3^- + 3F^- + 6OH^- = Ca\ (PO_4)_3F\downarrow + CaF_2\downarrow + 3H_2O \quad (3)$$

由式（3）可知，该反应会生成沉淀物质，降低混凝土内部孔隙连通性或生成障碍层夹包裹钢筋，从而阻碍氯离子渗透，进而延缓钢筋的锈蚀进程。上述 3 个化学反应式中，虽然都会消耗一定量的氢氧根离子，但是单氟磷酸钠和氢氧化钙生成的沉淀膜并不受氯离子的影响，也不会由于碱度下降而消失，硝酸根离子与钢筋和氢氧根反应生成的 γ - FeOOH，也称为稳态钝化膜，可在含有氯离子的条件下更加稳定存在，能更好地阻碍氯离子与钢筋直接反应。

当干湿循环加速试验和 XCT 测试完成后，用 SEM 观察试样 B#、C#内的微胶囊横截面形貌（图 2）。由图 2 可见，微胶囊的囊芯已经释放完毕，通过分析试样 B#的能谱结果，发现氮元素存在于混凝土中，而试样 C#的能谱结果中出现了磷元素，这充分说明囊芯缓蚀剂已经进入混凝土中。

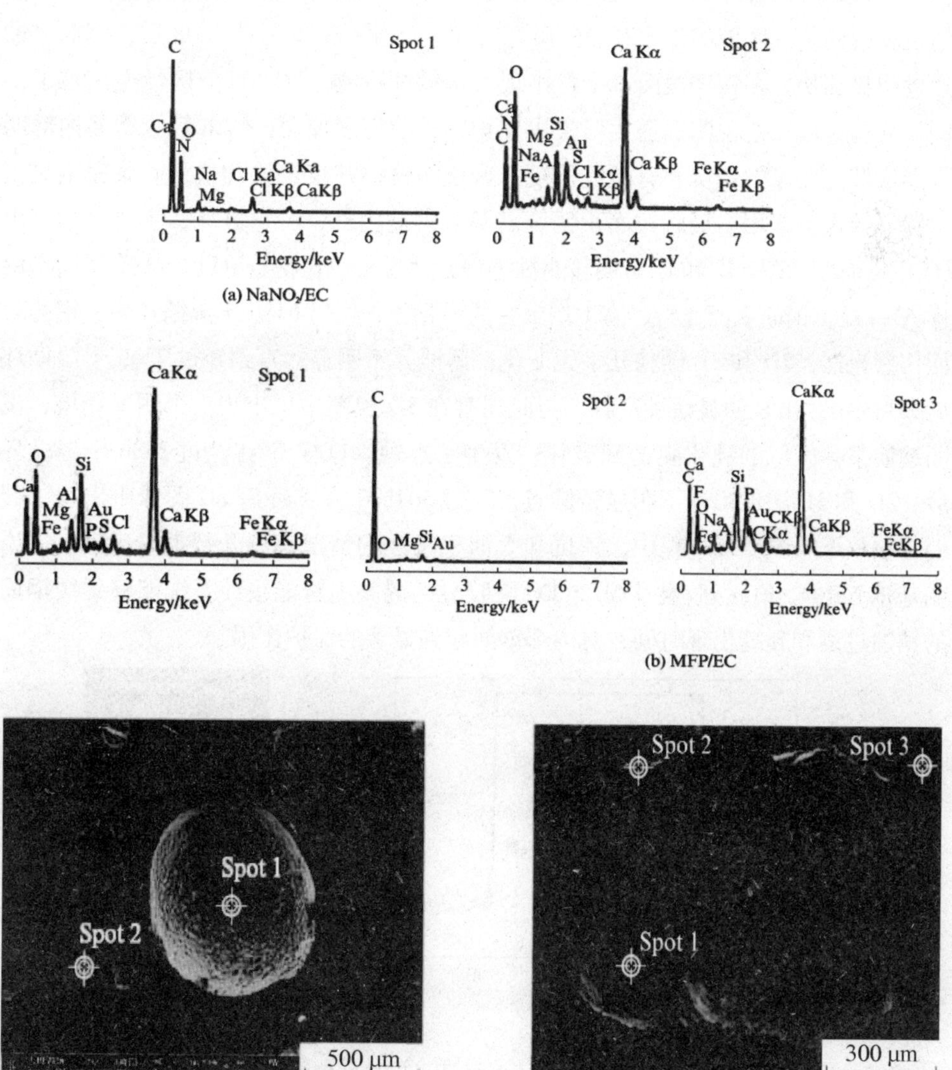

图 2　干湿循环试验后微胶囊的 SEM 照片及能谱分析结果

3. XCT 图像重构分析

以空白样 A#为例，通过图像和一维灰度图分布的对应关系（图3），可明显区分出砂浆、钢筋以及锈蚀产物灰度所在范围，以此作为后续分隔和重构的依据。选取初始时刻、起锈状态（前、后）、开裂状态（前、后）等5个时刻来比较微胶囊对钢筋的保护效果，重构后的结果如图4所示。由图4可见，初始时刻，空白样 A#中钢筋的横截面保持圆盘形状；干湿循环72h后，2D图像中出现了明显的锈蚀产物，此时钢筋外轮廓已遭到腐蚀破坏，在3D视图中间位置出现第1个明显的锈坑，钢筋某一区域的外轮廓遭到破坏，发生点蚀；干湿循环360h后，钢筋锈蚀速度明显加快，在钢筋截面右下角出现大量锈蚀产物，其他部分区域也出现了不同尺寸的锈坑，这说明钢筋逐渐失去保护，锈蚀程度加深；432h后，钢筋内部明显形成较宽较深的锈坑并有裂缝出现，这说明锈蚀速度急剧加快，砂浆完全失去对钢筋的保护作用；最后大面积锈坑已深入钢筋内部，严重破坏其主体结构。由图4还可见，试样 B#和 C#有明显腐蚀进程延缓现象，在初始阶段，试样 B#与空白样 A#一样，钢筋表面光滑，有1层致密的钝化膜；经过648h干湿循环后，钢筋表面依然光滑，2D和3D图像几乎无变化，锈蚀并不明显；直到经过720h干湿循环后2D图中才出现明显锈蚀产物，与此同时在3D视图中也出现1个明显锈坑，说明钢筋某一区域的钝化膜遭到破坏，发生了点蚀。试样 C#在经过288h干湿循环后，2D和3D图像出现了明显锈蚀点，经过504h干湿循环后2D图像中出现了裂缝，在整个干湿循环过程中，锈坑和大面积锈蚀的情况直到开裂都未出现。这说明基于 $NaNO_2$/EC 微胶囊及 MFP/EC 微胶囊的混凝土智能缓蚀系统能够延缓钢筋的锈蚀过程和裂缝出现时间，对内部钢筋起到显著的保护作用。

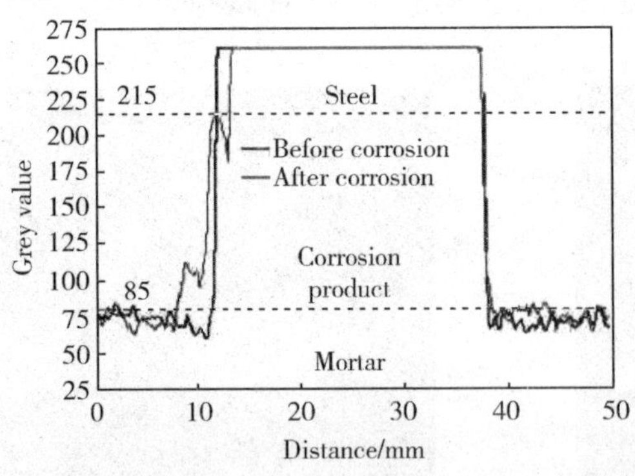

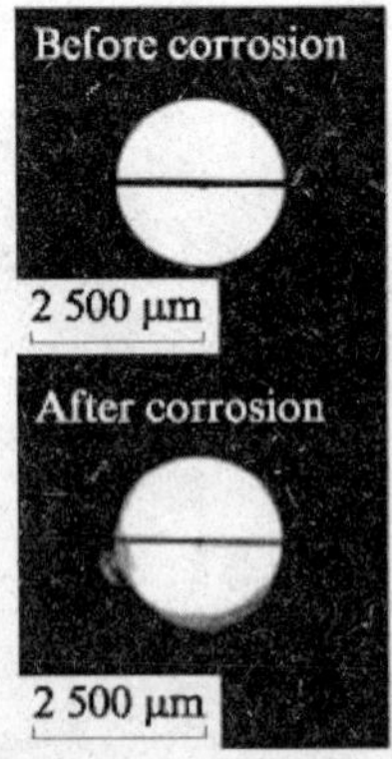

图3　试样 A#的图像灰度阈值

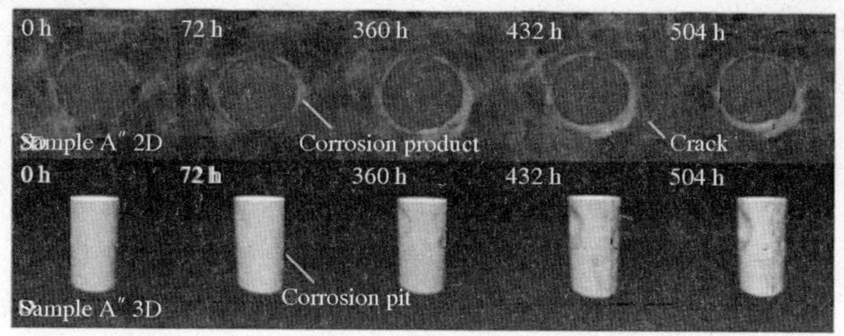

(a) Sample A″

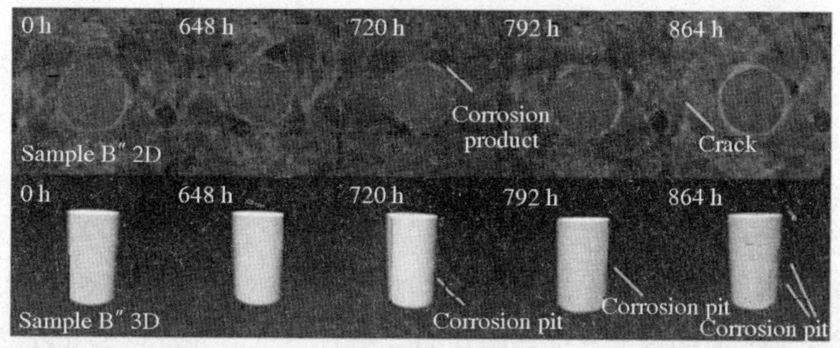

(b) Sample B″

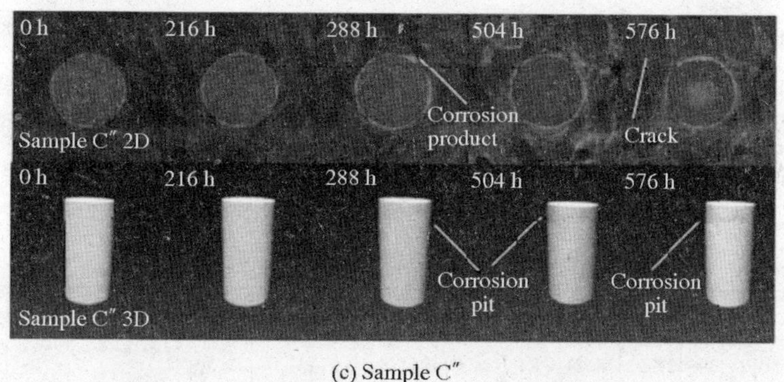

(c) Sample C″

Steel　Corrosion product　Mortar

图 4　各试样不同时刻对应的 XCT 二维及三维重构分析结果

4. 扫描电镜验证

为了验证 XCT 结果的可靠性，对试样 C# 切面进行 SEM 观察和能谱分析，由分析结果可见，对比电镜扫描图和 XCT 二维剖面图，发现两者具有很高的匹配度，说明灰色渲染能够比较精准地区分锈蚀产物、钢筋和砂浆。由此可见，XCT

方法可较精确地检测混凝土内部钢筋锈蚀形貌。

5. 锈蚀定量化表征

通过对钢筋每个切面的像素体积进行统计，由式（4）、式（5）可算得样品在损坏之前经过72h干湿循环后的锈蚀量。

$$V_s = MV_{s,voxel} \tag{4}$$

式（4）中：V_s 为标定钢筋的体积，μm^3；M 为像素的数量；$V_{s,voxel}$ 代表1体素钢筋体积，μm^3。

$$\eta = \frac{V_{s,initial} - V_{s,after}}{V_{s,initial}} \times 100\% \tag{5}$$

式（5）中：η_s 代表钢筋锈蚀率（体积分数），%；$V_{s,initial}$ 代表锈蚀前的钢筋体积，μm^3；$V_{s,after}$ 代表锈蚀后的钢筋体积，μm^3。

可通过不同干湿循环作用时刻的钢筋锈蚀率对混凝土智能缓蚀系统的缓蚀效果进行整体表征（见表3、图5）。由表3可见，试样B#、C#的钢筋锈蚀率在各干湿循环阶段均远低于空白样，直至试样开裂损坏。在经过72h，144h干湿循环后，空白样A#的钢筋锈蚀率为0.11%和0.38%，而试样B#和C#钢筋锈蚀率分别为0.06%，0.08%和0.11%，0.23%，这说明混凝土智能缓蚀系统在钢筋锈蚀初期便开始起效，也验证了微胶囊可降低钢筋的锈蚀速率。由表3还可见，在钢筋锈蚀后期，虽然试样B#和C#的钢筋锈蚀率增加至1.93%和3.06%，但也远低于空白样A#10.46%的锈蚀率。这说明在钢筋起锈之后，混凝土智能缓蚀系统依然有助于减低钢筋的锈蚀程度，起到缓蚀效果。

表3　各试样在不同加速锈蚀阶段的锈蚀率变化

Sample	Item	0h	72h	144h	216h	288h	360h	432h	504h	576h	648h	792h	720h	864h	936h
A#	V_S/mm^3	25.296	25.27	25.21	25.09	24.97	24.78	24.51	24.07	23.50	22.71				
	$\eta_S/\%$	296	0.11	0.38	0.88	1.30	2.01	3.15	4.82	7.10	10.46				
B#	V_S/mm^3	25.430	25.41	25.41	25.41	25.37	25.24	25.23	25.15	25.08	24.94	24.82	24.64	24.43	24.22
	$\eta_S/\%$	0	0.06	0.08	0.11	0.26	0.43	0.77	1.12	1.45	1.93	2.38	3.11	3.95	4.74
C#	V_S/mm^3	25.660	25.63	25.60	25.56	25.51	25.46	25.39	25.30	25.12	24.87	24.58			
	$\eta_S/\%$	0	0.11	0.23	0.40	0.58	0.79	1.07	1.40	2.13	3.06	4.22			

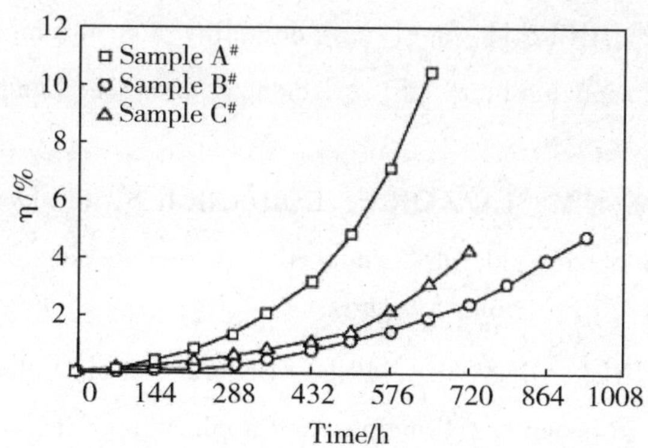

图5 各试样不同加速锈蚀阶段锈蚀率变化曲线

三、结论

（1）设计并制备了基于胶囊的混凝土智能缓蚀系统。其中MFP/EC胶囊和$NaNO_2$/EC胶囊均具有良好的粒径分布。前者粒径主要分布在300~700μm，平均粒径约为410μm；后者粒径主要分布在200~500μm，平均粒径约为270μm。

（2）XCT测试表明，基于胶囊的混凝土智能缓蚀系统能够延缓混凝土的锈蚀进程。在干湿循环试验中，相较于空白样，亚硝酸钠系统和单氟磷酸钠系统中钢筋起锈时间分别延缓了648h，216h，开裂时间相应延缓了432h，144h；648h后，亚硝酸钠系统和单氟磷酸钠系统的锈蚀率分别为1.93%，3.06%，均明显低于空白样（锈蚀率为10.46%）。基于胶囊的混凝土智能缓蚀系统降低了钢筋锈蚀速率，延长了混凝土的服役时间。

（3）采用XCT测试方法能够无损检测基于胶囊的混凝土智能缓蚀系统中的钢筋锈蚀状况，并且能够进行锈蚀定量分析，实现智能缓蚀系统定量化评估。

参考文献：

[1] MANNIN G D. Corrosion performance of epoxy – coatedre reinforing steel: North American experience [J]. Construction & Building Materials, 1996, 10 (5): 349 – 365.

[2] MONTICELLI C, FRIGNANI A, TRABANELLI G. Study on corrosion inhibitors for concrete application [J]. Cement&Concrete Research, 2000, 30 (4): 635 – 642.

[3]BERKE N，HICKS M. long – term durability of steel reinforced concrete mith calcium nitrite Corrosion inhibitor ［J］. Cement & Concrete Composites，2004，26 (3)：191 – 198.

［4］ OEMELLESE M，LAZZARI L，GOIDANICII S，et al. A study of organic substances as inhibitors for chloride – induced corrosion in concrete ［J］. Corrosion Science，2009，51 （12)：2959 – 2968.

［5］ BERTOLINI L，BOSOM F，PEDEFERRI P，et al. Cathodic protection and cathodic prevention in concrete ：Principles and applications ［J］. Journal of Applied Electrochemistry，1998，28 （12） 1321 – 1331.

［6］ TRITTIIART J，BANFILL P. Nitrite binding in cement ［J］. Cement & Concrete Research，2001，31 （7)：1093 – 1100.

［7］ TITTELBOOM K，BELIE N. Self – healing in cementitious ma – terials – A review ［J］. Materials，2013，6 （6)：2182 – 2217.

［8］ TRASK R，WILLIAMS G，BOND I. Bioinspired self – healing of advanced composite structures using hollow glass fibres ［J］. Journal of the Royal Society Interface，2007，4 （13)：363 – 371.

［9］ RULE J，BROWN E，SOTTOE N，et al. Wax – protected catalyst microspheres for efficient sell – healingmaterials ［J］. Advanced Materials，2005，17 (2)：205 – 208.

［10］ 李文婷，蒋正武，朱旭晶. 侵蚀环境下微胶囊自修复水泥基材料的修复效果评价［J］. 建筑材料学报，2016，19 （6)：988 – 992.

［11］ DONG B，FANG G，DING W，et al. Self – healing features in cementitious material with urea – formaldehyde/epoxymicro – capsules ［J］. Construction & Building Materials，2016，106：608 – 617.

［12］ DONG B，WANG Y，DING W，et al. Electro chemical impedance study on steel corrosion in the simulated concrete system with anovelself – healing microcapsule ［J］. Construction and Building Materials，2014，56 （3)：16.

［13］ CHAUSSADENT T，NOBEL – PUJOL V，FARCAS F，et al. Effectiveness conditions of sodium monofluorophosphateas a corrosion inhibitor for concrete reinforcements ［J］. Cement& ConcreteResearch，2006，36 （3)：556 – 561.

［14］ GONZALEZ J A，RAMIREZ E，BAUTISTA A. Protection of steel embedded inchloride – containing concrete by means of in – hibitors [J]. Cement and Concrete Research, 1998, 28 (4): 577 – 589.

[15] WANG Y, FANG G, DING W, et al. Self – immunity microcapsules for corrosion protection of steel barin reinforced con – crete [J]. Scientific Reports, 2015, 5 (18484).

[16] WANG Y, DING W, FANG G, et al. Feasibility study on corrosion protection of steel barinaself – immunitysystembasedonincreasingOHcontent [J]. Construction&Building Materials, 2016, 125: 742 – 748.

[17] DONG B, WANG Y, FANG G, et al. Smart releasing behavior of a chemical self healing microcapsule in the stimulated concretepore solution [J]. Cement& Concrete Composites, 2014, 56: 46 – 50.

[18] LANDISE K. X – ray microtomography [J]. Materials Characterization, 2010, 61 (12): 1305 – 1316.

[19] REKHIG J. Ethylcellulose—Apolymerre – view [J]. DrugDevelopment& IndustrialPharmacy, 2008, 21 (1): 61 – 77.

[20] RULE J D, SOTTOS N R, WHITE S R. Effect of microcapsulesize on the performance of sell – healing polymers [J]. Polymer, 2007, 48 (12): 3520 – 3529.

[21] SOYLEVT R. Corrosion inhibitors for steel in concrete: State – of – the – artreport [J]. Construction & Building Materials, 2008, 22 (4): 609 – 622.

本文载于《建筑材料学报》2018 年第 1 期，2018 年 1 月

在线评测教学辅助系统设计与应用

肖红玉　蓝荣祺　万志强
（北京师范大学珠海分校信息技术学院，广东珠海，519087）

C/C + +/Java 数据结构等程序设计课程是高校理工类专业的基础核心课程，课程培养目标是：培养学生掌握程序设计的思想和方法，掌握基本的程序设计过程和技巧，初步具备分析问题和利用计算机求解问题的能力。这类课程对实践开发能力、逻辑性思维要求比较高。提高学生实践开发能力最有效的方法就是重视实验教学，督促学生在课堂内外编写大量代码。目前，部分院校的程序设计课程的实践教学环节仍停留在学生提交代码，课后由教师或助教手工评判的传统教学模式上。这种教学模式不仅浪费资源、耗时耗力，并且由于作业完成情况反馈时间过长，学生的大脑接受的刺激频率过低，从而导致对教学内容的记忆度大为减弱，久而久之开始厌倦枯燥的编程作业，学习效果欠佳。ACM 国际大学生程序设计竞赛（ACM/ICPC）是目前全球公认水平最高、影响最大的编程赛事，许多高校开发了基于 ACM/ICPC 的程序设计在线评测系统，如浙江大学、华中科技大学、同济大学等。这些系统提供程序设计竞赛与训练的开放式环境，但主要为 ACM 比赛服务，不适合直接用于课程实验教学，有些高校以此为蓝本设计了在线评测教学辅助系统。

本文对现有的在线判题系统进行了分析，综合各系统的优点与特点，结合我校程序设计类课程实际教学需要，设计了一个面向实验教学兼顾竞赛的在线评测教学辅助系统，系统可对用户提交的 C/C + +/Java 源程序进行编译、运行、评测，还特别提供了教学中心和作业管理子系统。程序设计教学团队在该系统开展了多课程（C/C + +/Java 程序设计/数据结构）多轮实验教学实践，实践效果良好。

一、系统设计

（一）系统总体设计目标

基于 Linux/Windows、Python、Mysql、Django1. 8 和 Nginx1. 8 平台和 HTML5 + jQuery1. 11 + Bootstrap3. 5 前端开发技术的在线评测教学辅助系统是以 ACM/ICPC 竞赛模式为蓝本而设计的程序源代码在线评判、实验教学、竞赛、教学资源管理的平台。系统可以对用户提交的 C/C + +/Java 源代码进行编译、运行、实时评测打分并给出明确的评判结果。系统为老师提供了课程管理、排课管理、题库管理、作业管理、助教管理、教学资源管理等功能，是日常教学、考试、竞赛的一体化平台。学生借助该平台可以完成日常课程作业、查看用户排名、站内检索、下载教学资源等。

（二）系统总体架构

系统采用多层分层架构，分为表现层、业务逻辑层、数据访问层、评测模块，层间关系如图 1 所示。

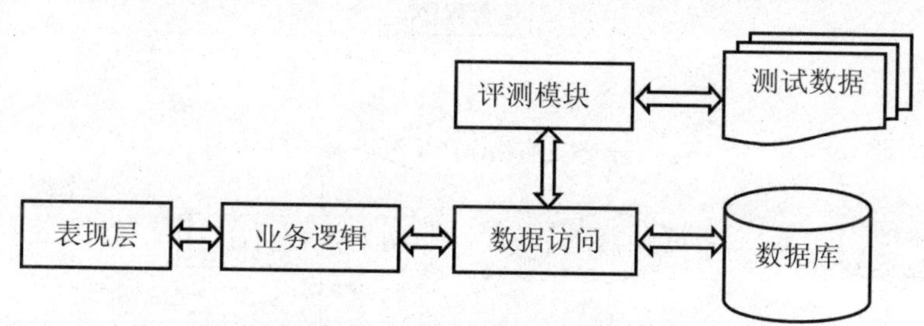

图 1　系统体系结构图 1. 3 功能设计

表现层：接收用户提交的数据，并以图表的形式向用户展示请求的数据，主要用于实现与用户的交互。

业务逻辑层：包含应用于业务对象的规则，系统的业务规则在这部分编写，主要完成以下功能：完成系统业务规则和逻辑的实现，从表现层接受用户请求，根据业务规则处理请求，通过数据访问层完成与数据库的交互任务，将处理结果返回给表现层。

数据访问层：主要完成与数据库的交互即 CRUD（Create、Retrieve、Update、Delete）操作。数据访问层为业务逻辑层提供服务，根据业务逻辑层的要求从数据库中提取数据或者修改数据。

评测模块：对学生提交的程序代码进行编译、运行。如果源代码在编译过程出现错误，直接返回 CE（Compile Error），结束判题。编译成功，则读取预定的输入数据并运行程序，获取程序运行时间、内存和 CPU 使用情况，如果发现这些数据超出题目的设定值，则结束判题，并给出对应的提示。如果程序顺利执行，则把输出重定向到临时的输出文件中，并和预先给定的标准输出对比，两个文件的内容一模一样则判定学生提交的代码是正确的，并返回 Accept；否则返回 WA（Wrong Answer），评测过程如图 2 所示。

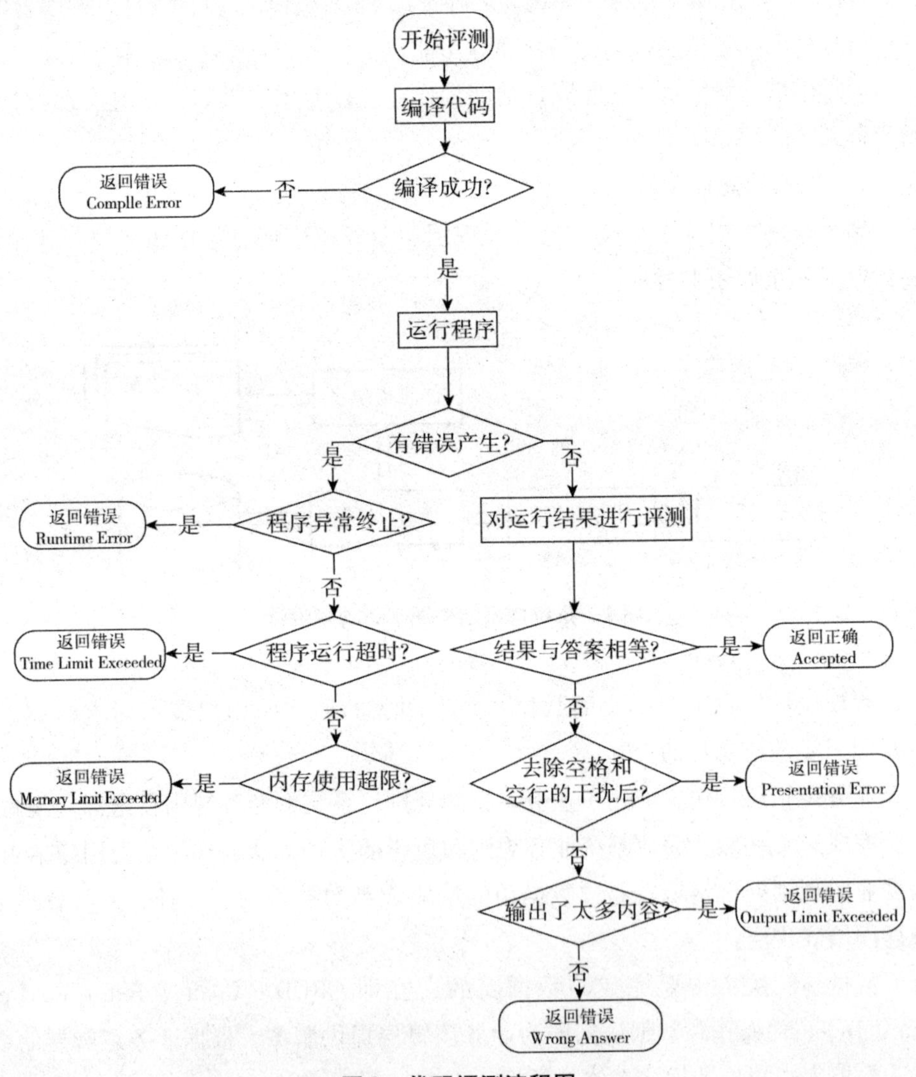

图 2　代码评测流程图

系统共有管理员、教师、学生、助教4种角色，不同角色拥有不同的操作权限。所有用户都有个人中心，包括：个人主页（访问题目、解决题目的次数汇总及明细与链接，提交次数汇总，通过次数汇总）、上传头像、账户设置（密码、昵称、邮箱、个人简介、常用编程语言）、微信绑定。

管理员：可以设置系统运行参数（判题机状态、网站名称等），负责用户管理（增加用户、删除用户、查找用户、修改用户、批量导入用户密码重置等），管理员还拥有老师和学生的所有操作权限。

教师：

题库子系统：发布、修改、删除题目，发布题目时需要输入题目标题、题目描述、输入描述、输出描述、样例输出、样例输出、时间限制、内存限制、输入测试数据、标准输出数据、题目提示和参考程序，其中时间限制、内存限制可以采用默认值。题目可以分类管理，也可以按照难易程度分级。可以设置是否隐藏题目，被隐藏的题目只对老师可见。本人发布的题目只有自己可以修改、删除，其他教师只能查看、布置作业时选用。每道题都可以查看评测历史。

教学中心：教学中心包括课程管理（创建、编辑、删除课程）、课程通知（发布、修改、删除课程通知）、教学资料管理（上传、删除教学资料）、排课管理（设定上课的起止教学周、上课的具体时间、生成选课码）、学生管理（批量导入上课学生名单、添加单个或多个学生、批量设定学生上课时间）、学生调课管理、助教管理（添加、修改、删除助教）。

作业子系统：发布作业、修改作业、批改作业、删除作业。发布作业时首先输入作业基本信息（作业名称、最高成绩、备注、设置评测语言），接下来从题库中选择题目添加到作业中，设置每道题的分值以及是否必做，设置作业的访问权限，人工批改作业（可批量修改），作业统计分析，作业代码打包下载。

比赛：比赛功能与发布作业类似，不同的是作业通常用来指定给老师授课的学生在规定时间必须完成的题目，而比赛面向的是全年级或者全校的所有学生，此外，跟作业子系统相比多了添加裁判用户和在线问答功能。

学生：

题库子系统：可查看题库中已公开的所有题目，在线提交代码查看评测结果，查看题目评测历史。

教学中心：查看教师发布的课程公告，下载课程学习资料，选课，提交调课申请。

作业子系统：查看老师发布的作业，并在线完成作业和填写实验报告。查看作业完成情况排行榜。作业截止后，查看各题示例代码。

比赛：查看比赛，参加比赛，查看比赛结果。

（三）数据库设计

系统运行过程中产生的所有数据（用户、题目、作业、课程、评测结果等）都需要持久化保存到数据库中，本系统采用 MySQL 数据库。根据系统功能需要，共设计了 38 张表，其中用户表用来保存用户信息；与题库相关的表有 8 个，分别是题目分类表、题目信息表、题目测试数据包、题目与测试数据关联表、题目访问记录表、测试数据自动生成器队列、评测队列、评测状态表；与作业相关的表有 11 个：作业信息表、作业题目与设置、作业题目集关联表、作业权限控制设置、作业访问权限关联、作业解题情况、作业解题情况与评测状态关联表、作业与评测状态关联表、调课请求表、实验报告表、作业访问黑名单；教学中心子系统共有 10 个：课程信息表、课程通知消息表、学院信息表、专业信息表、课程排课信息、排课选课情况、课程排课关联表、教学资源库、课程与教学资料关联表、课程助教关联表；比赛子系统共有 7 个：比赛信息表、比赛题目设置、比赛题目设置关联表、比赛评测状态关联表、比赛题目解题情况、比赛题目解题情况与评测状态关联表、比赛选手问答表；还有 1 张表用来存储全站设置信息。

二、在“C 程序设计”实验教学中的应用

（一）实验教学题库建设

借助在线评测教学辅助系统开展实验教学首先需要建设课程题库，与 ACM 比赛主要强调算法不同，该系统主要用于日常教学，用户主要是本科低年级的学生，题目选取非常重要，既要贴近教材，难度适中，符合教学大纲需要，凸出课程的重点难点，还要生动有趣。为此程序设计教学团队根据教材、教学大纲、本校学生特点设计了一系列由简单到综合、循序渐进的实验题目。平台于 2015—2016 年第一学期在 2015 软件工程专业试运行，到目前为止适合“C 程序设计”日常教学的题目有几百道，题目还将陆续更新补充。

（二）分层次个性化教学

一项生物心理学研究显示，人脑类似一个反馈激励系统，在有效的信号刺激下，刺激的频率越快，信息驻留在大脑中的时间就越长，有效及时的信息反

馈能够激发人脑的学习潜能和兴趣。为了激发学生的编程热情，系统设计了作业排行榜和全站排行榜，排行榜采用类似 ACM 比赛的排名算法，首先是正确解题的数量，如果多名同学解题数量相同，再根据总用时进行排名，总用时由每道解答正确的试题的用时加上惩罚时间而成。每道试题用时从作业开始到题目解答被判定为正确为止，其间每一次错误的运行将被加罚 20 分钟，未正确解答的试题不计时。每次作业都会生成排行榜，供师生查看，一方面便于学生了解所有人包括自己的作业完成情况，形成你追我赶的良好学习氛围。另一方面教师可以对学生的学习情况了如指掌，并可根据学生的学习层次制订不同的学习方案，鼓励学有余力的学生加入 ACM 协会，去挑战课程外的难点。对于作业完成有困难的学生，老师可以深入了解具体情况，指定成绩好的学生对其实行一对一的帮扶。

（三）激励竞赛，引导课外自主训练

“C 程序设计”课程的受众面广，以我院为例，是软件工程、计算机科学与技术、数字媒体技术、电子信息科学与技术、电气工程及其自动化 5 个系 500 多名大一新生的专业基础课，学生的学习能力和基本素质参差不齐，所以课外自主学习习惯和能力的培养非常重要，只有引导学生根据自身的实际情况在课外大量编写代码，才能有效提升创新和实践能力。程序设计教学团队为了有效吸引学生课外自主训练，摸索出了多项激发学生编程兴趣、营造学习氛围的有效方法，其中一个方法就是鼓励学有余力和爱好编程的学生参加学科比赛，教学团队与学院 ACM 协会联动，定期举办各种比赛，比如“ACM 国庆欢乐赛”“ACM 跨年友谊赛”“ACM 光棍节男生赛”“ACM 校内新生赛”，等等。老师根据比赛排名，对同学给予加分奖励。经过一系列课外自主训练，有了一定的基础和技术积累后，可以继续参加学院举办的“ACM 自主发展课堂”，优秀的学生将会被选拔进入 ACM 校队，经过专门的集训后，参加 ACM 省赛、区域赛、全球总决赛。从而达到依托平台形成从课内实验教学到自主训练，再到学科竞赛的创新型人才培养良性循环。

三、结论

在线评测教学辅助系统对学生提交的程序源代码实时评测，可以给学生提供全年全天候不间断助教服务，具有人工评判无法比拟的优点，系统有别于传统意义上面向比赛的 OJ（Online Judge，在线评测）系统，拥有更适合课程教学的教学中心和作业管理子系统，为程序设计类课程如C/C++/Java/数据结构等提供了实验教学平台，对这些课程的实验教学起到了很好的辅助作用，可以有效地提升教学质量。

参考文献：

[1] 何钦铭，颜晖，苏小红，等．“程序设计基础”课程教学实施方案[J]．中国大学教学，2010（5）：62－65.

[2] 葛文庚，蔺莉．程序设计基础课程教学模式研究与设计［J］．电子设计工程，2012（20）：44－46.

[3] 茅海军，叶海荣．在线评测在C程序设计实验教学中的研究与评价[J]．中国校外教育，2012（12）：162－163.

[4] 谢迪，李文新，郭炜．“百练”：一个程序设计技能训练与水平测试平台［J］．合肥工业大学学报（社会科学版），2008，22（4）：172－175.

[5] 陈念年，李郁峰，李绘卓．基于在线评判系统的程序设计教学［J］．计算机教育，2009（15）：83－85.

[6] 徐红云，江捷斯，周钒．基于竞教结合的“高级语言程序设计”实验教学改革实践［J］．实验技术与管理，2012，29（10）：165－168.

[7] 陈志，李梦泽，马嫣，等．基于ACM程序设计竞赛的常规教学改革[J]．电气电子教学学报，2011，33（6）：18－20.

[8] 苗桂君，刘勇，许南山，等．在线评测系统在程序设计类教学中的应用研究［J］．计算机教育，2016，(09)：157－162.

[9] 韩君泽，钟美，刘东升．程序设计在线评测辅助教学系统的设计与实现［J］．内蒙古师范大学学报（自然科学汉文版），2010，39（5）：473－476.

[10] 韩建平，刘春英，胡维华．“课内外贯穿，竞赛教学融合”的程序设计教学模式［J］．实验室研究与探索，2014，33（6）：169－176.

本文载于《电子设计工程》第25卷第23期，2017年12月

基于物联网的智能水产养殖管理系统的设计

吴祖猎　余童杰　陈厚正　陈柳江
（电子科技大学中山学院电子信息学院，中山，528402）

我国是水产养殖大国，水产养殖产量占全世界的三分之二左右。但多年来，我国水产养殖业主要沿用粗放经营的传统方式。近年来，养殖模式和技术的落后、水域资源逐渐短缺、水体污染逐年加重、水产品食品安全问题时有发生等，使得传统养殖模式受到重大挑战。如何适应新形势，建设智能水产养殖系统，方便、有效、实时地对水产养殖环境和养殖生物生长情况进行监测、控制，已经成为目前我国水产养殖现代化发展的热点。

国内从事水产养殖管理系统研发的较少，而且多数都有一定局限性。目前市场上的产品，多数只能检测溶解氧和温度，只能独立控制2路增氧机，只能有线传回采集的数据，而且大部分没有接入互联网，只是个现场控制器与报警器。有少部分接入了互联网，但仍有平台单一、模式单一、检测能力和控制能力有限等不足。

目前我国水产养殖业正处于由传统渔业向现代渔业转变的历史时期，抓住发展机遇，实现历史性的跨越需要信息技术等高新技术作为技术支撑。物联网技术是信息技术发展的一次革命，它是一种将所有物品连接互联网，实现智能化识别管理的技术。本文充分利用物联网的技术优势，针对水产养殖业的特点，设计了基于物联网的智能水产养殖管理系统。

一、总体设计

系统由水质数据采集器、主机、电机控制器、移动客户端等构成，如图1所示。

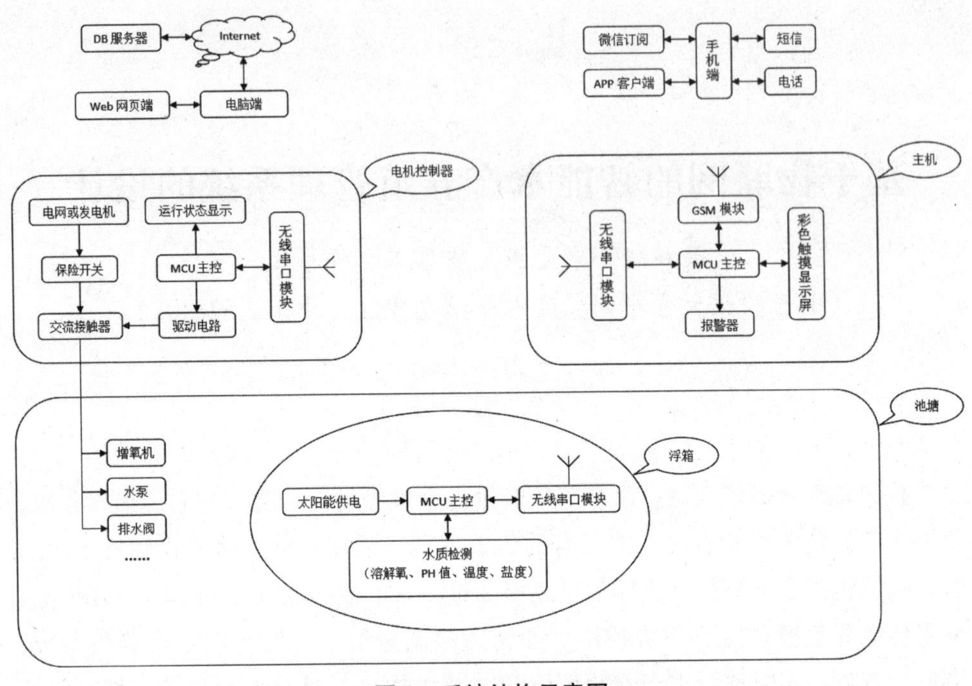

图1　系统结构示意图

每个池塘中放一个浮箱，其中装有溶解氧、温度、pH值、盐度等传感器，各个传感器采集数据后，由数据采集系统打包，然后通过无线模块传输至主机进行数据分析，并做出相应处理。如根据池塘中溶解氧的浓度，发送指令给机房控制器，打开或关闭增氧机。

用户可用微信、App、短信、主机、电机控制器共5种操作平台来进行各种操作，查看溶解氧、温度、pH值、盐度、系统运行模式、电机运行状态等，设置工作模式、定时，对增氧机等设备进行手动控制等。

二、下位机设计

1. 主机

主机主要由主控电路、无线通信模块、GSM模块、7寸触摸屏、电源电路等组成，如图2、图3所示。主控芯片采用增强型51单片机STC15F4K60S4，拥有4个完全独立的串口。数据传输采用313－325.6MHz频段的无线传输模块，使用窄带射频传输，同时内嵌FEC前向纠错算法，能主动纠正被干扰的数据包，抗干扰能力强。GSM模块采用工业级的SIM800C，支持4频，全球使用。屏幕采用 7 寸增强型 USARTHMI 串口屏，支持休眠和触摸唤醒功能。主机能通过数字、表格或曲线等方式显示水质参数和设备状态。遇到险情时，能够立即弹出警报信息，并进行相应处理，如自动开启相应设备、启动警报器、拨打用户电话等。主机程序程序框图如图 4 所示。

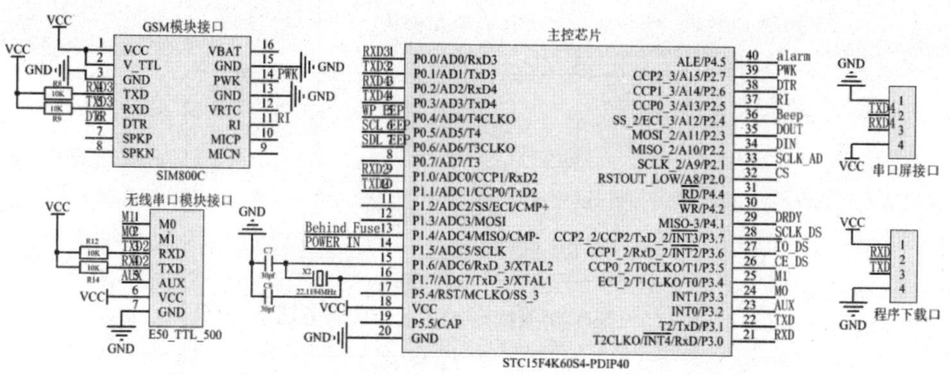

图 2　主机主控电路

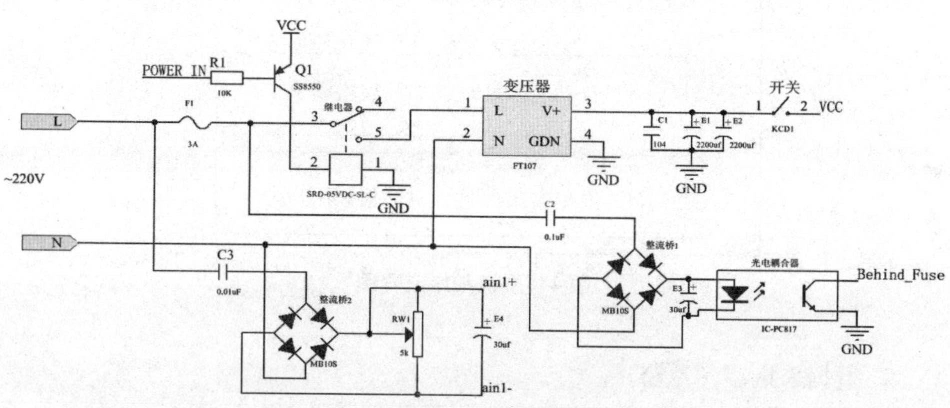

图 3　主机电源电路

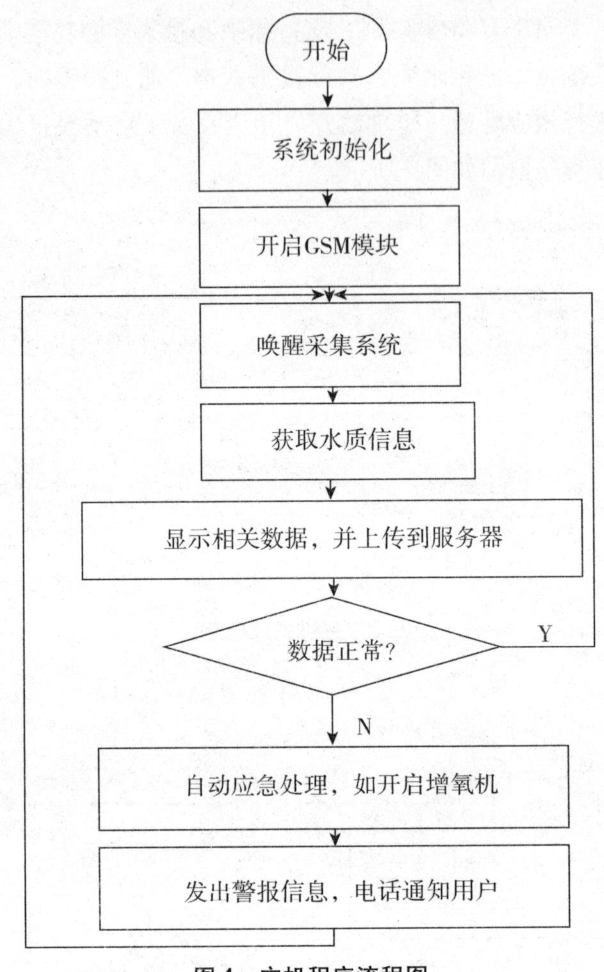

图4　主机程序流程图

2. 数据采集器（浮箱）

数据采集器（浮箱）由单片机、A/D 转换电路、多种传感器、无线模块和电源电路组成，如图 5 所示。每个浮箱都有唯一的 ID 号，主机与浮箱通信时，根据不同的 ID 来确定数据来自哪口池塘。每个浮箱里装有用于水质检测的传感器，分别是：溶解氧传感器（带有温度传感器）、pH 传感器、盐度传感器。传感器布置的深度取决于池塘养殖物活动水层，如果主养鱼类为中上层鱼类，可以将传感器布置在距离水面 50 厘米处。浮箱采用太阳能供电，用锂电池储能，在连续阴天风雨天的情况下可以供电 10 天以上，另外也预留干电池槽和外加电源接口。能耗约束和能量均衡是数据采集器需要重点考虑和解决的问题。为了减少节点能耗，网络一般要采用节点休眠机制。从功耗和可靠性综合考虑，浮箱60秒采集一次数据并传回主机，然后进入休眠状态。无线模块发送完数据后，也进入休眠状态，等待下一次被唤醒。

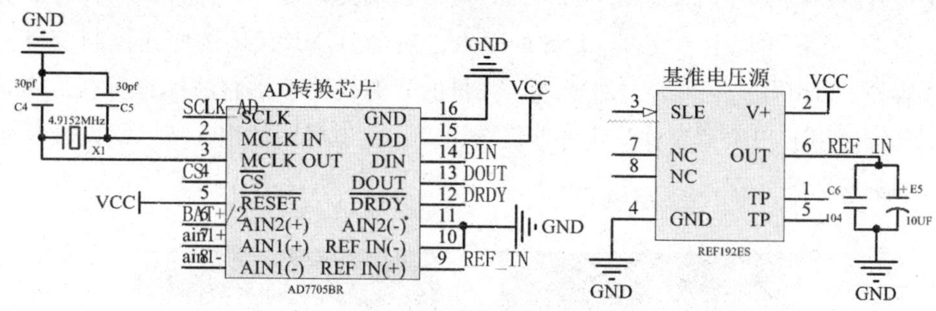

图5　A/D 转换电路

3. 电机控制器

一个负载控制箱可控制 8 路输出，每路都包括空气开关、电机综合保护器、交流接触器，对电机提供过流、漏电、短路和缺相保护，特别是缺相，因为缺相很容易烧掉增氧机。电机控制器通过无线模块收到来自主机的指令后，由单片机控制继电器，再由继电器控制交流接触器，最后由交流接触器在电机综合保护器保护下启动增氧机等设备。池塘的增氧机的功率一般为 1000VA 到 4000VA。以 4000VA 估算，额定功率 $P=\sqrt{3}\times U\times I\times\cos\Phi$，功率因素 $\cos\phi$ 一般在 0.7～0.9，按 0.7 算，$I=P\div(\sqrt{3}\times 380\ \ \sqrt{\cos\Phi})\approx 8.7A$。综合考虑成本和安全因素，每路输出由一个额定电流 12A 的交流接触器控制。当控制三相星形负载和三相三角形负载时，理论上最大可以控制功率 $S=\sqrt{3}\times 380\times 12\approx 7800VA$ 以内的三相感性负载，或额定功率 P = 7800W 以内的三相阻性负载。当控制单相交流负载时，理论上最大可以控制功率 $S=380\times 12\approx 4500VA$ 以内的单相感性负载，或额定功率 P = 4500W 以内的单相阻性负载。

三、上位机设计

手机的普及及无线网络的发展壮大，使操作终端越来越便捷，通过手机即可对水产养殖进行远程控制，物联网技术在水产养殖应用方面的需求更加强烈。上位机的部署环境为 Window NT + PHP + Apache + Mysql，开发平台为 Webstorm

+Zend Studio，使用 Webstorm 编辑 HTML、CSS 以及 Javascript，使用 Zend Studio 来编辑 PHP 代码。同时，本系统还引入了 Mysql 数据库，利用该数据库可以方便、有效地对用户数据进行存储，以免丢失。Mysql 轻巧、免费、开源等特性非常适合本系统使用。Javascript 的引入，使得前端交互性大大提升，网页有了动态效果，数据可以后台交互。CSS 的引入，使得 HTML 代码的样式控制变得更加容易。PHP 作为一种轻量级语言，大量的开源代码也是它的优势所在，故而本系统使用了 PHP 语言作为服务器后台语言。状态界面如图 6 所示，设置界面如图 7 所示。

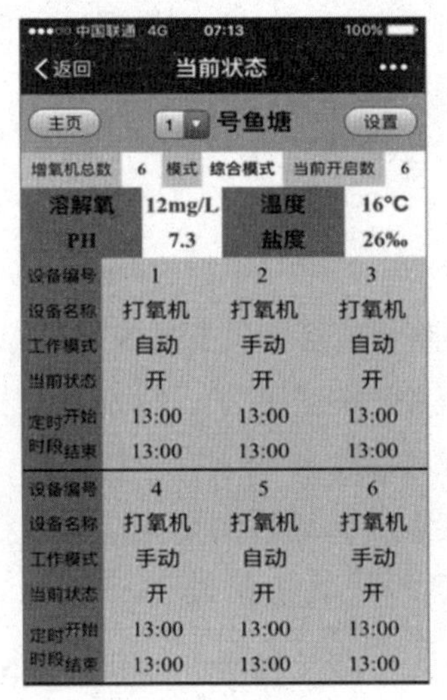

图 6　状态界面

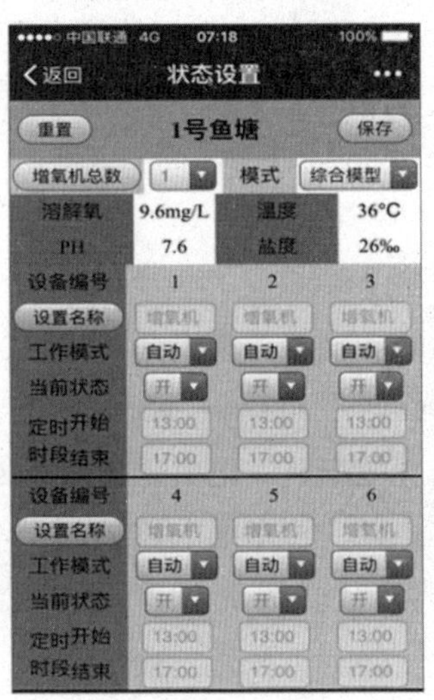

图 7　设置界面

四、可靠性设计

1. “主机+副机”模式

本系统采用“主机+副机”模式，副机由电机控制器充当。电机控制器能在主机漏发或误发指令的情况下及时发现问题。主机每 30 秒发一个心跳信号给电机控制器，表示正在正常运行。如果电机控制器超过 30 秒没收到任何信息，则判定主机工作不正常，于是就启动备用方案，即电机控制器充当主机来维持增氧系统的运行，同时给用户相应的警报。这样，即使主机出现故障无法正常工作，也不会使整个系统陷入瘫痪。另一方面，若溶解氧含量已经很低了，而主机仍发给它关闭增氧机的指令，那么电机控制器就会跟主机确认情况，如果还要关闭，那就主动去读取水质数据并分析，再做决定，以降低误操作风险。

2. 数据可靠度高

数据采集时，先连续采集两次，若两次数据的偏差超出允许范围，则表示数据有误，需要重新采集。若两次数据的偏差在允许范围内，则求其平均值。数据上传主机时也是传两次，若两次数据不一样，则表示出现误包，于是主机就给采集系统返回一个指令，让它重新传输。此外，主机传指令给电机控制器也如此处理。数据和指令传输时采用循环冗余校验（CRC），以便及时、准确发现误包。CRC是由分组线性码发展而来，其主要应用是二元码组。因其检错能力强、误判概率低等优点，被广泛应用于工业测控和数据通信领域。

五、结束语

水产养殖要想达到高产、高效，除了要有理想的池塘条件、优质的饲料、健康的鱼种以及合理的放养密度外，还要具备良好的水质。本系统通过实时采集与智能控制手段，改善和控制水质，为鱼虾等提供了最佳养殖环境，提高了水产品的品质。应用该系统可以改变生产管理模式，为水产的大规模集约化生产提供技术保障，促进其向工业化和信息化转型。

参考文献：

[1] 杨宁生，袁永明，孙英泽．物联网技术在我国水产养殖上的应用发展对策［J］．中国工程科学，2016，18（3）：57－61.

[2] 陈浩成，袁永明，马晓飞，等．基于物联网的水产养殖水质监控集成技术［J］．农村经济学，2013（18）：324－326.

[3] 杨金明，余情，朱红飞，等．基于物联网技术的水产养殖智能管理系统设计［J］．湖北农业科学，2016，55（16）：4276－4279.

[4] 胡永利，孙艳丰，尹宝才．物联网信息感知与交互技术［J］．计算机学报，2012，35（6）：1147－1163.

[5] 李晓珍，苏建峰．循环冗余校验CRC算法分析及实现［J］．信息科技，2010（13）：100－101.

[6] 郭玉环．物联网技术在水产生态养殖中的应用探究［J］．河北渔业，

2016 (10): 54 - 55.

[7] 任芳. 浅谈物联网水质在线监测系统在水产养殖中的应用 [J]. 山西科技, 2014, 29 (4): 154 - 156.

本文载于《创造业自动化》第39卷第6期，2017年6月

一种全自动异型插件机的 IC 插件头设计

曾亮华　余东城　陈旭东

（北京理工大学珠海学院，广东珠海，519085）

为了实现电子装配自动化，将散装 IC 逐一插入印刷电路板的孔中，根据全自动异型元件插件机的需要，需要 IC 插件头来实现此动作。传统的插件头的插件失败率太高，导致 PCB 板报废率高，且 PCB 板通常是经过了很多工序加工后的半成品，已插了大量的铆钉、跳线、电阻、电容和三极管等卧立式电子元器件，这样造成的损失太大。此外，IC 在插入 PCB 板前的引脚不标准不统一，经常出现外扩的情况，无法准确地插入 PCB 板上的孔中，需要结构较复杂的料夹才能纠正引脚角度，这就导致插件头的加工难度大，制造成本高。

为了克服上述现有技术的不足，笔者提出一种全自动异型插件机的 IC 夹爪设计（如图 1 所示），旨在提高加工效率高、加工品质、定位准确性，并节省大量人力成本。

一、总体结构解析

笔者设计的全自动异型插件机的 IC 插件头如图 1，主要包括同步轮组、驱动气缸 1 和设置在驱动气缸 1 下端的浮动接头 2，同步轮组带动浮动接头 2 转动，驱动气缸 1 带动浮动接头 2 上下运动，浮动接头 2 下端设有连接头 3，连接头 3 下端设有压料缸 4。

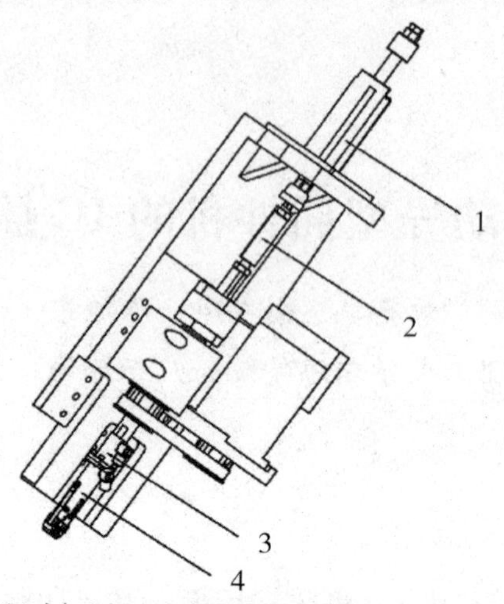

1.驱动气缸 2.浮动接头 3.连接头 4.压料缸

图1　总体结构示意图

二、功能实现解析

如图2，连接头3上装有负压微型接头12，压料缸4内腔设有活塞杆5，压料缸4上装有正压微型接头13，压料缸4内腔形成正压通路并驱动活塞杆5向下运动，活塞杆5和压料缸4内腔之间还设有复位弹簧14，从而使得活塞杆5能够相对压料缸4缸体上下运动，且防止活塞杆5下压力度过大。活塞杆5下端设有压料头6，压料头6上还设有导向销15，导向销15对压料头6进行导向，连接头3、活塞杆5和压料头6内部均为中空结构且相互连通形成负压路，使得压料头6下端能够吸附固定IC，从而带动IC插入PCB板的孔中，保证压料头6相对定位快速准确，降低插件失败率。

此外，压料缸4下端设有1对夹爪7，夹爪7位于压料6下方，夹爪7上设有若干导正槽8，2个夹爪7分别通过2个夹爪杆9与压料缸4连接，夹爪7固定设置在夹爪杆9下端，夹爪杆9通过位于其中段的旋转销10转动设置在压料缸4上，夹爪杆9上段和压料缸4之间设有压簧11，当压料6带动IC穿过2个夹爪7之间时，2个夹爪7稍微张开压簧11，与此同时，压簧11带动夹爪杆9和夹爪7对IC施加反作用力，使导正槽8对IC的引脚角度进行导，纠正引脚的偏差至可允许的误差以内，方便IC的引脚准确地插入PCB板上的孔中。

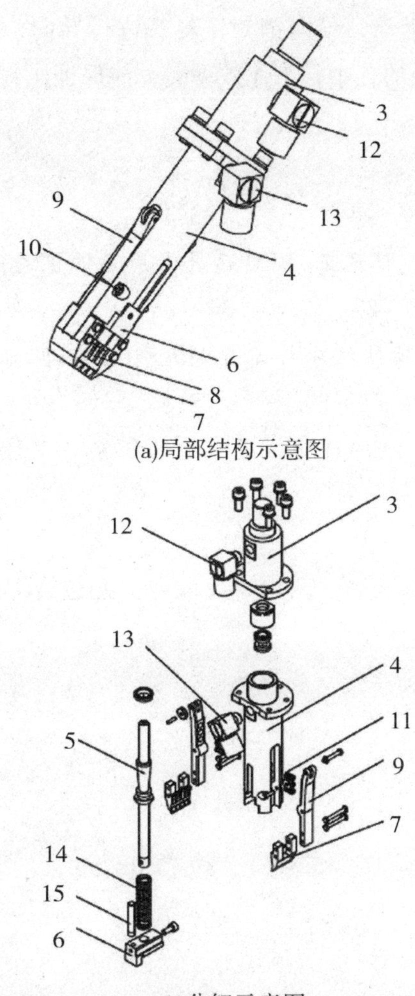

(a)局部结构示意图

(b)分解示意图

3.连接头 4.压料缸 5.活塞杆 6.压料头 7.夹爪 8.导正槽 9.夹爪杆10.旋转销 11.压簧 12.负压微型接头 13.正压微型接头 14.复位弹簧15.导向销

图2 局部结构和分解示意图

三、结论

整个设计采用同步轮组、驱动气缸和浮动接头、压料缸、活塞杆、压料头等结构，连接头、活塞杆和压料头内部均为中空结构且相互连通形成负压通路。同步轮组和驱动气缸带动连接头、压料缸等部件上下运动及转动，活塞杆再带动压料头相对压料缸上下运动，导向销对压料头进行导向，负压通路使压料头能够吸附 IC 并插入 PCB 板的孔中，工作效率高，能保证压料头相对定位快速准确，降低插件失败率。

参考文献

[1] 金济民，常新山，郁元正. LED 示屏专用插件机的优化设计 [J]. 轻工机械，2014，32 (3)：80－82.

[2] 曹志宏. 全自动插件机中特定异型元件的自动传送装置研究与应用 [J]. 电子测试 2014 (24)：87－89.

[3] 付文华，陶晓杰. LED 自动传送机构的研究与设计 [J]. 现代显示，2012，4 (4)：13－18.

本文载于《机械工程师》2017 年第 8 期，2017 年 8 月

基于红外和GSM模块的智能家居系统

黄哲锐　曾欣欣　梁同乐
（广东邮电职业技术学院）

一、项目概述

（一）行业背景

物联网组成了新一代信息技术的重要部分。物联网就是物物相连的互联网，可以将其用户端延伸和扩展到任何物品与物品之间，进行信息交换和通信。即建立在互联网基础上的，实现物与物之间进行信息交流和通信的网络。

物联网通过智能感知、识别技术，云技术，广泛应用于网络的融合中，也因此被称为继计算机、互联网之后世界信息产业发展的第三次浪潮。物联网是基于互联网发展的应用拓展，应用创新是发展的关键，安全运行是智能互联系统得以发挥作用的保障。

（二）国家政策

2013 年 9 月，国家发改委、工业和信息化部、科技部三部委联合印发了《物联网发展专项行动计划》。明确将智能家居作为战略性新兴产业来培育发展，将智能家居列入九大重点领域应用示范工程中。❶

（三）市场背景

1. 目前智能家居应用范围及功能分析

（1）智能灯光、插座控制：通过多种方式，如手动、遥控、平板电脑、智能手机、个人电脑、定时等方式对灯光插座进行单开、单关、全开、全关以及情景控制。

---

❶ 详见《物联网发展专项行动计划》，九大应用领域分别是工业、农业、运输流通、生态环境、交通管理、安全生产、公共安全、城市基础设施管理、智能家居等领域。

（2）智能安防监控：通过平板电脑、智能手机实时显示摄像机视频监控画面，将监控视频数据存储在 SD 卡上。

（3）场景定时：把设置好的场景模式进行定时开启与关闭，让其自动运行。

（4）场景控制：将灯光、窗帘、空调和其他家用电器的若干个设备任意组合，形成场景模式，一键启动，一键关闭。

（5）智慧健康：支持血压计、人体秤、脂肪秤的数据采集、自动生成报表、智能健康诊断、健康建议等功能，报表内容包括体重、脂肪率、水分率、肌肉量、脂肪等级、血压、脉搏。让你远在天边也能及时、随时地关注家中老人的身体健康状况。

综合起来就是三个方面：第一是实现简单的家电控制；第二是安防监控，随着社会的发展，安防是老百姓的刚需；第三是家庭健康监护的产品。

2. 产品思考

智能设备作为职能家具的一部分，每个智能家电或者设备终端拥有各自的智能化功能时，就需要一个智能家居的中控系统将各个智能家电集成到一个平台上面，需要有一个兼容性强、安全稳定、方便使用的智能家居系统。

二、产品简介

（一）产品设计思路

随着智能化的应用与发展，我们的生活中逐渐出现了很多实用且方便的智能化系统。现代社会，移动与无线通信发展迅速，通过研究，我们把红外遥控控制技术、智能路由器和 GSM 短信功能应用于我们的家庭中，制作了一个通过普通遥控器近程控制、无线路由器的链接和短信发送远程控制的智能系统。

（二）产品创新点

创新点一：基于 GSM 网络的智能家居系统采用 GSM 模块进行短信息提醒，解决了发生问题时用户设备由于无移动通信链接而无法接收信息的问题。

创新点二：智能路由器实现用户调控，以单片机为控制核心，进行信息反馈和远程控制，实现了远程报警、远程遥控等功能，更加方便以及可视化。

（三）系统工作原理

图 1 为智能家居系统的工作原理图。系统在正常工作时处于监控状态，如果传感器检测到异常信号，单片机则通过从不同传感器接收到的信号同预先存储在 ROM 中的数据信息进行对比，判断出异常的问题（如盗窃、火警、煤气

等）时，确定发生警情，然后提示信号由串口传送给GSM模块，最后将提示短信发送给用户。几秒钟后，用户的手机上就可以接收到报警短信，提醒用户采取措施。另外用户可通过移动端网页、智能路由模块接收，经单片机解码后，驱动系统中的电器控制电路去控制相应的家电，从而实现远程控制电器工作的目的。

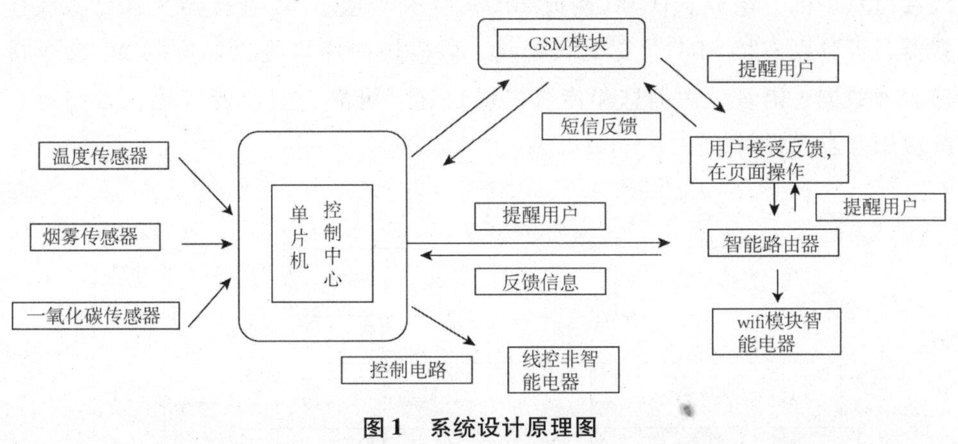

图1　系统设计原理图

（四）系统的主要功能

家电控制功能：接收用户发送来的控制命令，实现短信的译码功能，智能路由器直接控制智能设备实现不同家电工作及停止功能。

自动报警功能：当用户住宅出现异常情况时，系统会自动发送报警短信给预先设定手机号码的用户，按照设定频率发送提示，直至解决问题为止。

备用电池充电功能：系统提供备用充电电池，在断电时可继续工作，可以防止部分不法分子利用断电进行盗窃，克服了停电时不能报警等缺点。

（五）主要功能模块

1. 单片机控制模块

系统的控制器选用了具有低功耗、存储容量大、运行稳定、价格便宜等特点的8位STC89C54RD+单片机。其支持的最高时钟为80MHz。内部包括程序存储器ROM、1KB的数据存储器、16KB的Flash程序存储器ROM、1KB的数据存储器RAM，具有ISP在线编程功能，可节省购买编程器的额外投入，大大减少了开发复杂度。

本系统设计使用的是可以快速安全地实现数据、语音的传输，短信息服务（SMS）和传真等功能的 GSM 模块。TC35I 是 Siemens 公司推出的新一代无线通信模块，可以工作在 GSM900kHz 和 1800kHz 两个频段，RS232 数据口符合 ETSI 标准 GSM0707 和 GSM0705。通过独特的 40 引脚的 ZIF 连接器，实现电源连接、指令、数据、语音信号及控制信号的双向传输；TC35I 模块主要由 GSM 基带处理器、GSM 射频模块、供电模块（ASIC）、闪存、ZIF 连接器、天线接口六个部分组成。TC35I 构成如图 2 所示。通过 ZIF 连接器及 50Ω 天线连接器，可分别连接 SIM 卡支架和天线。该模块向用户提供标准的 AT 命令接口，为数据、语音、短消息和传真提供快速、可靠、安全的传输，方便用户的应用开发及设计。

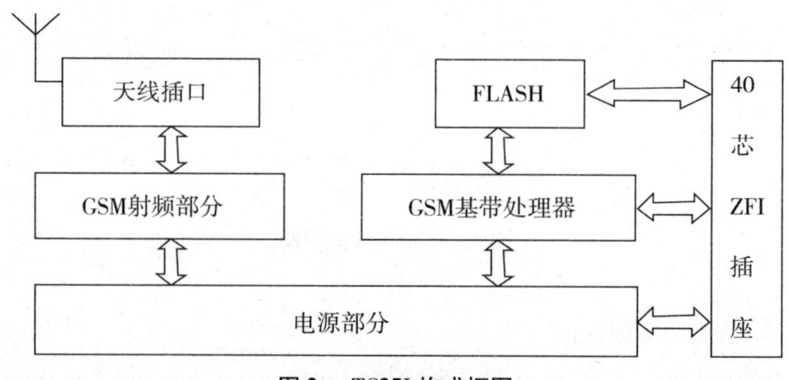

图 2　TC35I 构成框图

2. 传感器模块

本系统传感器模块由一组功能不同的传感器构成，用于各种异常情况监测。

防盗窃使用红外线反射型传感器，将红外线反射型传感器安装在通道的位置或门窗的两侧，有人进入时红外线反射型传感器就会检测出来，检测信号通过转换电路转换成低电平，然后送去给单片机，单片机对应引脚检测到送来低电平后就会启动防盗报警系统工作。

燃气传感器使用金属氧化物半导体传感器（或称 MOS）。MOS 也可以用来检测毒性水平。它由一个金属氧化物半导体的传感器件（如氧化物 SnO_2）构成，在新鲜空气条件下，电导较小，而一旦接触还原性气体或者易燃易爆气体，电导会增加，引发检测电路电平跳变从而启动报警系统。

防火使用离子式烟雾传感（SS－668），通过监测烟雾的浓度来实现火灾防范。烟雾报警器内部采用离子式烟雾传感，当一定量烟雾进入烟雾传感器的反应腔，就会引起电路电平变化。离子式烟雾传感器是一种技术先进、工作稳定可靠的传感器，为火灾预防和早期发现提供了帮助。

3. 硬件接口电路设计

本系统硬件接口电路主要由单片机与 GSM 模块的接口电路和系统安防电路及控制电路构成。单片机与 TC35I 的连接图如图 3 所示，TC35I 的数据接口采用串行异步收发，符合 ITU - TRS - 232 接口电路标准，工作在 CMOS 电平（2.65V）。数据接口配置为 8 位数据位、1 位停止位、无校验位，可以在 300 - 115 × 103bps 的波特率下运行。由于数据通信电路中 TC35I 数据接口工作在 CMOS 电平，而 STC 单片机工作在 TTL 电平，工作电压范围一般比 TC35I 宽，故应在单片机和 TC35I 之间加电平转换电路。本设计以 TI 公司的 MAX232 芯片为核心，实现了电平转换及串口通信功能。

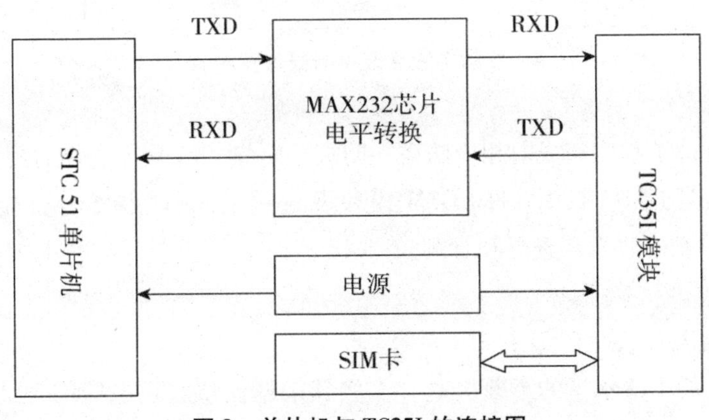

图 3　单片机与 TC35I 的连接图

4. 系统软件的设计

系统的软件设计用 C 语言编写，系统安防主程序及中断程序流程图如图 4 所示。系统首先对单片机的串口、中断和 TC35I 短信模块初始化，STC 单片机不断对传感器接口电路的 I/O 口循环进行检测，当检测到有传感器的开关量变化时，则说明报警信息产生，开始进入中断处理子程序。

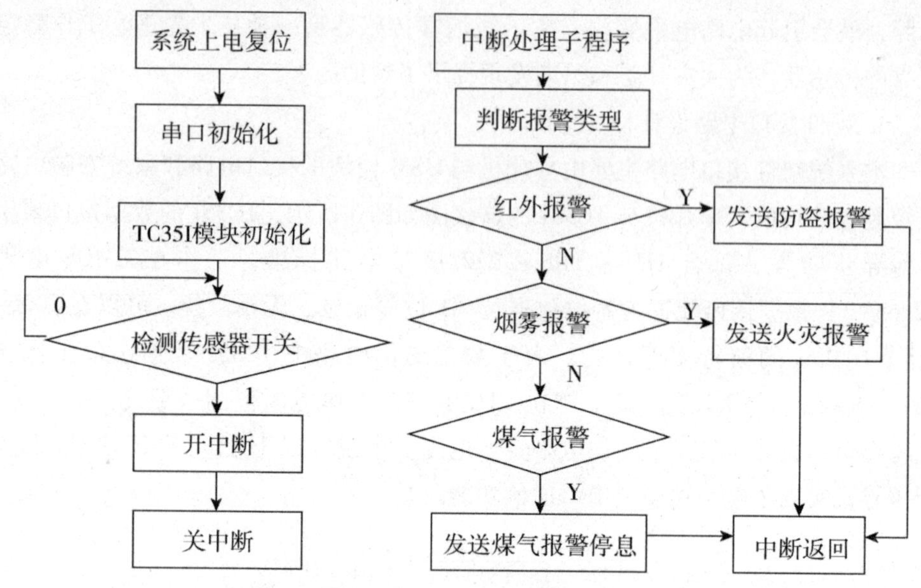

图 4　安防主程序及中断处理程序流程图

中断处理子程序完成对相应防盗、防火、防煤气泄漏等事件的短信息发送。STC 单片机通过 UART 串口向 GSM 模块发送一系列 AT 指令，就能实现基于 GSM 的短信息的收发、查寻和管理。

三、结语

随着人们生活水平的不断提高，人们越来越注重家用电器的智能化控制和后期维护的便捷性，智能家居便随之越来越深得人们的青睐。本设计方案借助 GSM 网络通信技术、智能路由操作和单片机的控制功能，实现了安防监控和远程控制。GSM 模块与控制电路集成在同一线路板上，提高了整个系统通信的稳定性，更加有安全保障去保护用户的家园。本系统具有实现简单、成本低、适用范围广、安全可靠等优点，除了用于智能家居还可以用于仓库、厂房与花卉大棚等地方的安防监控与电路远程控制等。

本文载于《环球市场信息报》第 41 期，2017 年 11 月

假臭草入侵对土壤养分与微生物群落功能多样性的影响

全国明　代亭亭　章家恩　徐嘉琳

（华南农业大学热带亚热带生态研究所，农业部华南热带农业环境重点实验室，广东省现代生态农业与循环农业工程技术 研究中心，广州 510642；广州城市职业学院城市建设工程系，广州 510405）

假臭草（Praxelis clematidea）是菊科泽兰属的一年生草本植物，原产南美洲。20 世纪 80 年代首次在我国香港发现，并于 90 年代传入珠江三角洲地区（吴世捷等，2002）。假臭草初期一直被误认为熊耳草，直到 1995 年才正式确认定名（Corlett et al. 1995；Veldkamp，1999）。目前，假臭草在我国已广泛入侵海南、广东、广西、福建、澳门等热带、亚热带省区（王真辉等，2006）。因植株生长速度快、有性繁殖能力强、对环境条件要求不高，假臭草常发现于向阳的荒坡、路旁、幼龄果园和农地等生境，其所形成的大片单优群落能够迅速覆盖整个地面，排斥土著物种，严重影响农作物的生长并危害当地的生物多样性与环境安全（吴海荣等，2008）。2013 年以来，假臭草分别被农业部、环保部与中国科学院列入“国家重点管理外来入侵物种名录（第一批）”和“中国外来入侵物种名单（第三批）”。

在入侵生态学研究领域，外来植物的入侵影响、入侵机制一直是科学家们关注的热点问题。研究表明，假臭草的种子数量多、萌发率高、传播能力强（阚丽艳等，2008），植株的生态位宽、生态适应性强、对环境资源的利用率高（陈伟等，2007；钟军弟等，2014），较高的遗传多样性与快速进化能力（李传军等，2011；黎丽倩等，2014）以及较强的光能利用率（朱慧等，2010）与化感作用（李光义等，2007；易晓洁等，2010）构成其成功入侵的重要生理基础。在野外，假臭草一旦成功定殖，其种群的快速扩张不仅会造成入侵生境地上部原有植物群落结构的改变与生物多样性的丧失，还会对群落下方的土壤理化性质与生物学特性产生深远的复杂影响；而地下生态系统的深层次变化必然会直接或间接地影响假臭草入侵种群的后续拓展与群落演替（Wardle etal. 2004）。如黄顶菊入侵可以显著提高土壤有机质、全氮、硝态氮、铵态氮和速效钾含量（张天瑞等，2010；杨星等，2012）。薇甘菊在扩散过程中通过改善新生境的土壤养分循环以及微生物群落的结构与功能，提高土壤肥力供应水平，进而促进自身的入侵生长和蔓延危害（Li et al. 2006，2007）。因此，外来植物入侵对土壤生态系统的影响既与入侵效应直接相关，也与入侵机制紧密相连。然而，迄今为止，假臭草入侵对土壤养分、土壤微生物群落功能的影响效应究竟如何？目前所开展的研究工作极为缺乏。本文采用野外样方法，研究假臭草入侵对土壤养分、土壤酶、土壤微生物生物量与土壤微生物群落功能多样性的影响效应，探索假臭草入侵对生境地下部土壤生态系统的作用规律，旨在为假臭草的科学防控提供理论指导。本文提出以下科学假设：假臭草入侵能够提高土壤养分水平，假臭草入侵能够提高土壤微生物群落功能多样性。

一、研究地区与研究方法

（一）研究区概况

研究区位于海南省保亭黎族苗族自治县南平村（18°64′N，109°83′E），属热带季风气候，热量丰富、雨量充沛、蒸发量大、季风变化明显。年平均气温20.7℃～24.5℃；1月平均气温19.1℃；全年日照约1900～2000h，日照百分率达45%；年平均降雨量1800～2300mm。研究区地形为缓坡丘陵，土壤为砖红壤，人畜干扰较少。

（二）试验设计与土样采集

研究区的原生植被为灌木丛，主要包括破布叶、大青、肖梵天花、对叶格、粗叶格、拔契、倒地铃和小叶海金沙等植物，灌木丛高度约80～160cm，盖度100%。2009年村民开始砍伐、清理部分灌木丛，并拓荒为橡胶种植园，橡胶幼苗为穴栽，株行距2.5～3.0m。在具体操作上，村民把灌木丛砍伐后，顺着坡向沿等高线间隔挖掘种植穴，每个种植穴半径约20cm，每穴1株。种植橡胶幼苗时，在种植穴内的幼苗根区附近施用有机肥，并混施少量化肥，然后回填挖穴时掀起的土壤。种植穴外的表层土壤几乎不受挖掘种植穴或施肥等农事操作的影响。因幼龄橡胶园尚未封闭且管理粗放，假臭草大肆入侵危害，其单优群落呈片状分布，盖度95%～100%，株高60～120cm，入侵年限4～5年，覆盖面积约4000m^2。在研究区内根据假臭草的入侵现状设置2类样地，即假臭草入侵区和灌木丛对照区，2类样地的边界相连，其中假臭草入侵前的土壤与对照区一致。2013年5月在上述2类样地各随机设立5个重复小样方（2m×2m），其中入侵区内的小样方均排在橡胶幼苗种植穴外侧，假臭草植株正处于开花始期，对照区的灌木丛处于营养生长期；每个小样方之间的距离约40m，按S形采用五点法挖取小样方内植物根区周围0~20cm的表层土，所采集的土壤混合均匀后用四分法取适量土样运回实验室。其中一部分土样置于室内自然风干，除去动植物残体，研磨后过1mm筛，用于土壤养分、土壤酶活性的分析测定；另一部分样品暂时冷藏于-4℃的冰箱，1周内取出置25丈培养7d后测定土壤微生物生物量碳、氮、磷与微生物功能多样性。

（三）指标测定方法

土壤养分测定。参照鲍士旦（2000）的测定方法。其中有机质含量采用重铬酸钾容量法（外加热法），全氮含量采用凯氏定氮法，全磷含量采用NaOH熔融-钼锑抗比色法，全钾含量米用NaOH熔融-火焰光度法，速效氮含量米用碱解扩散法，速效磷含量采用0.05mol·L^{-1}HCl+0.025mol·L^{-1}（1/2H_2SO_4）浸提-钼锑抗比色法；速效钾含量采用NH_4OA_C浸提-火焰光度法。

土壤酶活性测定。脲酶采用苯酚-次氯酸钠比色法（姚槐应等，2006），酶活性以24h后1g土壤生成的NH_3-N微克数表示；蛋白酶采用茚三酮比色法（关松荫，1986），酶活性以24h后1g土壤生成的NH_3-N毫克数表示；蔗糖酶、纤维素酶采用3，5-二硝基水杨酸比色法（关松荫，1986；姚槐应等，2006），其中蔗糖酶活性以24h后1g土壤生成的葡萄糖毫克数表示，纤维素酶活性以72h后10g土壤生成的葡萄糖毫克数表示；过氧化氢酶采用高锰酸钾滴定法（关松荫，1986），酶活性以20min后1g土壤消耗的0.02mol·L^{-1}高锰酸钾的毫升数表示。

土壤微生物生物量碳、氮、磷测定指标参照吴金水等（2006）的测定方法。试验土样经过前处理、氯仿熏蒸后，分别采用$K_2Cr_2O_7$-H_2SO_4氧化法、凯氏定氮法测定微生物生物量碳与微生物生物量氮，浸提剂为0.5mol·$L^{-1}$$K_2SO_4$；采用钼锑抗显色法测定土壤微生物生物量磷，浸提剂为0.5mol·$L^{-1}$$NaHCO_3$。

土壤微生物群落功能多样性测定参照姚槐应等（2006）的方法并作改进。在200mL的三角瓶中加入100mL0.85% NaCl溶液，高压灭菌后备用（121丈，20min）；称取10g新鲜土壤，倒入已冷却的无菌NaCl溶液中，封口，振荡

20min（25 丈，160r · min^{-1}），静置澄清后在超净工作台上用 0.85% NaCl 溶液制成 10^{-3}浓度的土壤稀释液；用微量移液器将土壤稀释液接种到 Biolog－ECO 微平板中，每孔 150mL，25V 培育，每隔 24h 用酶标仪在 590nm 处测定各孔吸光值。

（四）数据分析

Biolog－ECO 微平板的总体颜色变化用平均孔颜色变化率（average wellcolor development，AWCD）表示。AWCD = E（$Ci - R$）/n，式中：Ci 为各反应孔在 590nm 的吸光值，R 为对照孔的吸光值，n 为培养基的碳源数量。Biolog－ECO 微平板的碳源数为 31，$Ci - R$ 的孔在计算中记为 0（Garland，1996）。本研究选择培养 72h 的数据进行土壤微生物群落功能多样性分析，其中 Shannon 指数、McIntosh 指数和 Pielou 均匀度指数采用王强等（2010）的分析方法，Simpson 优势度指数采用胡婵娟等（2009）的方法，丰富度指数采用 Ratcliff 等（2006）的方法。

二、结果与分析

（一）假臭草入侵对土壤养分的影响

假臭草入侵能够改变土壤的养分状态（表 1）。在全量养分方面，入侵区的土壤有机质、全氮含量极显著下降，分别比对照区降低 55.69% 和 54.48%；2 个处理区的土壤全磷含量变化较小，差异不明显；入侵区的土壤全钾含量极显著上升，与对照区相比，其增幅达 80.01%。至于土壤速效养分，假臭草入侵区的土壤碱解氮、速效钾含量分别只达对照区的 42.46% 和 53.72%，差异极显著，但 2 个处理区的土壤速效磷含量差异不明显。

表 1　假臭草入侵对土壤养分的影响

土壤	有机质（g · kg^{-1}）	全氮（g · kg^{-1}）	全磷（g · kg^{-1}）	全钾（g · kg^{-1}）	碱解氮（mg · kg^{-1}）	速效磷（mg · kg^{-1}）	速效钾（mg · kg^{-1}）
假臭草入侵区	25.29 ± 1.29	1.22 ± 0.19	0.27 ± 0.02	34.67 ± 2.09**	64.10 ± 2.69	2.53 ± .33	64.53 ± 0.37
灌木丛对照区	57.08 ± 2.26**	2.68 ± 0.19**	0.29 ± 0.01	19.26 ± 0.92	150.96 ± 2.14**	2.50 ± 0.22	120.13 ± 2.09**

数值为平均数 ± 标准误（$n = 5$），同列 * 表示差异显著（$P < 0.05$），* * 表示差异极显著（$P < 0.01$），下同。

（二）假臭草入侵对土壤酶活性的影响

由表2可知，假臭草入侵后土壤脲酶、蛋白酶、蔗糖酶和过氧化氢酶活性分别下降了40.79%、73.26%、59.70%和20.24%，差异极显著。土壤纤维素酶活性则比土著灌木丛对照区上升3.98倍，差异亦达极显著水平。

表2 假臭草入侵对土壤酶活性的影响

土壤	脲酶 ($\mu g^{-1}\cdot 24h^{-1}$)	蛋白酶 ($mg^{-1}\cdot 24h^{-1}$)	蔗糖酶 ($mg^{-1}\cdot 24h^{-1}$)	纤维素酶 ($mg^{-1}\cdot 72h^{-1}$)	过氧化氢酶 ($mL\cdot g^{-1}\cdot 20min^{-1}$)
假臭草入侵区	277.23±19.11	0.50±0.05	5.88±0.11	2.49±0.09**	0.67±.01
灌木丛对照区	468.22±7.78**	1.87±0.02**	14.59±0.40**	0.50±0.03	0.84±0.03**

（三）假臭草入侵对土壤微生物生物量的影响

假臭草入侵导致土壤微生物生物量迅速下降（表3）。与灌木丛对照区相比，假臭草入侵区的土壤微生物生物量碳、氮、磷分别下降46.94%、47.35%和56.30%，差异均达显著或极显著水平。

表3 假臭草入侵对土壤微生物生物量的影响（$mg\cdot kg^{-1}$）

土壤	微生物生物量碳	微生物生物量氮	微生物生物量磷
假臭草入侵区	479.97±18.16	21.38±0.48	10.64±0.41
灌木丛对照区	904.62±7.05**	40.61±2.79*	24.35±2.60*

（四）假臭草入侵对土壤微生物群落功能多样性的影响

2个处理区土壤微生物群落的平均孔颜色变化率（AWCD）随着培育时间的延长其总体变化趋势一致，在最初的24h内AWCD变化较小，24~72h急剧上升，然后持续缓慢升高（图1）。灌木丛对照区的AWCD在整个培育周期内均高于假臭草入侵区，其中72h处的AWCD值分别为0.60和0.39，差异显著（表4）。

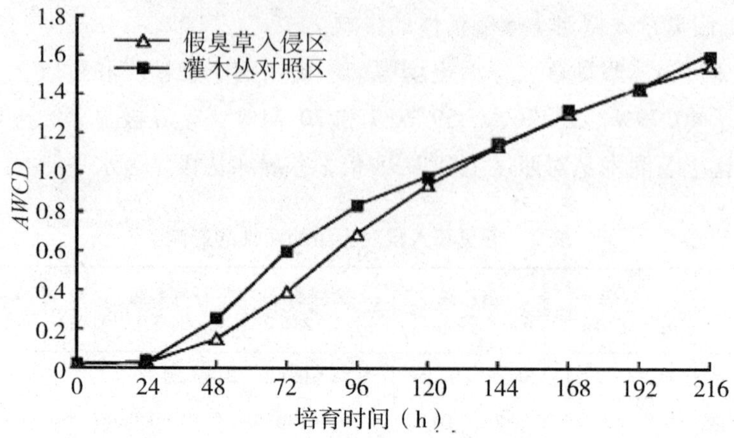

图1　假臭草入侵对土壤微生物群落碳源利用平均孔颜色变化率的影响

2个处理区土壤微生物群落碳源利用特征的变化如表4所示。与土著灌木丛对照区相比，假臭草入侵能够极显著地降低碳水化合物类、羧酸类碳源的利用率，其降幅分别达38.9%和41.9%；聚合物类、氨基酸类和酚类碳源的利用率也稍有下降，但与灌木丛对照区之间的差异不显著。而假臭草入侵对胺类碳源的利用率则显著高于灌木丛对照区，其增幅达25.0%。

表4　假臭草入侵对土壤微生物群落碳源利用特征的影响（OD_{590}）

土壤	AWCD	碳水化合物类	酸类	聚合物类	氨基酸类	酚类	胺类
假臭草入侵区	0.39±0.04	0.47±0.02	0.36±0.01	0.50±0.03	0.49±0.02	0.21±0.02	0.40±0.02*
灌木丛对照区	0.60±0.03*	0.77±0.01**	0.62±0.02**	0.52±0.02	0.53±0.01	0.24±0.02	0.32±0.02

假臭草入侵对土壤微生物群落的多样性指数产生重要影响（表5）。与土著灌木丛对照区相比，假臭草入侵显著降低了土壤微生物群落的McIntosh指数（*U*）和丰富度指数（*S*），但Pielou均匀度指数（*E*）显著上升，而Shannon指数（*H*）、Simpson优势度指数（*Ds*）两个指标的差异均未达显著水平。

表 5　假臭草入侵对土壤微生花妙笔物群落多样性指数的影响

指数	假臭草入侵区	灌木丛对照区
Shannon 指数（H）	2.81 ±0.04	2.86 ±0.02
McIntosh 指数（U）	2.83 ±0.06	4.98 ±0.29*
丰富度指数（S）	13.00 ±0.00	18.0 ±1.15*
Simpson 优势度指数（D_S）	0.93 ±0.01	0.93 ±0.01
Pielou 均匀度指数（E）	1.13 ±0.02*	1.04 ±0.01

三、讨论

（一）假臭草入侵对土壤养分的影响

土壤为植物生长提供基质和营养来源，植物又通过物理、化学或生物学过程来影响生态系统内的物质循环。“植物—土壤生态系统”的反馈作用与外来物种的入侵密切相关，许多外来植物通过改变新生境的土壤养分环境来增强自身的生长竞争能力，抑制、排斥土著植物的生长繁殖而成功入侵。如千屈菜入侵湿地宽叶香蒲群落后，土壤的有机质含量和 N 矿化速率显著上升，N 素的供应更加充足（Fickbohm et al. 2006）。膝草入侵亦能够明显改善土壤肥力供应水平，土壤有机质、全氮、全磷、全钾含量以及速效氮、速效磷和速效钾含量均随着入侵程度加重显著上升（Qin et al. 2014）。然而，本研究发现，假臭草入侵会导致土壤有机质、全氮、碱解氮、速效钾等养分含量显著降低，与上述报道完全不同但和赵国晶（1989）、徐文等（2014）研究结果类似，他们发现，加拿大一枝黄花入侵农田后会导致土壤有机质、碱解氮、速效磷、速效钾含量显著降低，土壤质量下降，影响作物的正常生长（徐文等，2014）。而云南南部 3 ~5 年生的紫茎泽兰在入侵建群过程中生长迅速，群体生物量高，植株吸收消耗的土壤氮、磷、钾素分别达到其干重的 0.31%、2.21% 和 1.20%，使土壤肥力严重下降并制约本地植物的生长发育（赵国晶等，1989）。本研究认为，假臭草作为有性繁殖能力极强的一年生草本植物，种子数量巨大、质量轻且有冠毛（吴海荣等，2008），大量的种子经风媒传播飘落至拓荒地等新生境后呈现爆发式的萌发态势，种群幼苗数量多、密度高，所形成的单一、浓密植丛迅速覆盖整个地面，吸收消耗大量的土壤养分来满足自身的生长发育所需，进而使得入侵地的土壤肥力迅速下降；而本试验中假臭草入侵群落正处于开花始期，植株对养分的需求更加旺盛，其对入侵地土壤肥力的消耗更高。另外，根据野外观察，假臭草冬季干枯后其部分枯落枝叶会被风移出单优群落系统，使其通过凋落物营养释放回归土壤的养分减少；而群落下方裸露的地表则会促进土壤有机质的矿化，养分渗流与水土流失加重，从而导致土壤养分水平大幅下降（Dassonville etal. 2008）。Drenovsky 等（2007）研究也指出，外来种钩刺山羊草入侵美国加州草原后，由于生长速度快、时期长，其地上部生物量是土著植物群落的 1.9 倍，但凋落物的分解速度较慢且 N、P、K 含量低，最终导致入侵区土壤的全 N、可溶性 P 含量显著下降。

土壤酶主要来源于微生物、植物和动物的残体及分泌物，是土壤组分中最活跃的有机成分之一，参与土壤各种化学反应和生物化学过程，与有机物质分解、营养物质循环、能量转移、环境质量等密切相关（万忠梅等，2009）。土壤酶活性是土壤生物学活性的总体现，能反映土壤的综合肥力情况和土壤养分转化的进程及强度，酶活性的高低直接影响着土壤生态系统功能的正常发挥；其中脲酶、蛋白酶参与土壤氮素的分解转化，蔗糖酶、纤维素酶与土壤碳循环密切相关，过氧化氢酶则催化分解土壤中累积的过氧化氢，减轻其对土壤生物的毒害作用（关松荫，1986；姚槐应等，2006）。土壤微生物生物量是土壤中体积小于 $5\times10^3\mu m^3$ 的生物总量，亦参与土壤有机质的分解、腐殖质的形成和土壤养分的循环转化过程，是土壤活性养分的贮存库（吴金水等，2006）。本研究结果显示，与土著灌木丛相比，假臭草入侵区除了土壤纤维素酶活性上升外，土壤脲酶、蛋白酶、蔗糖酶和过氧化氢酶活性以及土壤微生物量均显著下降。

（二）假臭草入侵对土壤微生物群落功能多样性的影响

许多研究表明，外来植物在到达新生境时，能够通过改变土壤微生物的种类组成、群落结构、区系数量、多样性以及生理生态功能，破坏土壤微生物群落与土著植物在长期演化过程中所形成的平衡共生关系，从而使自身在生长竞争中获得优势而成功入侵（Niu et al. 2007；Si et al. 2013；Qin et al. 2014；朱珣之等，2015）。本试验利用 Biolog – ECO 微平板技术对假臭草入侵区土壤微生物群落的碳源利用特征以及功能多样性进行监测，发现假臭草入侵会显著降低土壤微生物群落的 AWCD、碳水化合物和羧酸类碳源的利用率以及土壤微生物群落的 McIntosh 指数与丰富度指数，Shannon 指数、Simpson 优势度指数的差异不明显，Pielou 均匀度指数则显著上升。AWCD 是微生物群落功能多样性的一个重要指标，能够反映土壤微生物群落对单一碳源的利用强度和整体代谢活性（韩冬雪等，2015）；而Biolog - ECO 微平板的 31 种碳源可根据官能团不同分成碳水化合物类（10 种）、羧酸类（7 种）、氨基酸类（6 种）、聚合物类（4 种）、酚类（2 种）和胺类（2 种）六大类别，以研究不同处理下土壤微生物群落的碳素代谢功能差异（Insam，1997）。试验结果表明，假臭草入侵会导致土壤微生物群落的代谢活性、碳源利用效率显著降低，并改变碳源利用的优势种类及功能多样性指数。这些指标的变化将不利于推动入侵区土壤生物化学反应进程，进而难以有效改善土壤养分的供应状态（林先贵，2010）。随着假臭草入侵种群扩大，植株对土壤营养元素的吸收量不断增加，在一定时期内入侵区的土壤将更趋贫瘠。

外来植物入侵对土壤生态系统过程以及土壤生物多样性的影响效应，因受植物种类、营养吸收策略、初级生产力、凋落物分解以及化感作用等多种因素制约而呈现增加、无影响或减少 3 种格局（陈慧丽等，2005；Weidenhamer et al. 2010）。而即使同一种外来植物，其入侵区域、生境类型与伴生植物种类不同均会导致最终的土壤生态效应发生变化，如互花米草入侵福建漳江口红树林湿地造成土壤有机质、全氮、全磷含量和微生物生物量碳、氮以及土壤酶活性急剧下降，土壤质量严重退化（张祥霖等，2008）；而入侵上海长江河口湿地的互花米草群落则显著提高了土壤的总碳、有机碳与总氮含量，入侵区土壤的碳、氮库贮量明显上升（Cheng et al. 2006；Liao et al. 2007）。另外，外来植物的入侵时间长短、生长节律也会导致入侵区土壤养分循环的差异。如南美螺蜞菊在入侵前期降低了土壤全氮、硝态氮含量和土壤脲酶活性，但在入侵群落建成的中后期则显著提高了土壤有机质、全氮、速效磷与速效钾含量，增加入侵区土壤可利用营养物质的供应水平（柯展鸿等，2013）。因此，假臭草入侵初期对土壤生态系统的负作用可能是其生长策略之一，即植株在入侵初期最大化地吸收土壤营养物质来满足自身的快速生长，形成密集、成片的单优植物群落来侵占新的生境，进而通过大量消耗土壤肥力、降低土壤酶活性与土壤微生物群落功能多样性来恶化土壤环境，排斥土著植物生长而成功入侵。

土壤脲酶、蛋白酶和过氧化氢酶活性的降低不利于土壤有机质、氮素养分的矿化分解，蔗糖酶活性的下降不利于土壤碳素养分的周转，土壤微生物生物量的下降亦表明入侵区土壤生化反应强度减弱，土壤活性养分库容量减少。但土壤纤维素酶活性的增强则有利于假臭草枯枝落叶的降解，其活性增强的原因、机制如何，还有待于开展更加深入的研究探讨。

参考文献

[1] 鲍士旦. 土壤农化分析（第三版）[M]. 北京：农业出版社，2000；陈伟，兰国玉，安锋，等. 海南外来杂草——假臭草群落生态位特征研究 [J]. 西北林学院学报，2007，22（2）：24-27.

[2] 陈慧丽，李玉娟，李博，等. 外来植物入侵对土壤生物多样性和生态系统过程的影响 [J]. 生物多样性，2005，13（6）：555-565.

[3] 关松荫. 土壤酶及其研究方法 [M]. 北京：农业出版社，1986；韩冬雪，王宁，王楠楠，等. 不同海拔红松林土壤微生物功能多样性 [J]. 应用生态学报，2015，26（12）：3649-3656；胡婵娟，傅伯杰，刘国华，等. 黄土丘陵沟壑区典型人工林下土壤微生物功能多样性 [J]. 生态学报，2009，29（2）：727-733.

[4] 阚丽艳，谢贵水，安锋，等. 海南省入侵植物假臭草种子萌芽分析及其防治对策 [J]. 广西农业科学，2008，39（1）：46-50.

[5] 柯展鸿，邱佩霞，胡东雄，等. 三裂叶蟛蜞菊入侵对土壤酶活性和理化性质的影响 [J]. 生态环境学报，2013，22（3）：432-436.

[6] 黎丽倩，李妮亚，刘强. 入侵海南和广东的外来植物假臭草遗传多样性的 ISSR 分析 [J]. 生态学杂志，2014，33（3）：611-617.

[7] 李传军，杨礼富，袁坤，等. 海南假臭草地理群遗传多样性 RAPD 分析 [J]. 热带作物学报，2011，32（8）：1523-1526.

[8] 李光义，陈贞蓉，邓晓，等. 假臭草对南方几种常见大田杂草的化感作用 [J]. 中国农学通报，2007，23（5）：425-427.

[9] 林先贵. 土壤微生物研究原理与方法 [M]. 北京：高等教育出版社，2010.

[10] 万忠梅，宋长春. 土壤酶活性对生态环境的响应研究进展 [J]. 土壤通报，2009，40（4）：951-956.

[11] 王强，戴九兰，吴大千，等. 微生物生态研究中基于 BIOLOG 方法的数据分析 [J]. 生态学报，2010，30（3）：817-823.

[12] 王真辉，安锋，陈秋波. 外来入侵杂草——假臭草 [J]. 热带农业科学，2006，26（6）：33-37.

[13] 吴海荣，胡学难，钟国强，等. 外来杂草假臭草的特征特性 [J].

杂草科学，2008，(3)：69－71.

[14] 吴金水，林启美，巧云，等．土壤微生物生物量测定方法及其应用[M]．北京：气象出版社，2006.

[15] 吴世捷，高力行．不受欢迎的生物多样性：香港的外来植物物种[J]．生物多样性，2002，10 (1)：109－118.

[16] 徐文，吴耀，岑铭松，等．加拿大一枝黄花入侵对农田土壤特性的影响初探[J]．中国植物导刊，2014，34 (5)：63－65.

[17] 杨星，张利辉，郑超，等．黄顶菊入侵对土壤微生物、土壤酶活性及土壤养分的影响[J]．植物营养与肥料学报，2012，18 (4)：907－914.

[18] 姚槐应，黄昌勇．土壤微生物生态学及其实验技术[M]．北京：科学出版社，2006.

[19] 易晓洁，陈秋波，杨礼富，等．假臭草根系分泌物化感作用初步研究[J]．热带作物学报，2010，31 (7)：1200－1205.

[20] 张天瑞，皇甫超河，白小明，等．黄顶菊入侵对土壤养分和酶活性的影响[J]．生态学杂志，2010，29 (7)：1353－1358.

[21] 张祥霖，石盛莉，潘根兴，等．互花米草入侵下福建漳江口红树林湿地土壤生态化学变化[J]．地球科学进展，2008，23 (9)：974－981.

[22] 赵国晶，马云萍．云南省紫茎泽兰的分布与危害的调查研究[J]．杂草学报，1989，3 (2)：37－40.

[23] 钟军弟，徐意媚，曾富华，等．不同生境下假臭草生长特征分析[J]．广西植物，2014，34 (1)：68－73.

[24] 朱慧，马瑞君．入侵植物假臭草及其伴生种的光合特性[J]．福建林学院学报，2010，30 (2)：145－149.

[25] 朱珣之，李强，李扬苹，等．紫茎泽兰入侵对土壤细菌的群落组成和多样性的影响[J]．生物多样性，2015，23 (5)：665－672.

[26] CHENG X L, LUO Y Q, CHEN J Q, et al. Short－term C4 plant Spartina alterniflora invasions change the soil carbon in C3 plant－dominated tidal wetlands on a growing estuarine island [J]. Soil Biology and Biochemistry, 2006, 38: 3380－3386.

[27] CORLETT R T, SHAW J C. Praxelis clematidea: Yesterday South America, today Hong Kong, tomorrow the world? [J]. Memoirs of the Hong Kong Natural History Society, 1995, 20: 235－236.

[28] DASSONVILLE N, VANDERHOEVEN S, VANPARYS V, et al. Impacts of alien invasive plants on soil nutrients are correlated with initial site conditions in NW Europe [J]. Oecologia, 2008, 157: 131 - 140.

[29] DRENOVSKY R E, BATTEN K M. Invasion by Aegilops triuncia - lis (barb goatgrass) slows carbon and nutrient cycling in a serpentine grassland [J]. Biological Invasions, 2018, 9: 107 - 116.

[30] FICKBOHM S S, ZHU W X. Exotic purple loosestrife invasion of native cattail freshwater wetlands: Effects on organic matter distribution and soil nitrogen cycling [J]. Applied Soil Ecology, 2006, 32: 123 - 131.

[31] GARLAND J L. Analytical approaches to the characterization of samples of microbial communities using patterns of potential C source utilization [J]. Soil Biology and Biochemistry, 1996, 28: 213 - 221.

[32] INSAM H. A new set of substrates proposed for community characterization in environmental samples [M] //INSAM H, RANGGER A, et al. Microbial Communities: Functional Versus Structural Approaches. Berlin: Springer, 1997, 259 - 260.

[33] LI W H, ZHANG C B, JIANG H B, et al. Changes in soil microbial community associated with invasion of the exotic weed, Mikania micrantha H. B. K. [J]. Plant and Soil, 2006, 281: 309 - 324.

[34] LI W H, ZHANG C B, Gao G J, et al. Relationship between Mikania micrantha invasion and soil microbial biomass, respiration and functional diversity [J]. Plant and Soil, 2007, 296: 197 - 207.

[35] LIAO C Z, LUO Y Q, JIANG L F, et al. Invasion of Spartina alterniflora enhanced ecosystem carbon and nitrogen stocks in the Yangtze Estuary, China [J]. Ecosystems, 2007, 10: 1351 - 1361.

[36] NIU H B, LIU W X, Wan F H, et al. An invasive aster (Ageratina adenophora) invades and dominates forest understories in China: Altered soil microbial communities facilitate the invader and inhibit natives [J]. Plant and Soil, 2007, 294: 73 - 85.

[37] QIN Z, XIE J F, QUAN G M, et al. Impacts of the invasive annual herb Ambrosia artemisiifolia L. on soil microbial carbon source utilization and enzymatic activities [J]. European Journal of Soil Biology, 2014, 60: 58 - 66.

[38] RATCLIFF A W, BUSSE M D, SHESTAK C J. Changes in microbial community structure following herbicide (glyphosate) additions to forest soils [J]. Applied Soil Ecology, 2006, 34: 114-124.

[39] SI C C, LIU X Y, WANG C Y, et al. Different degrees of plant invasion significantly affect the richness of the soil fungal community [J]. PLOS ONE, 2013, 8: 1-9.

[40] VELDKAMP J F. Eupatorium catarium, a new name for Eu - patorium clematideum Griseb, non Sch. Bip. (Composi - tae), a South American species naturalized and spreading in SE Asia and Queensland, Australia [J]. Gardens Bulletin Singapore, 1999, 51: 119-124.

[41] WARDLE D A, BARDGETT R D, KLIRONOMOS J N, et al. Ecological linkages between aboveground and belowground biota [J]. Science, 2004, 304: 1629-1633.

[42] WEIDENHAMER J D, CALLAWAY R M. Direct and indirect effects of invasive plants on soil chemistry and ecosystem function [J]. Journal of Chemical Ecology, 2010, 36: 59-69.

本文载于《生态学杂志》2016 年第 11 期，2016 年 7 月

“攀登计划”简述

为贯彻落实省委省政府关于加快实施创新驱动发展战略、激励青年大学生成长为创新创业生力军的有关要求，激发全省大学生参与科技创新的热情，省财政从2015—2019年设立广东大学生科技创新培育专项资金，每年资金额度2000万元，专项资金主要用于资助省内高校大学生开展科技创新实践活动。按照《关于公布2016年度广东大学生科技创新培育专项资金立项项目的通知》（团粤联发〔2016〕25号）和《关于印发〈广东大学生科技创新培育专项资金管理暂行办法〉的通知》（粤财教〔2014〕417号）（以下简称《办法》）的要求，广东团省委积极推进2016年广东大学生科技创新培育专项资金的项目立项、资金下发、中期检查、结项验收等工作，切实提升了资金项目管理工作的制度化、规范化和科学化，从而有效地保证了所有立项项目能更高效地取得相关的研究成果。现将实施情况总结如下。

一、“攀登计划”项目开展的基本情况

2016年“攀登计划”的所有立项项目严格按照《办法》中相关的要求来开展研究、取得成果。此外，团省委学校部专家组结合去年验收过程中的实际情况，进一步细化了验收标准；同时，专家组按照结项要求对所有项目进行了严格的材料审查。总体来讲，2016年“攀登计划”资金项目研究进展顺利，收获成果丰硕，形成了一批高质量学术论文和科技发明产品。

（一）总体验收结果

2016年“攀登计划”广东大学生科技创新培育专项资金立项项目共1000项，通过结项的项目为908项，总合格率达90.8%。其中，重点项目立项共125项，通过结项的项目为110项，合格率达88%；一般项目立项共875项，通过结项的项目为798项，合格率达91.2%。

此外，共有92项项目未能通过结项认定，其中70项项目未能在规定的时间内完成研究（20项项目研究未能完成申请延期、10项重点项目缺少核心期刊论文、20项一般项目缺少普通期刊论文，9项项目专利申请暂未通过，9项项目无实物，2项学校不予结项），从而未能达到相应的结项标准；17项一般项目（其中9项项目研究团队自主放弃，另外8项项目因学校原因而放弃）无法完成相关研究，放弃结项；最后5项项目始终未上交结项认定材料。

（二）项目成果简述

从完成质量上看，“攀登计划”立项项目中，共发表核心论文312篇，发表

一般学术论文665篇；制作出科技发明产品436件，共获得专利授权350件（其中发明专利132件、实用新型专利189件、外观设计专利29件）、著作权5项。

二、高校主持项目的总体验收情况

2016年“攀登计划”的1000个项目覆盖了全省127所学校，其中78所学校主持的立项项目全部结项，结项率在81%～99%的学校共32所；结项率在60%～80%的学校共8所；结项率低于60%的学校共9所，其中5所学校（广东金融学院、广州南洋理工职业学院、惠州卫生职业技术学院、广州华商职业学院、广东文艺职业学院）结项率都在40%～50%之间；3所学校（广东舞蹈戏剧职业学院、惠州城市职业学院、广州现代信息工程职业技术学院）始终未提交任何结项材料，1所学校（广州大学松田学院）的所有项目因学校原因而放弃结项。

三、通过开展“攀登计划”项目取得的成效和经验

（一）广东省团委开展“攀登计划”项目所取得的成效

2016年广东省共青团高校科技创新创业工作“攀登计划”经过项目申报、立项实施后，在全省的高校中评审确定了1000个项目为2016年的“攀登计划”项目。在本次“攀登计划”的活动中，广东省约有6000名高校学生（包括专科生、本科生、研究生），2000多名指导教师，共计8000多名师生直接参与其中。截至项目验收结束，根据收到的实际材料统计得，所有立项项目发表核心论文312篇，发表一般学术论文665篇；制作出科技发明产品436件，共获得专利授权350件、著作权5项，180多个项目获全国或广东省“挑战杯”不同等级的奖项。

“攀登计划”项目让学生参与到整个项目的研究过程中，更好地培养了大学生创新创业意识、思维和能力。此外，“攀登计划”项目的开展也极好地加强了学生和教师之间的沟通交流。特别是将学生的理论知识与实践能力、第一课堂与第二课堂有效地结合起来，更好地培养了学生在校园学习阶段的创新能力和科研能力，适当地改善了高校对大学生的培养和教育方式，极大地丰富和提升了高校团委开展共青团工作的传统内容和方式，充分地彰显了共青团系统在推动大学生科技创新创业中的巨大作用。“攀登计划”对广东省推进“大众创业，万众创新”工作有重要的现实意义和积极影响，对全国各省市推进国家的双创

活动有极好的学习和借鉴作用。总结如下：

1. 体现了共青团系统在开展省级项目中的重要作用

"攀登计划"科技项目的启动进一步凝聚了各级共青团的力量，充分带动和营造了高校系统创新创业的氛围与热情。同时，也充分体现了高校团委及高校内部各个系统在积极推动大学生创新创业工作过程中所起到的重要作用，直接提升了共青团校团委在高校创新创业系统中的重要地位。此外，随着广东全省"攀登计划"1000个科技项目的推进，加上项目在校内校外的开展以及新闻媒体的积极传播，广东省高校共青团创新创业工作引起了社会的广泛关注，获得了全省乃至全国范围内的良好评价，提升了广东省共青团乃至全国共青团系统在推进创新创业工作中的影响和良好的声誉。

2. 拓宽了高校团委开展工作的方式

团委主要是协助党委做共青团员和青年学生的政治思想工作和组织适合青年的群众组织活动，以往主要是以文化活动或者文娱活动等方式来开展学生共青团工作。而"攀登计划"项目很好地充实和丰富了团委的学生工作方式和学生对团委的认知。"攀登计划"使团委工作不再仅停留在基本的学生活动上，也可以积极引导学生参与到科学研究与创新创业等实践活动中来，充分地培养了大学生的科研和创新创业能力。同时，大学生是我国开展创新创业工作的主力军之一，共青团很好地找准了落实中央"大众创业，万众创新"精神的着力点，并将学校团委的传统工作内容提升到了一个新的层次和平台。

3. 提高了大学生的科研和创新能力

"攀登计划"项目给高校大学生创造了参与到完整的科研项目研究中的机会，培养了学生独立完成科研项目的能力，在科研训练的过程中很好地训练和提高了大学生的科研能力，也充分提升了大学生的理论知识和实践能力。同时，有效地培养了大学生的创新创业意识、思维和能力。"攀登计划"项目培养出了一批具有创新创业意识和能力的高校大学生，为我国的现代化建设和强国梦所需的创新型人才提供了重要的储备和来源，不断充实和壮大了广东乃至全国创新创业的生力军。

4. 改善了高校对大学生的培养方式

随着"攀登计划"项目在高校中越来越受重视，对学生的科研和创新创业能力所带来的积极影响越来越明显，以"攀登计划"为牵引的大学生创新创业培养和训练工作日益得到高校的重视和认可。通过转变高校的人才教育思想观念，改革人才培养模式，强化科技创新创业能力训练，增强高校大学生的创新能力和在创新基础上的创业能力，培养适应创新型国家建设需要的高水平创新人才，成为新形势下，高校紧跟时代发展潮流和步伐，不断增强高校实际发展实力的重要探索途径。

5. 为开展省级的“创新创业”活动打下基础

“攀登计划”项目的有序深入推进使高校教师和学生强烈意识到该项目的重要价值，如立项级别高、经费资助力度较大、管理规范、培育及后期孵化相衔接等，这对指导老师和学生参与“攀登计划”起到了很好的激励作用。从2016年的“攀登计划”项目申报数相比2015年的数量出现了倍增现象，反映出“攀登计划”开局之年所产生的作用和影响力较为明显，对往后的“攀登计划”乃至创新创业工作都起到了很好的带动和促进作用。在2015年“攀登计划”成功举办的基础上，2016年项目再创佳绩，更好地调动了高校和社会各界对创新创业工作的积极性，并且越来越重视对大学生创新创业能力的培养，越来越了解团省委开展“攀登计划”项目的初衷与其创造的价值。

（二）“攀登计划”项目的基本经验

1. 科学管理项目，合理使用资金

在广东大学生科技创新培育专项资金设立的第二年，自确定立项项目及资金分配表以来，省委规范管理专项资金和有序推进立项项目研究，主要做了“4个2”的实践探索。

一是规范了“资金管理”和“项目推进”的规章制度。先后下发了《广东大学生科技创新专项资金管理暂行办法》《关于公布广东大学生科技创新培育专项资金立项项目的通知》《关于开展“攀登计划”广东大学生科技创新培育专项资金资助项目中期检查的通知》《关于开展“攀登计划”广东大学生科技创新培育专项资金资助项目结项认定工作的通知》等管理办法和规定，从“项目申报立项、资金下发、经费使用、中期检查”等各个方面进行规范管理，切实提升了资金项目管理工作的科学化、规范化和标准化。

二是搭建并用好了“广东省省级专项资金管理平台”和“广东攀登计划专项资金申报平台”两大平台。“广东省省级专项资金管理平台”主要用于专项资金申报和核拨，登陆平台可查看广东大学生科技创新培育专项资金的基本信息、管理办法、分配程序和方式等相关文件，便于各申报学校熟悉专项资金操作流程。“广东攀登计划专项资金申报平台”主要用于项目申报、评审和管理，是省委专门针对“攀登计划”，联合技术公司开发的平台，该平台作为项目在线申报的受理和筛选平台，提高了评审效率，节约了项目成本。

三是将管理权限分为“省级调控指导”和“校级精细化管理”。“省级调控指导”包括省财政厅负责专项资金预算、拨付管理，对资金使用情况进行监督检查和开展绩效评价。省委负责专项资金的具体管理和项目管理工作。“校级精细化管理”明确规定各相关高校具体资金使用和项目管理的主体单位，承担本校立项项目的培育、辅导、监督、结项和经费管理工作。

四是集中了“广东省大学生科技创新专家库”评审团队和“攀登计划”工作调研小组的综合智慧。为保证专项资金项目评审的公平、权威，省委邀请来自省内各大科研机构、高校，有高级职称、在学术上有较深造诣、在社会上有广泛影响的100多名专家学者组成广东省大学生科技创新专家库，并从中抽取各领域专家组成评审团队，开展立项项目的评审工作。同时，为推进立项项目的落地运行，省委选拔了学校部分工作人员、广东工业大学管理学院相关专家、各高校项目负责人组成“攀登计划”工作调研小组，督导资金的科学使用，推进立项项目研究。

2. 统筹基层，取得丰硕成果

广东大学生科技创新培育专项资金是我省首次设立的大学生社会科学和自然科学基金，实现了对大学生创新创业的直接定向财政支持，极大地激发了广东大学生的创新激情和基层的参与热情。

一是做好了顶层设计。在项目的分类上，精准划分出了三类项目申报等级：“重点项目”“一般项目”和“候选项目”。其中，“重点项目”需提交省评审委员会审定，“一般项目”的评审工作下放到高校，“候选项目”作为“重点项目”和“一般项目”的有效补充，既能保证高水平项目脱颖而出，又保证项目能更广泛地覆盖到更多的普通院校。2016年广东大学生科技创新培育专项资金共覆盖127所学校，其中普通本科高校44所，高职院校67所，独立学院16所，民办高校71所，地方高校56所，平均每所学校获得15.7万元资助，公办学校中最高获得65万元（华南理工大学），民办学校中最高获得23万元（北京理工大学珠海学院），地方院校中最高获得39万元（深圳大学）。“攀登计划”2016年广东大学生科技创新培育专项资金实现了对各类别高校的有效覆盖，切实达到了普惠基层的目的。

二是发挥好资金的杠杆作用。专项资金的管理办法规定，鼓励有条件的高校在承担立项项目的培育、辅导、监督和经费管理工作时，将立项项目按照比例安排有关工作经费，作为项目培育和管理经费、立项项目的配套资助以及优秀结题项目的奖励经费。全省有71所院校充分利用政策支持，得到学校党政重视，争取到了配套资金。其中，南方医科大学配备了最高的校级资金44万元，五邑大学配备了36万元的校级资金，北京师范大学珠海学院的校级资金有23万元，顺德职业技术学院的校级配套资金有19万元。上述学校的配套资金额度与省专项资金支持力度相当，充分发挥了专项资金良好的杠杆作用。

三是验收验收取得丰富成效。目前，省委初步完成了2016年“攀登计划”广东大学生科技创新培育专项资金资助项目的验收工作，成效显著。1000个立项项目中，通过结项的项目共有908个。其中，重点项目立项125个，通过结项的110个；一般项目立项875个，通过结项的798个。截止到项目验收结束，根据收到的实际材料统计得：共发表核心论文312篇，发表一般学术论文665篇；制作出科技发明产品436件，共获得专利授权350件、著作权5项。这些成果极大地推动了高校的参与度，并且吸引了更多的社会关注，为培养大学生创新创业意识、孵化创业项目打下了坚实的基础，为推动和落实国家“创新创业”活动起到了带头作用。

下一步，省委将重点推进各高校专项资金管理制度的制定和完善，形成良性循环机制，完善专项资金项目成长的生态体系，扩大科技创新培育专项资金的育人成效，服务高水平大学建设和重点学科建设，助力我省创新驱动发展战略落地，让青春在积极投身伟大时代的实践中焕发出夺目的光彩。

2016年“攀登计划”立项项目列表

序号	项目编号	项目名称	承担单位	学科类别	项目等级
1	pdjh2016a0001	微量Pt修饰的CoP/（Fe_3O_4）/碳布高性能柔性电催化剂的设计及其在氢中的应用	中山大学	自然科学类	重点项目
2	pdjh2016a0002	新基因C19orf66等抗登革病毒感染的功能及机理研究	中山大学	自然科学类	重点项目
3	pdjh2016a0003	新常态背景下高新科技人才的流动机制研究——基于广东省信息技术产业的案例分析	中山大学	哲学社会科学类	重点项目
4	pdjh2016a0004	高校研究生支教团（西部计划）运作模式研究——基于全国12所高校的调研	中山大学	哲学社会科学类	重点项目
5	pdjh2016a0005	室外基于GPS的无人机群分布式编队控制研究与实现	中山大学	科技发明制作类	重点项目
6	pdjh2016a0006	新型钨基纳米材料的制备及其在储能器件的应用	中山大学	自然科学类	重点项目
7	pdjh2016a0007	纤维状柔性能源器件的设计与产能-储能一体化装置的开发*	中山大学	科技发明制作类	重点项目
8	pdjh2016b0008	探讨血清SIRT1浓度在维持血液透析病人血管钙化中的预警作用*	中山大学	自然科学类	一般项目
9	pdjh2016b0009	β-环糊精/炭修饰的电化学传感器应用于水体中硝基苯酚检测的研究	中山大学	自然科学类	一般项目
10	pdjh2016b0010	氨氮胁迫诱发对虾病害的机制*	中山大学	自然科学类	一般项目
11	pdjh2016b0011	基于网络协同的DDoS攻击行为早期预测	中山大学	自然科学类	一般项目
12	pdjh2016b0012	血清Irisin水平与冠状动脉病变严重程度的相关性	中山大学	自然科学类	一般项目
13	pdjh2016b0013	鼎湖山戴氏属菌种鉴定及其功能调查	中山大学	自然科学类	一般项目
14	pdjh2016b0014	残疾人群与心身疾病发病风险的前瞻性队列研究	中山大学	自然科学类	一般项目
15	pdjh2016b0015	珠三角地区碳净排放时空演变研究*	中山大学	自然科学类	一般项目
16	pdjh2016b0016	广州智力型移民研究——以大学生“蚁族”为对象*	中山大学	哲学社会科学类	一般项目

续表

序号	项目编号	项目名称	承担单位	学科类别	项目等级
17	pdjh2016b0017	基层治理视域下乡村熟人社会阶级/阶层关系的调查研究	中山大学	哲学社会科学类	一般项目
18	pdjh2016b0018	以“为民务实清廉”为维度的机关作风评估制度创新——以广州市直属机关为例*	中山大学	哲学社会科学类	一般项目
19	pdjh2016b0019	情感主义视阈下公益慈善道德赋能研究	中山大学	哲学社会科学类	一般项目
20	pdjh2016b0020	教育公平视角下高等教育政策创新——农村贫困地区定向招生专项计划调研	中山大学	哲学社会科学类	一般项目
21	Pdjh2016b0021	基于手机平台的抗生素检测装置	中山大学	科技发明制作类	一般项目
22	pdjh2016b0022	高精度室内外一体化三维重建系统	中山大学	科技发明制作类	一般项目
23	pdjh2016b0023	改良厌氧反应器——基于厌氧氨氧化反应	中山大学	科技发明制作类	一般项目
24	pdjh2016b0024	基于微带线耦合器的双频高效功率放大器	中山大学	科技发明制作类	一般项目
25	pdjh2016b0025	褪黑素光动力学机理研究	中山大学	科技发明制作类	一般项目
26	pdjh2016a0026	携带多自由度冗余机械臂的智能多旋翼飞行机器人	华南理工大学	科技发明制作类	重点项目
27	pdjh2016a0027	可穿戴外骨骼机械腿康复设备	华南理工大学	科技发明制作类	重点项目
28	pdjh2016a0028	便携式慢性呼吸疾病监测系统	华南理工大学	科技发明制作类	重点项目
29	pdjh2016a0029	纳米磷酸锆修饰大分子膨胀型阻燃剂的合成及其催化成炭阻燃聚丙烯的性能与机理研究	华南理工大学	科技发明制作类	重点项目
30	pdjh2016a0030	基于非稀土掺杂锗酸盐红色荧光粉的暖白光 LED 器件研制	华南理工大学	科技发明制作类	重点项目
31	pdjh2016a0031	基于纳米纤维素的自熄灭纳米复合材料的研究	华南理工大学	自然科学类	重点项目
32	pdjh2016b0032	基于石墨烯纤维复合材料的柔性可穿戴超级电容器的制备及性能研究	华南理工大学	自然科学类	一般项目

续表

序号	项目编号	项目名称	承担单位	学科类别	项目等级
33	pdjh2016b0033	D－A－D 型发光材料的设计合成及光物理性质的研究	华南理工大学	自然科学类	一般项目
34	pdjh2016b0034	用于阿尔茨海默症早期诊断的 Aβ 斑块双光子荧光探针的设计、合成及评价	华南理工大学	自然科学类	一般项目
35	pdjh2016b0035	“互联网＋”时代传统企业转型的困惑和出路	华南理工大学	哲学社会科学类	一般项目
36	pdjh2016b0036	校园体育文化活动与社交活动双因素对大学生网络成瘾干预效果研究	华南理工大学	哲学社会科学类	一般项目
37	pdjh2016b0037	幸福中国导向下的公共空间供需匹配研究	华南理工大学	哲学社会科学类	一般项目
38	pdjh2016b0038	拟人化营销策略对消费者行为影响实证研究	华南理工大学	哲学社会科学类	一般项目
39	pdjh2016b0039	社会工作视角下大学生志愿服务队建设研究——基于广东7所高水平大学的调查	华南理工大学	哲学社会科学类	一般项目
40	pdjh2016b0040	大众传媒在农民工子女教育政策执行中的社会整合与压力疏导功能研究——基于沪、广、深三地调查	华南理工大学	哲学社会科学类	一般项目
41	pdjh2016b0041	病毒检测用微流控芯片的智能检测装置制作	华南理工大学	科技发明制作类	一般项目
42	pdjh2016b0042	脚踏垂直上下运动的新型自行车	华南理工大学	科技发明制作类	一般项目
43	pdjh2016b0043	高压电线电缆用新型陶瓷化硅橡胶防火材料	华南理工大学	科技发明制作类	一般项目
44	pdjh2016b0044	基于“光激活”的聚集诱导发光诊疗探针的制备及应用	华南理工大学	科技发明制作类	一般项目
45	pdjh2016b0045	基于冷拌冷铺工艺的超薄高性能降噪路面磨耗层技术的研究	华南理工大学	科技发明制作类	一般项目
46	pdjh2016b0046	基于静电纺丝的复合抗菌剂纳米纤维膜的制备及性能研究	华南理工大学	科技发明制作类	一般项目
47	pdjh2016b0047	高导电、高拉伸、高稳定、高灵敏度柔性力敏传感纤维的研制及其影响机理探讨	华南理工大学	科技发明制作类	一般项目

续表

序号	项目编号	项目名称	承担单位	学科类别	项目等级
48	pdjh2016b0048	捕捉 CO_2 碱性水合物凝胶微粉的制备，结构调控与性能研究	华南理工大学	科技发明制作类	一般项目
49	pdjh2016b0049	降尿酸保健品的研发及产业化	华南理工大学	科技发明制作类	一般项目
50	pdjh2016b0050	基于货物分流的语音识别系统	华南理工大学	科技发明制作类	一般项目
51	pdjh2016a0051	基于 IIA 型光栅的耐高温超短腔正交双频 DBR 光纤激光液压传感器	暨南大学	科技发明制作类	重点项目
52	pdjh2016a0052	新型掺杂纳米钨酸铋的制备及其对典型微污染水源水难降解有机物的处理效能	暨南大学	科技发明制作类	重点项目
53	pdjh2016a0053	可拉伸可压缩可弯曲的超级电容器的研发及其在可穿戴设备的应用	暨南大学	科技发明制作类	重点项目
54	pdjh2016a0054	酒精抑制血管发育机制的研究	暨南大学	自然科学	重点项目
55	pdjh2016a0055	代谢工程构建雨生红球藻高产虾青素的工程藻株	暨南大学	自然科学	重点项目
56	pdjh2016b0056	基于互联网 + 的垃圾分类回收系统	暨南大学	科技发明制作类	一般项目
57	pdjh2016b0057	基于可见光通信的智能家居系统	暨南大学	科技发明制作类	一般项目
58	pdjh2016b0058	数字鸟类博物馆	暨南大学	科技发明制作类	一般项目
59	pdjh2016b0059	基于安卓平台的老人智能看护系统	暨南大学	科技发明制作类	一般项目
60	pdjh2016b0060	新概念自行车导航系统	暨南大学	科技发明制作类	一般项目
61	pdjh2016b0061	微藻转化富硒活性蛋白的抗炎症作用	暨南大学	自然科学类	一般项目
62	pdjh2016b0062	小鼠过敏性接触性皮炎与刺激性接触性皮炎模型的行为学差异研究	暨南大学	自然科学类	一般项目
63	pdjh2016b0063	基于模拟退火变异的粒子群算法研究	暨南大学	自然科学类	一般项目

续表

序号	项目编号	项目名称	承担单位	学科类别	项目等级
64	pdjh2016b0064	神经生长因子在苯丙胺中枢神经毒性中的作用*	暨南大学	自然科学类	一般项目
65	pdjh2016b0065	多功能可注射水凝胶系统用于骨肿瘤术后组织重建的研究	暨南大学	自然科学类	一般项目
66	pdjh2016b0066	中国企业境外投资的法律风险及其防范 ——以“一带一路”国家战略为背景	暨南大学	哲学社会科学	一般项目
67	pdjh2016b0067	卖空限制与证券市场错误定价 ——基于中国股票市场融资融券制度的实证研究	暨南大学	哲学社会科学	一般项目
68	pdjh2016b0068	我国无性恋群体基本生存状况研究	暨南大学	哲学社会科学类	一般项目
69	pdjh2016b0069	广东省大学生国防教育与海洋意识培养创新研究	暨南大学	哲学社会科学类	一般项目
70	pdjh2016a0070	广东省粮食补贴实施绩效与政策调整预测调查	华南农业大学	哲学社会科学类	重点项目
71	pdjh2016a0071	猪肉价格波动的内在机理和外部冲击研究	华南农业大学	哲学社会科学类	重点项目
72	pdjh2016a0072	广东省食源性沙门氏菌的流行病学与溯源研究	华南农业大学	自然科学类	重点项目
73	pdjh2016a0073	世界 H9N2 亚型禽流感病毒的“三间“分布及演化规律研究	华南农业大学	自然科学类	重点项目
74	pdjh2016b0074	广东省农机补贴政策实施情况及优化对策	华南农业大学	哲学社会科学类	一般项目
75	pdjh2016b0075	表面等离子微纳光镊的实验研究	华南农业大学	自然科学类	一般项目
76	pdjh2016b0076	政府公共服务外包中社工机构管理模式创新探究 ——以广东省 5A 级社会组织北斗星社会工作服务中心为例	华南农业大学	哲学社会科学类	一般项目
77	pdjh2016b0077	基于非线性布拉格结构的全光逻辑器件的设计	华南农业大学	自然科学类	一般项目
78	pdjh2016b0078	昆虫野外种群动态监测装置	华南农业大学	科技发明制作类	一般项目
79	pdjh2016b0079	基于 STM32 的智能种子存储仓控制系统设计	华南农业大学	科技发明制作类	一般项目

续表

序号	项目编号	项目名称	承担单位	学科类别	项目等级
80	pdjh2016b0080	基于 Zigbee 技术的智能家居主机研发与平台搭建（冰咔）	华南农业大学	科技发明制作类	一般项目
81	pdjh2016b0081	多种通讯方式融合二次开发水体作业机器人	华南农业大学	科技发明制作类	一般项目
82	pdjh2016b0082	林权流转调查报告——基于广东省，安徽省，河南省，甘肃省的实证研究	华南农业大学	哲学社会科学类	一般项目
83	pdjh2016b0083	“互联网＋农业”视角下柚农经营模式的变革和创新：来自梅州柚农经营情况的调查	华南农业大学	哲学社会科学类	一般项目
84	pdjh2016b0084	多功能喷雾型水果套袋技术用于生产富硒水果	华南农业大学	科技发明制作类	一般项目
85	pdjh2016b0085	华南蔬菜地菊酯类农药残留降解微生物制剂研制	华南农业大学	自然科学类	一般项目
86	pdjh2016b0086	基于磁共振的无线充电控制系统二次开发——以移动设备为例	华南农业大学	科技发明制作类	一般项目
87	pdjh2016b0087	智能交互式旅游行程规划系统	华南农业大学	科技发明制作类	一般项目
88	pdjh2016b0088	基于机器视觉的植物靶标识别试验装置设计与应用	华南农业大学	科技发明制作类	一般项目
89	pdjh2016b0089	微囊藻毒素类广谱快速检测胶体金免疫层析试纸条的研制	华南农业大学	科技发明制作类	一般项目
90	pdjh2016a0090	一种新型特异性靶向的 MRI－光学双模成像探针 SPIO@ liposome－ICG－RGD 的研发	南方医科大学	科技发明制作类	重点项目
91	pdjh2016a0091	MetaBOX——用于生命科学研究的 Meta 分析软件	南方医科大学	科技发明制作类	重点项目
92	pdjh2016a0092	同时具有聚集诱导发光和压致荧光变色特性四氢嘧啶类智能材料的合成与应用研究	南方医科大学	科技发明制作类	重点项目
93	pdjh2016b0093	基于肠道微生物的抑郁症（肝郁脾虚型）分类诊断模型的构建	南方医科大学	科技发明制作类	一般项目
94	pdjh2016b0094	MiR－182（microRNA－182）对抑郁症易感基因 CREB1 的单等位调控作用	南方医科大学	自然科学类	一般项目

续表

序号	项目编号	项目名称	承担单位	学科类别	项目等级
95	pdjh2016b0095	微创术中实时在体组织良恶性鉴别检测设备系统	南方医科大学	科技发明制作类	一般项目
96	pdjh2016b0096	GiganteasideD 通过 MAPK 信号通路诱导肝癌细胞凋亡和自噬的作用机制研究	南方医科大学	自然科学类	一般项目
97	pdjh2016b0097	探究接枝 BMP－2 活性肽壳聚糖支架材料复合脂肪干细胞和人脐带血干细胞对骨质疏松骨缺损的修复作用	南方医科大学	自然科学类	一般项目
98	pdjh2016b0098	RVX－208 作为 HIV－1 潜伏库激活剂的研究	南方医科大学	自然科学类	一般项目
99	pdjh2016b0099	具有水稳定功能的金属有机骨架的构建及其埃博拉病毒核酸片段检测功能研究	南方医科大学	自然科学类	一般项目
100	pdjh2016b0100	医养结合模式与老年人生活质量问题研究——以广东省为例	南方医科大学	哲学社会科学类	一般项目
101	pdjh2016b0101	基于三维数字及实体技术的髋臼四方区钢板的研发	南方医科大学	科技发明制作类	一般项目
102	pdjh2016b0102	关于老龄群体长期护理保险供给机制的研究——以广东省为例	南方医科大学	哲学社会科学类	一般项目
103	pdjh2016b0103	一种 RGD 靶向性近红外介孔硅球纳米探针的研发	南方医科大学	科技发明制作类	一般项目
104	pdjh2016b0104	LPEMF 照射 β－磷酸三钙 3D 打印支架结合 SPIO 修饰的 BMSCs 复合物修复大鼠骨缺损的实验研究	南方医科大学	自然科学类	一般项目
105	pdjh2016b0105	一款针对登革热传播媒介伊蚊的新型诱捕灭蚊装置的研发	南方医科大学	科技发明制作类	一般项目
106	pdjh2016b0106	四季青叶茶的制备工艺及其应用研究	南方医科大学	科技发明制作类	一般项目
107	pdjh2016b0107	METH 通过 HIF－1 介导血脑屏障损伤的作用机制*	南方医科大学	自然科学类	一般项目
108	pdjh2016b0108	含吲哚氨基嘧啶衍生物的合成及抗肿瘤活性研究	南方医科大学	自然科学类	一般项目
109	pdjh2016b0109	TGF－β 在成骨细胞、破骨细胞、间质细胞和软骨细胞功能，以及去神经诱导的骨形成和重塑的调节	南方医科大学	自然科学类	一般项目

续表

序号	项目编号	项目名称	承担单位	学科类别	项目等级
110	pdjh2016a0110	“肩-肘-腕”全自动多功能按摩治疗仪	广州中医药大学	科技发明制作类	重点项目
111	pdjh2016a0111	知识产权视野下的慕课发展策略研究	广州中医药大学	哲学社会科学类	重点项目
112	pdjh2016a0112	枸杞多糖增强红细胞免疫功能抑制小鼠肝癌移植瘤生长的机制研究	广州中医药大学	自然科学类	重点项目
113	pdjh2016b0113	新常态下高校本科生对社会主义核心价值观的认知现状及其影响因素研究——以广州大学城为例	广州中医药大学	哲学社会科学类	一般项目
114	pdjh2016b0114	加味五苓散调控糖尿病神经源性膀胱TNF-α/ROCK信号通路的研究	广州中医药大学	自然科学类	一般项目
115	pdjh2016b0115	登革病毒快速检测试纸条的研发	广州中医药大学	科技发明制作类	一般项目
116	pdjh2016b0116	微教——基于O2O模式下的教辅平台	广州中医药大学	科技发明制作类	一般项目
117	pdjh2016b0117	中医刮痧渗出物中免疫成分及含量的初步研究	广州中医药大学	自然科学类	一般项目
118	pdjh2016b0118	《诊断学》流程动漫图谱的设计	广州中医药大学	科技发明制作类	一般项目
119	pdjh2016b0119	基于开放二胎政策背景下广东省居民生育意愿调查	广州中医药大学	哲学社会科学类	一般项目
120	pdjh2016b0120	广东在校本科生休学创业意愿调查及深层原因分析	广州中医药大学	哲学社会科学类	一般项目
121	pdjh2016b0121	自动刮痧机的设计与实现	广州中医药大学	科技发明制作类	一般项目
122	pdjh2016b0122	巴戟甲素调控ApoE介导的AD细胞模型Aβ清除效果的实验研究	广州中医药大学	自然科学类	一般项目
123	pdjh2016a0123	基于集成光热波导的涡旋式光控微流芯片及在微纳米材料操控与自组装中的应用	华南师范大学	科技发明制作类	重点项目
124	pdjh2016a0124	反腐对金融市场的影响——基于中国A股市场股票价格的分析*	华南师范大学	哲学社会科学类	重点项目
125	pdjh2016a0125	户籍制度改革如何作用于广州城乡一体化——以深圳为参照*	华南师范大学	哲学社会科学类	重点项目

续表

序号	项目编号	项目名称	承担单位	学科类别	项目等级
126	pdjh2016a0126	“大病小移”——广州市大病儿童家庭对称性救助研究	华南师范大学	哲学社会科学类	重点项目
127	pdjh2016a0127	稀土基杂化型传感新材料的设计与应用	华南师范大学	自然科学类	重点项目
128	pdjh2016b0128	时空三维局域艾里－厄米－高斯和艾里－螺旋－厄米－高斯波包在自由空间中的传播研究	华南师范大学	自然科学类	一般项目
129	pdjh2016b0129	基于 wifi 室内定位与导航技术研究和应用	华南师范大学	科技发明制作类	一般项目
130	pdjh2016b0130	基于高密度硅纳米线掺杂异质结阵列材料的新型高灵敏度生化传感器	华南师范大学	科技发明制作类	一般项目
131	pdjh2016b0131	可循环吸附功能微球原位富集联合磁性分离修复重金属污染水体沉积物	华南师范大学	科技发明制作类	一般项目
132	pdjh2016b0132	幼小衔接数学游戏教学模式研究	华南师范大学	哲学社会科学类	一般项目
133	pdjh2016b0133	我国病历资料管理完善研究——以医疗纠纷证据收集为视角	华南师范大学	哲学社会科学类	一般项目
134	pdjh2016b0134	基于微商形式形成的网络信任对买卖双方决策的影响	华南师范大学	哲学社会科学类	一般项目
135	pdjh2016b0135	从经济贫困到心理贫困：贫困大学生心理资本与自我价值观对学习行为的影响研究	华南师范大学	哲学社会科学类	一般项目
136	pdjh2016b0136	社会信任、政治资本与创业选择	华南师范大学	哲学社会科学类	一般项目
137	pdjh2016b0137	学步智能辅助工具的开发及其算法优化	华南师范大学	科技发明制作类	一般项目
138	pdjh2016b0138	几类自旋失措体系相变行为研究	华南师范大学	自然科学类	一般项目
139	pdjh2016b0139	基于 IPA 分析法的大学生研学旅游感知研究	华南师范大学	哲学社会科学类	一般项目
140	pdjh2016b0140	节能公路隧道系统	华南师范大学	科技发明制作类	一般项目
141	pdjh2016b0141	基于 LED 的高速可见光通信（LIFI）系统*	华南师范大学	科技发明制作类	一般项目

续表

序号	项目编号	项目名称	承担单位	学科类别	项目等级
142	pdjh2016b0142	植物 mTERF14 互作蛋白的筛选及鉴定	华南师范大学	自然科学类	一般项目
143	pdjh2016a0143	熔融电纺直写制备三维生物支架关键技术研究	广东工业大学	科技发明制作类	重点项目
144	pdjh2016a0144	全息脑控阿凡达机器人系统设计	广东工业大学	科技发明制作类	重点项目
145	pdjh2016a0145	基于 STM32 的无人机机载 SDK 的二次开发	广东工业大学	科技发明制作类	重点项目
146	pdjh2016a0146	智能型太阳能相变储能温差发电系统	广东工业大学	科技发明制作类	重点项目
147	pdjh2016a0147	中国梦视域下大学生创业项目可持续发展研究分析——以工科院校为例	广东工业大学	哲学社会科学类	重点项目
148	pdjh2016b0148	面向智能交通的公交移动互联系统	广东工业大学	科技发明制作类	一般项目
149	pdjh2016b0149	新型室内空气净化系统的研发	广东工业大学	科技发明制作类	一般项目
150	pdjh2016b0150	基于深度学习的组织病理图像特征库构建关键技术研究	广东工业大学	自然科学类	一般项目
151	pdjh2016b0151	二氧化锰氧还原性能研究	广东工业大学	自然科学类	一般项目
152	pdjh2016b0152	污泥“无添加”深度干化新技术及污泥掺烧热能综合利用	广东工业大学	科技发明制作类	一般项目
153	pdjh2016b0153	白光 LED 用稀土离子掺杂发光玻璃陶瓷的制备及性能研究	广东工业大学	科技发明制作类	一般项目
154	pdjh2016b0154	熊果酸 C－3 位羟基衍生物的合成、表征及其降糖活性研究	广东工业大学	自然科学类	一般项目
155	pdjh2016b0155	基于大数据的产品追溯服务平台	广东工业大学	科技发明制作类	一般项目
156	pdjh2016b0156	“城市宜居”语境下艺术植入河涌的改造模式研究——以广州河涌为例	广东工业大学	哲学社会科学类	一般项目
157	pdjh2016b0157	旧水泥混凝土路面加铺沥青层的力学响应测试研究	广东工业大学	自然科学类	一般项目
158	pdjh2016b0158	互联网＋岭南传统村落保护与活化模式研究	广东工业大学	哲学社会科学类	一般项目

续表

序号	项目编号	项目名称	承担单位	学科类别	项目等级
159	pdjh2016b0159	基于机器嗅觉的工业气体检测与识别系统设计	广东工业大学	科技发明制作类	一般项目
160	pdjh2016b0160	智能微型打印机	广东工业大学	科技发明制作类	一般项目
161	pdjh2016b0161	面向节能与准时制造的柔性热处理车间生产调度方案研究*	广东工业大学	自然科学类	一般项目
162	pdjh2016b0162	新型二维强关联功能材料的搜索与研究	广东工业大学	自然科学类	一般项目
163	pdjh2016b0163	快递无人机货物自动装卸及配重平台	广东工业大学	科技发明制作类	一般项目
164	pdjh2016b0164	3D打印机的自动调平系统及静电回位检测	广东工业大学	科技发明制作类	一般项目
165	pdjh2016a0165	我国新能源汽车产业的法律规制研究	广东外语外贸大学	哲学社会科学类	重点项目
166	pdjh2016a0166	罚款机制对治理公路超载现象的影响	广东外语外贸大学	哲学社会科学类	重点项目
167	pdjh2016a0167	基于层叠条件随机场和情绪词典的社会情绪分析研究	广东外语外贸大学	自然科学类	重点项目
168	pdjh2016b0168	个人生活健康档案与算法研究	广东外语外贸大学	科技发明制作类	一般项目
169	pdjh2016b0169	从社会绩效角度探索小额信贷精准扶贫未来发展方向——基于格莱珉中国徐州陆口支行的实践	广东外语外贸大学	哲学社会科学类	一般项目
170	pdjh2016b0170	2015广东省地方立法质量评估	广东外语外贸大学	哲学社会科学类	一般项目
171	pdjh2016b0171	中国风土人情对外译介的语用规律——以《中国丛报》文本为例	广东外语外贸大学	哲学社会科学类	一般项目
172	pdjh2016b0172	“读后续写”对外语写作水平的促学效果研究	广东外语外贸大学	哲学社会科学类	一般项目
173	pdjh2016b0173	异域文化认同、民族中心主义及原产地刻板印象对境内高校生的外来文化产品品质评价及消费意愿的影响机制	广东外语外贸大学	哲学社会科学类	一般项目
174	pdjh2016b0174	基于基金投资的元投资策略研究——以行业轮动基金为例	广东外语外贸大学	哲学社会科学类	一般项目
175	pdjh2016b0175	时间银行在社区养老中的应用研究	广东外语外贸大学	哲学社会科学类	一般项目

续表

序号	项目编号	项目名称	承担单位	学科类别	项目等级
176	pdjh2016b0176	信访与涉法涉诉制度关系研究——以 12398 能源监管热线为例	广东外语外贸大学	哲学社会科学类	一般项目
177	pdjh2016b0177	高校教学与科研关系及其管理探析 ——以广州大学城内高校教师为例	广东外语外贸大学	哲学社会科学类	一般项目
178	pdjh2016b0178	新型深度学习模型研究及其应用 ——一种基于深度泛函学习的金融时间序列预测模型	广东外语外贸大学	自然科学类	一般项目
179	pdjh2016b0179	基于大数据技术构建中国企业海丝之路投资数据库	广东外语外贸大学	科技发明制作类	一般项目
180	pdjh2016b0180	婴儿潮影响了当地企业绩效吗？——基于大数据挖掘的研究	广东外语外贸大学	哲学社会科学类	一般项目
181	pdjh2016a0181	医学生利他行为现状调查及“服务—学习”模式对个案的影响	汕头大学	哲学社会科学类	重点项目
182	pdjh2016a0182	扁桃斑鸠菊抗癌有效成分分离纯化、结构鉴定及活性评价*	汕头大学	自然科学类	重点项目
183	pdjh2016b0183	基于量化用户关系的 IM 交流平台	汕头大学	科技发明制作类	一般项目
184	pdjh2016b0184	新型城镇化下基层女干部压力源及压力管理研究 ——以广东省村两委女村官为例	汕头大学	哲学社会科学类	一般项目
185	pdjh2016b0185	基于 Delta 并联机器人平台牙刷分拣系统的设计与实现	汕头大学	科技发明制作类	一般项目
186	pdjh2016b0186	发展跨境电商以推动传统优势产业转型升级的研究 ——以汕头的澄海玩具和潮南内衣为例	汕头大学	哲学社会科学类	一般项目
187	pdjh2016b0187	深度剖析谱定量分析方法的应用研究	汕头大学	自然科学类	一般项目
188	pdjh2016b0188	体感机械手	汕头大学	科技发明制作类	一般项目
189	pdjh2016b0189	一体式毛囊提取仪的设计与开发	汕头大学	科技发明制作类	一般项目
190	pdjh2016b0190	生态文明下潮汕地区水环境功能区划的调查研究*	汕头大学	哲学社会科学类	一般项目
191	pdjh2016b0191	基于生物化学的渣土固化及再生利用技术研究*	汕头大学	自然科学类	一般项目

续表

序号	项目编号	项目名称	承担单位	学科类别	项目等级
192	pdjh2016b0192	基于非接触式体征的 VDT 疲劳监测系统	汕头大学	科技发明制作类	一般项目
193	pdjh2016b0193	海洋盐单胞菌及其分泌物的除藻方式研究及开发应用	汕头大学	自然科学类	一般项目
194	pdjh2016b0194	基于全方向运动平台 StellaX 的安防机器人开发	汕头大学	科技发明制作类	一般项目
195	pdjh2016a0195	自行车智能配件及 APP 的设计与实现	广东财经大学	科技发明制作类	重点项目
196	pdjh2016a0196	金融改革背景下我国商业保理制度化研究 ——以广州、深圳、珠海试点为例	广东财经大学	哲学社会科学类	重点项目
197	pdjh2016a0197	新生代员工的追随力、领导授权与创新绩效关系研究	广东财经大学	哲学社会科学类	重点项目
198	pdjh2016a0198	珠三角城市房价泡沫时空传染效应及其风险预警体系研究	广东财经大学	哲学社会科学类	重点项目
199	pdjh2016a0199	清代民国时期的非洲华侨与珠江三角洲社会变迁	广东财经大学	哲学社会科学类	重点项目
200	pdjh2016b0200	华北地区雾霾分布与城市大气排放耦合研究	广东财经大学	自然科学类	一般项目
201	pdjh2016b0201	互联网背景下佛山家具行业转型升级路径探索	广东财经大学	哲学社会科学类	一般项目
202	pdjh2016b0202	我国企业年金制度：建立意愿、制约因素与改革方向	广东财经大学	哲学社会科学类	一般项目
203	pdjh2016b0203	广州南沙自贸区融资租赁企业融资模式创新及其风险控制研究	广东财经大学	哲学社会科学类	一般项目
204	pdjh2016b0204	延迟退休视角下我国居民预防性储蓄动机的异质性研究	广东财经大学	哲学社会科学类	一般项目
205	pdjh2016b0205	指导性案例如何指导法官同案同判？ ——广东省高院参照民商事合同类指导性案例的调研	广东财经大学	哲学社会科学类	一般项目
206	pdjh2016b0206	中国碳排放权交易定价机制研究	广东财经大学	哲学社会科学类	一般项目
207	pdjh2016b0207	粤东练江流域产业结构的水环境污染效应	广东财经大学	自然科学类	一般项目
208	pdjh2016b0208	复杂视角下城市地铁网络结构对居民出行的影响研究	广东财经大学	哲学社会科学类	一般项目

续表

序号	项目编号	项目名称	承担单位	学科类别	项目等级
209	pdjh2016b0209	广州地区黑人社区的发展与变迁	广东财经大学	哲学社会科学类	一般项目
210	pdjh2016b0210	PenPiApp	广东财经大学	科技发明制作类	一般项目
211	pdjh2016a0211	广东省医学生生命责任意识现状研究	广东医科大学	哲学社会科学	重点项目
212	pdjh2016a0212	DNA 甲基化在 PM2.5 诱导正常支气管上皮细胞凋亡过程中的作用	广东医科大学	自然科学类	重点项目
213	pdjh2016b0213	创新型诺如病毒 GI 和 GII 型抗原荧光纳米微球侧向免疫层析联检试纸条研制及应用	广东医科大学	科技发明制作类	一般项目
214	pdjh2016b0214	广东省育龄人群生育意愿调查研究	广东医科大学	哲学社会科学	一般项目
215	pdjh2016b0215	髋臼前柱及四边体解剖锁定钢板的研制及应用	广东医科大学	科技发明制作类	一般项目
216	pdjh2016b0216	维罗非尼诱导的“衰老相关分泌表型”对黑色素瘤增殖的调节作用	广东医科大学	自然科学类	一般项目
217	pdjh2016b0217	长链非编码 RNAPRC1 – AS1 在血管内皮细胞衰老中的功能研究*	广东医学院	自然科学类	一般项目
218	pdjh2016b0218	多功能靶向性紫杉醇纳米胶束抗耐药性乳腺癌作用的研究	广东医科大学	自然科学类	一般项目
219	pdjh2016b0219	Lnc – OXR1 在 DNA 损伤反应中的作用及其分子机制的研究	广东医科大学	自然科学类	一般项目
220	pdjh2016b0220	粤西高校大学生志愿者领悟社会支持与生命意义和心理健康的相关性研究	广东医科大学	哲学社会科学	一般项目
221	pdjh2016b0221	粤西地区人群腰椎间盘突出症与骨质疏松症的社会调查与分析	广东医科大学	哲学社会科学	一般项目
222	pdjh2016b0222	广东省不同学科类型高校大学生创业现状的调查研究——以广东省 9 所高校为例	广东医科大学	哲学社会科学	一般项目
223	pdjh2016b0223	以 c – mycG4 – DNA 为靶点的钌配合物的抗肿瘤活性研究	广东医科大学	自然科学类	一般项目

续表

序号	项目编号	项目名称	承担单位	学科类别	项目等级
224	pdjh2016b0224	BCG 肉芽肿小鼠模型的建立及 B35 细胞对 T 细胞抗结核免疫作用的影响及机制研究	广东医科大学	自然科学类	一般项目
225	pdjh2016b0225	补骨脂乙素对人鼻咽癌细胞增值的抑制作用及其作用机制研究	广东医科大学	自然科学类	一般项目
226	pdjh2016a0226	基于 ANSYSWorkbench 的游艇性能研究	广东海洋大学	自然科学类	重点项目
227	pdjh2016a0227	珠海现代农业发展研究	广东海洋大学	哲学社会科学类	重点项目
228	pdjh2016b0228	水产蛋白－植物蛋白复合型活性肽的制备	广东海洋大学	科技发明制作类	一般项目
229	pdjh2016b0229	基于高通量测序技术的湖光岩玛珥湖微生物多样性及与环境因子的相关性分析	广东海洋大学	自然科学类	一般项目
230	pdjh2016b0230	湛江农村基本公共服务均等化实证研究：以 50 个自然村建设实践为例	广东海洋大学	哲学社会科学类	一般项目
231	pdjh2016b0231	金属表面磷化膜无铬封闭技术研究	广东海洋大学	科技发明制作类	一般项目
232	pdjh2016b0232	一种新型海上救生装置	广东海洋大学	科技发明制作类	一般项目
233	pdjh2016b0233	21 世纪海上丝绸之路建设背景下广东深化与东盟海洋经济合作的机制与路径研究	广东海洋大学	哲学社会科学类	一般项目
234	pdjh2016b0234	定位于巨噬细胞线粒体的鰤鱼诺卡氏菌分泌蛋白的鉴定及功能研究	广东海洋大学	自然科学类	一般项目
235	pdjh2016b0235	“互联网＋”背景下我国农村城镇化的新型路径研究——以广东揭阳军埔电商村为实证	广东海洋大学	哲学社会科学类	一般项目
236	pdjh2016b0236	人工藻礁设计与投放	广东海洋大学	科技发明制作类	一般项目
237	pdjh2016b0237	不同的石灰施用方式对镉污染土壤中镉生物有效性的影响	广东海洋大学	自然科学类	一般项目

续表

序号	项目编号	项目名称	承担单位	学科类别	项目等级
238	pdjh2016b0238	海带特征寡糖制备及其对尿酸盐转运体基因表达的影响	广东海洋大学	自然科学类	一般项目
239	pdjh2016b0239	一种新型船舵研究	广东海洋大学	科技发明制作类	一般项目
240	pdjh2016a0240	基于物联网的家庭智能“安全守护卫士”系统设计与实现	仲恺农业工程学院	科技发明制作类	重点项目
241	pdjh2016a0241	农村社会治理困境，如何破解？——以清远市“三个重心下移”和“三个整合”为例	仲恺农业工程学院	哲学社会科学类	重点项目
242	pdjh2016b0242	基于物联网的水禽产品全产业链质量安全溯源平台研究与开发*	仲恺农业工程学院	科技发明制作类	一般项目
243	pdjh2016b0243	鹅副粘病毒 RT－LAMP 核酸试纸条检测试剂盒的研发*	仲恺农业工程学院	科技发明制作类	一般项目
244	pdjh2016b0244	稀土矿场生态恢复及其景观效果评价	仲恺农业工程学院	自然科学类	一般项目
245	pdjh2016b0245	广州市“中国梦，讲文明，树新风”平面公益广告的广告效果研究	仲恺农业工程学院	哲学社会科学	一般项目
246	pdjh2016b0246	国家级非遗项目肇庆端砚制作技艺传承人口述史调查研究	仲恺农业工程学院	哲学社会科学类	一般项目
247	pdjh2016b0247	一种用于养殖水体净化的具有增氧功能的太阳能生态浮床研制*	仲恺农业工程学院	科技发明制作类	一般项目
248	pdjh2016b0248	美学视域下岭南四大园林的审美取向及其对现代景观设计的影响研究	仲恺农业工程学院	哲学社会科学类	一般项目
249	pdjh2016b0249	菠萝机械采摘机的研制	仲恺农业工程学院	科技发明制作类	一般项目
250	pdjh2016b0250	CO_2 施肥在切花菊矮化盆栽生产中的应用研究	仲恺农业工程学院	自然科学类	一般项目
251	pdjh2016b0251	双金属催化剂的制备及催化合成有机硅增效剂	仲恺农业工程学院	自然科学类	一般项目
252	pdjh2016b0252	自闭儿童辅助治疗机器人设计与开发*	仲恺农业工程学院	科技发明制作类	一般项目
253	pdjh2016b0253	基于细胞周期测定的土党参多倍体诱导研究	仲恺农业工程学院	自然科学类	一般项目

续表

序号	项目编号	项目名称	承担单位	学科类别	项目等级
254	pdjh2016a0254	便携式多功能皮肤测试仪*	广东药学院	科技发明制作类	重点项目
255	pdjh2016a0255	文蛤延衰肽的筛选其延衰功效的研究与开发	广东药科大学	科技发明制作类	重点项目
256	pdjh2016a0256	Log - binomial 和 MDR 模型探讨小学生 MRSA 的表型及基因型标志物	广东药科大学	自然科学类	重点项目
257	pdjh2016b0257	大学生视角下我国大学生创业政策及其落地中的主要问题及对策	广东药科大学	哲学社会科学类	一般项目
258	pdjh2016b0258	耳蜗毛细胞 Prestin 过表达病毒脂质体纳米复合载体的构建与应用研究	广东药科大学	自然科学类	一般项目
259	pdjh2016b0259	银杏叶提取物对血脑屏障开放的调节作用及机制研究	广东药科大学	自然科学类	一般项目
260	pdjh2016b0260	中药 - 聚乙烯醇水凝胶面膜的研制及开发	广东药科大学	科技发明制作类	一般项目
261	pdjh2016b0261	一种以板蓝根药渣为原料的重金属吸附活性炭的制法与应用	广东药科大学	科技发明制作类	一般项目
262	pdjh2016b0262	携带 miR - 33a 溶瘤性腺病毒的构建及抑制骨肉瘤生长作用的研究	广东药科大学	自然科学类	一般项目
263	pdjh2016b0263	外来务工者对私人出租屋市场影响的调查——以广州市番禺区石基镇为例	广东药科大学	哲学社会科学类	一般项目
264	pdjh2016b0264	广东大学生网络道德价值诉求调查研究	广东药科大学	哲学社会科学类	一般项目
265	pdjh2016b0265	基于微信的混合式学习系统的设计与实现研究	广东药科大学	科技发明制作类	一般项目
266	pdjh2016b0266	一种新的抗 EGFR 二聚体界面单克隆抗体的抗瘤活性研究	广东药科大学	自然科学类	一般项目
267	pdjh2016b0267	线粒体非折叠蛋白反应抑制 Aβ 蛋白聚集毒性的分子基础	广东药科大学	自然科学类	一般项目
268	pdjh2016a0268	地域文化在绿道空间设计中的介入——以珠三角城市为例	广州美术学院	哲学社会科学类	重点项目
269	pdjh2016b0269	地震中最后的送行——《便于分类的裹尸袋》*	广州美术学院	科技发明制作类	一般项目

续表

序号	项目编号	项目名称	承担单位	学科类别	项目等级
270	pdjh2016b0270	油画修复行业的发展和人才需求分析	广州美术学院	哲学社会科学类	一般项目
271	pdjh2016b0271	角灯设计*	广州美术学院	科技发明制作类	一般项目
272	pdjh2016b0272	广·垃圾桶——针对现今公共卫生问题的新型公共垃圾桶	广州美术学院	科技发明制作类	一般项目
273	pdjh2016b0273	国内版画消费者市场调研报告	广州美术学院	哲学社会科学类	一般项目
274	pdjh2016b0274	“艺痕”版画沙龙	广州美术学院	哲学社会科学类	一般项目
275	pdjh2016b0275	Greenpet 植物花盆	广州美术学院	哲学社会科学类	一般项目
276	pdjh2016b0276	广东省 CBA 球员竞技表现评价与诊断研究	广州体育学院	哲学社会科学类	一般项目
277	pdjh2016b0277	我国体育社会组织筹资与税务筹划研究	广州体育学院	哲学社会科学类	一般项目
278	pdjh2016b0278	网球运动功能鞋垫的参数设计与制作	广州体育学院	科技发明制作类	一般项目
279	pdjh2016b0279	融合体育对特殊儿童身心健康的影响	广州体育学院	自然科学类	一般项目
280	pdjh2016b0280	广东省城乡中学生体质对比分析及其评价指标体系研究	广州体育学院	哲学社会科学类	一般项目
281	pdjh2016b0281	基于多参数监控的可穿戴式运动胸带设计与开发	广州体育学院	科技发明制作类	一般项目
282	pdjh2016b0282	我国大学生校园体育生活“一站式”服务平台构建研究	广州体育学院	哲学社会科学类	一般项目
283	pdjh2016b0283	基于体育公园的智能化管理系统设计与实现	广州体育学院	自然科学类	一般项目
284	pdjh2016a0284	基于推力矢量控制技术的倾转旋翼飞行器	广东技术师范学院	科技发明制作类	重点项目
285	pdjh2016a0285	基于管柱型的电池包结构及信息采集系统设计	广东技术师范学院	科技发明制作类	重点项目
286	pdjh2016a0286	“线上线下”联动居家养老服务专业化模式探究——以广州市为例	广东技术师范学院	哲学社会科学类	重点项目

续表

序号	项目编号	项目名称	承担单位	学科类别	项目等级
287	pdjh2016a0287	新型城镇化背景下广东少数民族地区文化保护与开发研究——以连南瑶族自治县为例	广东技术师范学院	哲学社会科学类	重点项目
288	pdjh2016b0288	基于人脸识别的驾驶员疲劳驾驶检测系统	广东技术师范学院	科技发明制作类	一般项目
289	pdjh2016b0289	大型观赏锦鲤水产品网络销售平台——APP 软件开发	广东技术师范学院	自然科学类	一般项目
290	pdjh2016b0290	基于手语姿势的识别及翻译播报系统	广东技术师范学院	科技发明制作类	一般项目
291	pdjh2016b0291	全面建成小康社会语境下欠发达地区农村生活污水处理的现状及探索——基于广东 100 条自然村的一线调查	广东技术师范学院	哲学社会科学类	一般项目
292	pdjh2016b0292	“帮得来”安护专家——养老机构智能管理系统	广东技术师范学院	科技发明制作类	一般项目
293	pdjh2016b0293	一带一路视阈下两岸四地 MIA 产业智力资本协同创新研究	广东技术师范学院	哲学社会科学类	一般项目
294	pdjh2016b0294	智游者——基于移动互联网及物联网的智能旅游景区系统	广东技术师范学院	科技发明制作类	一般项目
295	pdjh2016b0295	新金融，新农村——珠海市斗门区内置金融合作社调查	广东技术师范学院	哲学社会科学类	一般项目
296	pdjh2016b0296	瑶族服饰工艺与文化调查	广东技术师范学院	哲学社会科学类	一般项目
297	pdjh2016b0297	一袭旧衣何去何从	广东技术师范学院	哲学社会科学类	一般项目
298	pdjh2016b0298	智能转向六轮爬墙车	广东技术师范学院	科技发明制作类	一般项目
299	pdjh2016b0299	基于电磁感应的智能搬运车	广东技术师范学院	科技发明制作类	一般项目
300	pdjh2016a0300	组织支持感对粤西地区中小学教师工作压力和职业倦怠影响的实证研究	岭南师范学院	哲学社会科学类	重点项目
301	pdjh2016a0301	关于 Lyness 型差分方程的定性研究	岭南师范学院	自然科学类	重点项目
302	pdjh2016b0302	雷州半岛红树林湿地土壤重金属污染特征及评价	岭南师范学院	自然科学类	一般项目

续表

序号	项目编号	项目名称	承担单位	学科类别	项目等级
303	pdjh2016b0303	基于大数据建模的盆栽植物智能精准滴灌系统	岭南师范学院	科技发明制作类	一般项目
304	pdjh2016b0304	基于红外热成像技术的电饭锅三维温度场图像构建关键技术研究	岭南师范学院	科技发明制作类	一般项目
305	pdjh2016b0305	平板太阳能板芯高效选择性吸收涂层的体系设计、制备及应用研究	岭南师范学院	自然科学类	一般项目
306	pdjh2016b0306	水稻光叶性状基因 gl1 的遗传分析与精细定位分析	岭南师范学院	自然科学类	一般项目
307	pdjh2016b0307	地方师范院校文科类大学生自主创业调查研究——以岭南师范学院为例	岭南师范学院	哲学社会科学类	一般项目
308	pdjh2016b0308	河南省农村社会养老保障现状的调查研究——以河南省许昌市花石乡白沙村为例	岭南师范学院	哲学社会科学类	一般项目
309	pdjh2016b0309	基于 FPGA + ARM 的安全驾驶系统	岭南师范学院	科技发明制作类	一般项目
310	pdjh2016b0310	基于移动机器人的智能摄影师	岭南师范学院	科技发明制作类	一般项目
311	pdjh2016b0311	雷州文化背景下幼儿园园本课程的开发与实施——以雷州市机关第二幼儿园为例	岭南师范学院	哲学社会科学类	一般项目
312	pdjh2016b0312	当代大学生职业素养和能力调查——基于湛江市 3 所省属本科高校的样本分析	岭南师范学院	哲学社会科学类	一般项目
313	pdjh2016b0313	铜基等离子体光催化材料的构建及其光催化性能研究	岭南师范学院	自然科学类	一般项目
314	pdjh2016b0314	剑麻组培苗繁育的高效智能 LED 组培系统研发	岭南师范学院	科技发明制作类	一般项目
315	pdjh2016a0315	基于移动学习视角的小学生校外学习实证研究——以教育信息化欠发达地区为例*	韩山师范学院	哲学社会科学类	重点项目
316	pdjh2016a0316	潮绣技艺的动漫演示研究*	韩山师范学院	哲学社会科学类	重点项目

续表

序号	项目编号	项目名称	承担单位	学科类别	项目等级
317	pdjh2016a0317	新闻事件类网络流行语对当代大学生价值观的影响和对策研究——基于广东省51所高校大样本的实证研究	韩山师范学院	哲学社会科学类	重点项目
318	pdjh2016b0318	潮州菜微课资源设计与开发策略研究	韩山师范学院	哲学社会科学类	一般项目
319	pdjh2016b0319	硅基PN结太阳能电池的制备和研究	韩山师范学院	科技发明制作类	一般项目
320	pdjh2016b0320	不同生境条件茶园土壤动物群落结构及多样性差异分析	韩山师范学院	自然科学类	一般项目
321	pdjh2016b0321	酶解豆粕制备多肽钙螯合物及其抗氧化性的测定	韩山师范学院	自然科学类	一般项目
322	pdjh2016b0322	文化创意产业视角下潮绣的传承与发展研究	韩山师范学院	哲学社会科学类	一般项目
323	pdjh2016b0323	凤凰茶地山茶园土壤中的肥力测试与土壤改良研究	韩山师范学院	自然科学类	一般项目
324	pdjh2016b0324	基于AndroidWiFi安全检测工具	韩山师范学院	科技发明制作类	一般项目
325	pdjh2016b0325	智能爬行机器人的设计与实现	韩山师范学院	科技发明制作类	一般项目
326	pdjh2016b0326	潮州木雕与旅游业结合发展策略研究	韩山师范学院	哲学社会科学类	一般项目
327	pdjh2016b0327	基于改性陶瓷废料的生物膜载体在污水处理中的应用	韩山师范学院	自然科学类	一般项目
328	pdjh2016a0328	17自由度仿人机器人复杂运动系统研发	广东石油化工学院	科技发明制作类	重点项目
329	pdjh2016a0329	新型废机油清洁转化润滑油基础油工艺的开发及应用*	广东石油化工学院	自然科学类	重点项目
330	pdjh2016a0330	新型 Fe_3O_4@GO@TiO_2 光-芬顿催化剂的设计和制备	广东石油化工学院	科技发明制作类	重点项目
331	pdjh2016b0331	新型喷漆机器人的研究与应用	广东石油化工学院	科技发明制作类	一般项目
332	pdjh2016b0332	基于生物识别技术的指静脉识别系统	广东石油化工学院	科技发明制作类	一般项目
333	pdjh2016b0333	基于三原色原理的FDM型3D打印机的色彩添加方法及装置	广东石油化工学院	科技发明制作类	一般项目

续表

序号	项目编号	项目名称	承担单位	学科类别	项目等级
334	pdjh2016b0334	“互联网+资源开发”扶贫模式研究——以信宜市怀乡镇云罗村为例	广东石油化工学院	哲学社会科学类	一般项目
335	pdjh2016b0335	“法治广东”建设的理论与实践——茂名市“一村（居）一律师”制度运行的实证调研	广东石油化工学院	哲学社会科学类	一般项目
336	pdjh2016b0336	基于协同应急响应机制石化类企业卫生防护距离带的环境风险评估	广东石油化工学院	哲学社会科学类	一般项目
337	pdjh2016b0337	粤西地区生态农业发展与新型职业农民培育的互动机制研究	广东石油化工学院	哲学社会科学类	一般项目
338	pdjh2016b0338	SBA－15 分子筛的合成改性及其催化氧化脱硫机理的研究	广东石油化工学院	自然科学类	一般项目
339	pdjh2016b0339	基于 Kinect 的远程仿人机器人控制系统研究	广东石油化工学院	自然科学类	一般项目
340	pdjh2016b0340	基于粗糙集的企业供应商评价与选择研究	广东石油化工学院	自然科学类	一般项目
341	pdjh2016b0341	相关系数理论在大型石化旋转机器故障诊断中的应用与研究	广东石油化工学院	自然科学类	一般项目
342	pdjh2016a0342	多孔介质一类方程的解的结构稳定性研究	广东金融学院	自然科学类	重点项目
343	pdjh2016b0343	《关于大学生网贷认知与网贷行为的探究——基于广州大学生与肇庆大学生的调查分析》*	广东金融学院	哲学社会科学类	一般项目
344	pdjh2016b0344	大学生选择电子产品分期付款的影响因素研究*	广东金融学院	哲学社会科学类	一般项目
345	pdjh2016b0345	会计云计算平台构建——以上市公司为例	广东金融学院	哲学社会科学类	一般项目
346	pdjh2016b0346	关于新农村背景下乡镇基础设施建设的调查与分析*	广东金融学院	哲学社会科学类	一般项目
347	pdjh2016b0347	当代大学生性观念现状及其影响因素调查：兼论高校性教育管理对策	广东金融学院	哲学社会科学类	一般项目
348	pdjh2016b0348	金子去哪儿——调研广金汉语言文学专业 06－11 届毕业生就业情况*	广东金融学院	哲学社会科学类	一般项目

续表

序号	项目编号	项目名称	承担单位	学科类别	项目等级
349	pdjh2016b0349	电子监管在社区矫正中的应用和规制	广东金融学院	哲学社会科学类	一般项目
350	pdjh2016b0350	广东省城镇老年人文娱需求调查研究*	广东金融学院	哲学社会科学类	一般项目
351	pdjh2016b0351	人民币加入 SDR 背景下大额资金流动对中国股票市场价格影响的研究*	广东金融学院	哲学社会科学类	一般项目
352	pdjh2016b0352	广东省延迟退休问题研究——以珠三角地区教师为例	广东金融学院	哲学社会科学类	一般项目
353	pdjh2016b0353	乡镇教育程度及家长受教育水平对教育的影响*	广东金融学院	哲学社会科学类	一般项目
354	pdjh2016a0354	企业转板制度推出所面临的法律问题研究*	广东警官学院	哲学社会科学类	重点项目
355	pdjh2016b0355	移动学习平台的开发及应用	广东警官学院	科技发明制作类	一般项目
356	pdjh2016b0356	手指尖印痕的提取方法	广东警官学院	科技发明制作类	一般项目
357	pdjh2016b0357	校园生活 APP（基于 iOS）	广东警官学院	科技发明制作类	一般项目
358	pdjh2016b0358	关于刑事犯罪中的间接被害人转化为犯罪人的轨迹实证研究*	广东警官学院	哲学社会科学类	一般项目
359	pdjh2016b0359	警察出庭作证调查研究	广东警官学院	哲学社会科学类	一般项目
360	pdjh2016b0360	从少年法庭到少年法院——以广州市为例	广东警官学院	哲学社会科学类	一般项目
361	pdjh2016b0361	论我国行政赔偿程序存在的问题及完善	广东警官学院	哲学社会科学类	一般项目
362	pdjh2016b0362	便携式多功能执法棍研发*	广东警官学院	科技发明制作类	一般项目
363	pdjh2016b0363	性别对字的整齐性的影响	广东警官学院	自然科学类	一般项目
364	pdjh2016b0364	RTI 技术在痕迹当中的应用	广东警官学院	自然科学类	一般项目
365	pdjh2016b0365	多功能警用皮带的研制	广东警官学院	科技发明制作类	一般项目
366	pdjh2016b0366	基于 RFID 的室内定位系统	广东第二师范学院	科技发明制作类	一般项目

续表

序号	项目编号	项目名称	承担单位	学科类别	项目等级
367	pdjh2016b0367	咔咯铜配合物的合成、核酸酶活性及抗肿瘤性能研究	广东第二师范学院	自然科学类	一般项目
368	pdjh2016b0368	高中生物智趣游戏牌的研制	广东第二师范学院	科技发明制作类	一般项目
369	pdjh2016b0369	国内高等院校“通识课程”设置与管理研究	广东第二师范学院	哲学社会科学类	一般项目
370	pdjh2016b0370	大学生结果预期、网络控制自我效能与网络成瘾的关系	广东第二师范学院	哲学社会科学类	一般项目
371	pdjh2016b0371	古镇侨魂——广东松口镇口述历史数据库的开发与建立	广东第二师范学院	哲学社会科学类	一般项目
372	pdjh2016b0372	大学生支教团队与企业合作交流平台的建设	广东第二师范学院	哲学社会科学类	一般项目
373	pdjh2016b0373	硫酸盐还原菌胞外聚合物对重金属的吸附与固定机理	广东第二师范学院	自然科学类	一般项目
374	pdjh2016b0374	红树林重金属污染下的人体健康潜在风险评估	广东第二师范学院	自然科学类	一般项目
375	pdjh2016b0375	氟乐灵免疫检测试剂盒的研制	广东第二师范学院	科技发明制作类	一般项目
376	pdjh2016b0376	南非叶功能性饮料的研制	广东第二师范学院	科技发明制作类	一般项目
377	Pdjh2016b0377	无机改性海藻酸钠复合微球的制备及应用	广东第二师范学院	自然科学类	一般项目
378	pdjh2016b0378	高速高精度冗余驱动三维平动并联机构研制	广州航海学院	科技发明制作类	一般项目
379	pdjh2016b0379	一种新型智能远洋船舶垃圾处理监控系统	广州航海学院	科技发明制作类	一般项目
380	pdjh2016b0380	基于模块化电路的儿童智力开发玩具	广州航海学院	科技发明制作类	一般项目
381	pdjh2016b0381	基于省级技术开发中心台——可控环流无缝接岸电装置研制	广州航海学院	科技发明制作类	一般项目
382	pdjh2016b0382	基于纳米材料在珠江水域污染中的应用研究	广州航海学院	自然科学类	一般项目
383	pdjh2016b0383	港口集装箱起重机吊具自动定位技术改进研究	广州航海学院	自然科学类	一般项目
384	pdjh2016b0384	亚米级定位的双模车载终端装置	广州航海学院	科技发明制作类	一般项目

续表

序号	项目编号	项目名称	承担单位	学科类别	项目等级
385	pdjh2016b0385	“一带一路”背景下黄埔古港码头文化的现代传承与发展	广州航海学院	哲学社会科学类	一般项目
386	pdjh2016b0386	金刚石瓷砖磨具自动化制造装备的设计与研发	广州航海学院	科技发明制作类	一般项目
387	pdjh2016b0387	一种新型的基于余压能驱动的磁力耦合输送泵	广州航海学院	科技发明制作类	一般项目
388	pdjh2016a0388	功能型系列阳离子表面活性剂的微波中试生产及产品应用配方研究开发	广州大学	科技发明制作类	重点项目
389	pdjh2016a0389	一种水溶性手机玻璃面板保护油墨产品的研发	广州大学	科技发明制作类	重点项目
390	pdjh2016a0390	基于青年社区跨界发展的研究	广州大学	哲学社会科学类	重点项目
391	pdjh2016a0391	对打造广州地区小学生教育生态链的研讨	广州大学	哲学社会科学类	重点项目
392	pdjh2016b0392	服装电子消费满足个性化需求所需要的三大要素	广州大学	哲学社会科学类	一般项目
393	pdjh2016b0393	基于老年人行为特征的社区托老所服务模式研究	广州大学	哲学社会科学类	一般项目
394	pdjh2016b0394	基于因素空间理论的运动物体追踪算法设计与研究	广州大学	自然科学类	一般项目
395	pdjh2016b0395	基于互联网的塑料分类回收的研究及应用*	广州大学	哲学社会科学类	一般项目
396	pdjh2016b0396	紫云英开发利用对农村冬季闲置田地的综合效益研究	广州大学	哲学社会科学类	一般项目
397	pdjh2016b0397	高校二手自行车市场交易情况研究	广州大学	哲学社会科学类	一般项目
398	pdjh2016b0398	新兴技术对企业价值创造的机理研究	广州大学	哲学社会科学类	一般项目
399	pdjh2016b0399	大学城校园服务移动平台的研究开发	广州大学	哲学社会科学类	一般项目
400	pdjh2016b0400	第三方会议点评移动互联网平台研究*	广州大学	哲学社会科学类	一般项目
401	pdjh2016b0401	基于医学健康地理学视角的中国红枣品种分布及其差异对比	广州大学	哲学社会科学类	一般项目
402	pdjh2016b0402	电影旅游产业的营销分析	广州大学	哲学社会科学类	一般项目

续表

序号	项目编号	项目名称	承担单位	学科类别	项目等级
403	pdjh2016b0403	太阳能供电的数据采集与云平台交互系统	广州大学	科技发明制作类	一般项目
404	pdjh2016b0404	蝇蛆体内抗氧化多肽的发现及生产提纯工艺的发明	广州大学	科技发明制作类	一般项目
405	pdjh2016b0405	新颖自清洁纺织品双疏性能的层级制调控及应用研究	广州大学	科技发明制作类	一般项目
406	pdjh2016a0406	D－柠檬烯对几种常见禽畜鲜肉防腐效果的研究	广州医科大学	自然科学类	重点项目
407	pdjh2016b0407	多囊卵巢综合征患者发病前一年内睡眠障碍的调查与分析	广州医科大学	自然科学类	一般项目
408	pdjh2016b0408	基于 Glut－1 识别的肿瘤靶向氧化还原响应性注射毫微球的研究	广州医科大学	自然科学类	一般项目
409	pdjh2016b0409	人 I 型单纯疱疹病毒 UL2 蛋白的 抗体制备及其在病毒感染中的应用	广州医科大学	自然科学类	一般项目
410	pdjh2016b0410	沉默 EZH2 表达抑制胆管癌 QBC939 细胞增殖及其机制	广州医科大学	自然科学类	一般项目
411	pdjh2016b0411	右美托咪定后处理对大鼠肝缺血再灌注损伤的保护作用	广州医科大学	自然科学类	一般项目
412	pdjh2016b0412	第二代含药（抗菌）中心静脉导管的研制	广州医科大学	科技发明制作类	一般项目
413	pdjh2016b0413	肝星状细胞内 TLR4 通路与 COX－2－前列腺素 E2－受体通路间的调控关系及其调控机制	广州医科大学	自然科学类	一般项目
414	pdjh2016b0414	不同雌激素水平对肺栓塞大鼠肺血 管内皮细胞 CAMP－1 表达的影响	广州医科大学	自然科学类	一般项目
415	pdjh2016b0415	插针 X 线片平行投照固定夹的设计	广州医科大学	科技发明制作类	一般项目
416	pdjh2016b0416	广州市家庭医生式签约服务对 2 型糖尿病患者管理效果评价研究	广州医科大学	哲学社会科学类	一般项目
417	pdjh2016b0417	团体心理辅导与沙盘游戏对提高医学生沟通能力的实证研究	广州医科大学	哲学社会科学类	一般项目
418	pdjh2016b0418	第二代食管－胃吻合器—— 一种可产生防返流瓣膜的食管－胃吻合器的研制	广州医科大学	科技发明制作类	一般项目

续表

序号	项目编号	项目名称	承担单位	学科类别	项目等级
419	pdjh2016b0419	设计一种针头可旋转的注射器*	广州医科大学	科技发明制作类	一般项目
420	pdjh2016b0420	移动医疗在医院的应用状况、问题及对策——以广州市三甲医院为例	广州医科大学	哲学社会科学类	一般项目
421	pdjh2016b0421	大血管吻合器系列研究	广州医科大学	科技发明制作类	一般项目
422	pdjh2016a0422	基于小型多旋翼飞行器的高楼火灾灾情智能勘探与指挥系统	深圳大学	科技发明制作类	重点项目
423	pPdjh2016a0423	高铁时代下的公路客运经济研究——以汕头市、温州市和韶关市为例	深圳大学	哲学社会科学类	重点项目
424	pdjh2016a0424	尘螨新过敏原的致敏性及致敏机理研究	深圳大学	自然科学类	重点项目
425	pdjh2016a0425	iPark/爱停	深圳大学	科技发明制作类	重点项目
426	pdjh2016b0426	MG53 对心脏辅助亚基 KCHIP2 调控的分子机制及其在疾病心脏心律失常发生中的作用	深圳大学	自然科学类	一般项目
427	pdjh2016b0427	钢筋混凝土锈蚀三维成像测试分析体系研究	深圳大学	自然科学类	一般项目
428	pdjh2016b0428	胃癌中 mircoRNA 表达谱及相关网络作用的研究	深圳大学	自然科学类	一般项目
429	pdjh2016b0429	海栖类大口涡虫属的分类学研究	深圳大学	自然科学类	一般项目
430	pdjh2016b0430	基于结构－纹理分解的布料图像颜色迁移	深圳大学	自然科学类	一般项目
431	pdjh2016b0431	基于数据挖掘技术冷链物流预警系统的搭建与业务信息挖掘*	深圳大学	哲学社会科学类	一般项目
432	pdjh20160432	海上丝绸之路的近代发现：台山侨墟的研究（原为：从台山侨墟与中国乡村近代化探究世界体系下的中国乡镇社会的构建）	深圳大学	哲学社会科学类	一般项目
433	pdjh2016b0433	深圳市流动商贩治理之疏导点模式——以宝安盐田街为例	深圳大学	哲学社会科学类	一般项目
434	pdjh2016b0434	基于无线通信技术智能门锁系统	深圳大学	科技发明制作类	一般项目

续表

序号	项目编号	项目名称	承担单位	学科类别	项目等级
435	pdjh2016b0435	监外人员管理系统	深圳大学	科技发明制作类	一般项目
436	pdjh2016b0436	基于多轴飞行器的灾害地区生命探测和物资投放的无人机系统	深圳大学	科技发明制作类	一般项目
437	pdjh2016b0437	多智能车无线通信系统	深圳大学	科技发明制作类	一般项目
438	pdjh2016b0438	多光色 LED 光源光谱优化应用技术	深圳大学	科技发明制作类	一般项目
439	pdjh2016b0439	硫化钼二维材料的大面积制备及其器件研究	深圳大学	科技发明制作类	一般项目
440	pdjh2016b0440	基于宽带宽量子点 LED 的新型高速可见光通信技术研发	南方科技大学	自然科学类	一般项目
441	pdjh2016b0441	无线能量收集系统	南方科技大学	科技发明制作类	一般项目
442	pdjh2016b0442	软骨细胞 PINCH－1 在软骨发育中的作用	南方科技大学	自然科学类	一般项目
443	pdjh2016b0443	新型钾离子荧光传感器的研制	南方科技大学	自然科学类	一般项目
444	pdjh2016b0444	基于二氧化钒纳米线单畴相变的温度/功率计	南方科技大学	自然科学类	一般项目
445	pdjh2016b0445	关于宽色域显示用新型量子棒主动增亮膜的研究	南方科技大学	自然科学类	一般项目
446	pdjh2016b0446	半透明太阳能电池玻璃的开发	南方科技大学	科技发明制作类	一般项目
447	pdjh2016b0447	岭南特色古村落文化保育及活化研究 ——以佛山市顺德区北滘镇碧江古村落为例	韶关学院	哲学社会科学类	一般项目
448	pdjh2016b0448	医用智能无线多参数监护仪	韶关学院	科技发明制作类	一般项目
449	pdjh2016b0449	基于数据挖掘技术对社会闲置性资源有效利用的 APP 开发*	韶关学院	科技发明制作类	一般项目
450	pdjh2016b0450	韶关市农村地区中小学音乐教育现状与发展研究	韶关学院	哲学社会科学类	一般项目
451	pdjh2016b0451	蘑菇棒与少年儿童素质教育研究调查	韶关学院	哲学社会科学类	一般项目
452	pdjh2016b0452	重组酱油曲霉碱性蛋白酶水解大豆分离蛋白制备抗氧化肽的研究	韶关学院	自然科学类	一般项目

续表

序号	项目编号	项目名称	承担单位	学科类别	项目等级
453	pdjh2016b0453	校城免费 Wifi 连接与信息推送系统的设计与实现	韶关学院	科技发明制作类	一般项目
454	pdjh2016b0454	片区智能快件派收车	韶关学院	科技发明制作类	一般项目
455	pdjh2016b0455	大数据下消费者网购影响因素的数据分析与建模	韶关学院	自然科学类	一般项目
456	pdjh2016b0456	新型核壳过渡型结构耐火砖	韶关学院	科技发明制作类	一般项目
457	pdjh2016b0457	地方高校"创客"孵化教育模式研究*	韶关学院	哲学社会科学类	一般项目
458	pdjh2016b0458	基于后修饰型多孔金属－有机框架对水中酚类污染物的检测分析研究	韶关学院	自然科学类	一般项目
459	pdjh2016b0459	基于二维码客户终端信息追溯模式的网购食品质量安全体系的研究与应用	韶关学院	自然科学类	一般项目
460	pdjh2016a0460	基于 Linux 的多功能掌上云卡	嘉应学院	科技发明制作类	重点项目
461	pdjh2016b0461	梅州欠发达地区中小学教师老龄化现状与对策研究	嘉应学院	哲学社会科学类	一般项目
462	pdjh2016b0462	中红外光谱法结合化学计量学方法检测天然香精油的品质	嘉应学院	自然科学类	一般项目
463	pdjh2016b0463	新媒体时代下，客家山歌的传承与发展研究	嘉应学院	哲学社会科学类	一般项目
464	pdjh2016b0464	一种雨伞干燥及鞋底清洁两用装置	嘉应学院	科技发明制作类	一般项目
465	pdjh2016b0465	besov 空间上相关算子理论的研究	嘉应学院	自然科学类	一般项目
466	pdjh2016b0466	光声效应液位测量装置的设计与研究	嘉应学院	科技发明制作类	一般项目
467	pdjh2016b0467	国际慢城背景下雁洋旅游品牌建设调查分析	嘉应学院	哲学社会科学类	一般项目
468	pdjh2016b0468	具有快速吸附动力学性能的离子交换树脂制备及在电解铜箔废水资源化治理的应用	嘉应学院	自然科学类	一般项目

续表

序号	项目编号	项目名称	承担单位	学科类别	项目等级
469	pdjh2016b0469	电解铜箔镀液中金属杂质的去除*	嘉应学院	科技发明制作类	一般项目
470	pdjh2016b0470	半仿生 - 微波组合技术提取金线莲中腺苷的研究	嘉应学院	自然科学类	一般项目
471	pdjh2016b0471	农田土壤淋洗修复及基于树脂吸附技术的重金属回收	嘉应学院	自然科学类	一般项目
472	pdjh2016b0472	基于 GIS 的梅州市古村落调查	嘉应学院	哲学社会科学类	一般项目
473	pdjh2016b0473	载体包埋以硝化细菌为优势菌群的培育及其应用	嘉应学院	自然科学类	一般项目
474	pdjh2016a0474	基于物联网技术的无线农作物环境一体化监测系统	惠州学院	科技发明制作类	重点项目
475	pdjh2016a0475	基于大数据背景的金融数据分析	惠州学院	自然科学类	重点项目
476	pdjh2016b0476	生态型现代都市构建路径研究——基于环境社会学的研究视角	惠州学院	哲学社会科学类	一般项目
477	pdjh2016b0477	二、三阶上三角非负矩阵的原子因式分解及其应用研究	惠州学院	自然科学类	一般项目
478	pdjh2016b0478	利用提取青蒿素后的黄花蒿残渣制备护肤沐浴露	惠州学院	科技发明制作类	一般项目
479	pdjh2016b0479	智慧衣柜	惠州学院	科技发明制作类	一般项目
480	pdjh2016b0480	听障儿童学习适应性与家庭支持研究	惠州学院	哲学社会科学类	一般项目
481	pdjh2016b0481	惠州市外来务工子女积分入学政策实施情况相关调查	惠州学院	哲学社会科学类	一般项目
482	pdjh2016b0482	惠州市男幼师职业认同感及对策研究	惠州学院	哲学社会科学类	一般项目
483	pdjh2016b0483	高温长寿命镍钴铝正极材料的合成及其性能研究	惠州学院	自然科学类	一般项目
484	pdjh2016b0484	可移动无线智能开关	惠州学院	科技发明制作类	一般项目
485	pdjh2016b0485	行政审批新模式：“中介超市”运行状况调查与研究——以惠州为例	惠州学院	哲学社会科学类	一般项目
486	pdjh2016a0486	带自动避障系统的面向全景视觉的智能四轴飞行器	东莞理工学院	科技发明制作类	重点项目

续表

序号	项目编号	项目名称	承担单位	学科类别	项目等级
487	pdjh2016a0487	激光坦克对战玩具系统	东莞理工学院	科技发明制作类	重点项目
488	pdjh2016b0488	基于木薯秸秆制备微生物燃料电池的多孔碳三维阳极材料	东莞理工学院	自然科学类	一般项目
489	pdjh2016b0489	女性跨省婚姻家庭结构稳定情况调查——以东莞市为例	东莞理工学院	哲学社会科学类	一般项目
490	pdjh2016b0490	火力发电厂余热回收方式及其经济型分析	东莞理工学院	自然科学类	一般项目
491	pdjh2016b0491	掺杂 Fe - Ni 对二氧化锰纳米结构超级电容器电极材料性能研究	东莞理工学院	自然科学类	一般项目
492	pdjh2016b0492	多材料混合光固化 3D 打印机研制及应用	东莞理工学院	科技发明制作类	一般项目
493	pdjh2016b0493	基于手势控制的家庭陪伴机器人	东莞理工学院	科技发明制作类	一般项目
494	pdjh2016b0494	"互联网 +"家庭智能信息平台*	东莞理工学院	科技发明制作类	一般项目
495	pdjh2016b0495	智能图像尺寸测量仪	东莞理工学院	科技发明制作类	一般项目
496	pdjh2016b0496	大学生电影推介与审美素质培养的研究	东莞理工学院	哲学社会科学类	一般项目
497	pdjh2016b0497	莞香文化产业发展调研报告	东莞理工学院	哲学社会科学类	一般项目
498	pdjh2016b0498	东莞产业升级视域下"机器换人"发展战略调查分析	东莞理工学院	哲学社会科学类	一般项目
499	pdjh2016b0499	广东省边远山区小学校园文化建设现状的调查	东莞理工学院	哲学社会科学类	一般项目
500	pdjh2016b0500	图同构判定有效算法的实验系统的设计与实现	东莞理工学院	科技发明制作类	一般项目
501	pdjh2016b0501	一种微波紫外高级氧化处理难降解废水装置	东莞理工学院	科技发明制作类	一般项目
502	pdjh2016a0502	全彩动态显示产品的设计与开发	五邑大学	科技发明制作类	重点项目
503	pdjh2016a0503	文化遗产保护中的公共记忆与现状记录研究与探索——以开平赤坎古镇为例*	五邑大学	哲学社会科学类	重点项目
504	pdjh2016a0504	含氮氧硫杂环的高效合成及其抗菌活性的研究	五邑大学	自然科学类	重点项目

续表

序号	项目编号	项目名称	承担单位	学科类别	项目等级
505	pdjh2016b0505	簕菜保健硬糖和颗粒剂的研制	五邑大学	科技发明制作类	一般项目
506	pdjh2016b0506	手语识别语音手套	五邑大学	科技发明制作类	一般项目
507	pdjh2016b0507	广东地方高校创新创业教育发展与提升路径探究——以五邑大学为例	五邑大学	哲学社会科学类	一般项目
508	pdjh2016b0508	基于互联网的移动签到系统研制	五邑大学	科技发明制作类	一般项目
509	pdjh2016b0509	基于旅游数字足迹的遗产地旅游开发与保护机制研究——以开平碉楼与村落世界文化遗产地为例	五邑大学	哲学社会科学类	一般项目
510	pdjh2016b0510	侨乡文化、企业家精神与经济增长绩效：以江门为例	五邑大学	哲学社会科学类	一般项目
511	pdjh2016b0511	新会南宋赵氏皇族700年分布与融入研究	五邑大学	哲学社会科学类	一般项目
512	pdjh2016b0512	促进伤口愈合静电纺细胞外基质支架研究	五邑大学	自然科学类	一般项目
513	pdjh2016b0513	开发活性染料无盐染色助剂	五邑大学	科技发明制作类	一般项目
514	pdjh2016b0514	一种带有显色探头的呼气酒精浓度检测仪	五邑大学	科技发明制作类	一般项目
515	pdjh2016b0515	基于四足机器人的危险环境探测系统	五邑大学	科技发明制作类	一般项目
516	pdjh2016b0516	石墨烯/银纳米线复合透明导电薄膜光电性能及稳定性研究	五邑大学	自然科学类	一般项目
517	pdjh2016b0517	双重辅助添加剂制备氮化铝纳米线材料及陶瓷材料	五邑大学	科技发明制作类	一般项目
518	pdjh2016b0518	公共部门编制外员工制度性歧视及其防范—以五邑地区为例	五邑大学	哲学社会科学类	一般项目
519	pdjh2016a0519	食材配送企业食品安全风险控制能力评价指数构建研究	佛山科学技术学院	哲学社会科学类	重点项目
520	pdjh2016a0520	生境破碎化对生物入侵速度的影响及其在生物多样性保护中的应用	佛山科学技术学院	自然科学类	重点项目

续表

序号	项目编号	项目名称	承担单位	学科类别	项目等级
521	pdjh2016b0521	基于库伯学习圈理论的亲职教育研究与实践	佛山科学技术学院	哲学社会科学类	一般项目
522	pdjh2016b0522	宠物犬退行性关节炎的干细胞治疗	佛山科学技术学院	自然科学类	一般项目
523	Pdjh2016b0523	纳米孔隙薄膜光波局域化和非线性效应研究	佛山科学技术学院	自然科学类	一般项目
524	pdjh2016b0524	现代建筑外墙清洁机器人研发	佛山科学技术学院	科技发明制作类	一般项目
525	pdjh2016b0525	高转换效率的宽波段多波长铒镱共掺光纤激光器的机理研究	佛山科学技术学院	自然科学类	一般项目
526	pdjh2016b0526	广东省基本农田保护经济补偿政策实施效果调查	佛山科学技术学院	哲学社会科学类	一般项目
527	pdjh2016b0527	创意磁悬浮式雨具	佛山科学技术学院	科技发明制作类	一般项目
528	Pdjh2016b0528	基于低空域小型无人机航拍技术的城市交通拥堵管控研究	佛山科学技术学院	哲学社会科学类	一般项目
529	pdjh2016b0529	基于光纤光路的光压演示与测量装置	佛山科学技术学院	科技发明制作类	一般项目
530	pdjh2016b0530	镜片厚度测量仪	佛山科学技术学院	科技发明制作类	一般项目
531	pdjh2016b0531	一种环境友好型铜基镀金电镀液及其应用	佛山科学技术学院	科技发明制作类	一般项目
532	pdjh2016b0532	汉字演变的教学动漫与电子书研发	佛山科学技术学院	科技发明制作类	一般项目
533	pdjh2016b0533	产酯酵母在豉香型白酒工艺的发酵特征与应用研究	佛山科学技术学院	自然科学类	一般项目
534	pdjh2016b0534	药用真菌红贝俄氏孔菌精油的制备与功能产品开发	佛山科学技术学院	科技发明制作类	一般项目
535	pdjh2016a0535	大学生生命愿景现状及其对极端生活事件的影响：积极心理品质的中介作用*	肇庆学院	哲学社会科学类	重点项目
536	pdjh2016a0536	肇庆地区不同叶色苋菜农艺性状及其抗逆品种的筛选	肇庆学院	自然科学类	重点项目
537	pdjh2016b0537	杭锦 2#土/水滑石复合材料的制备及其在热稳定剂中的应用	肇庆学院	科技发明制作类	一般项目
538	pdjh2016b0538	国外新引种鸡蛋花生长适应性及观赏特性研究	肇庆学院	自然科学类	一般项目

续表

序号	项目编号	项目名称	承担单位	学科类别	项目等级
539	pdjh2016b0539	基于电子鼻技术快速检测不同煎炸油品质的研究	肇庆学院	自然科学类	一般项目
540	pdjh2016b0540	新媒体形势下端砚文化的推广	肇庆学院	哲学社会科学类	一般项目
541	pdjh2016b0541	基于 GSM、GPS 的防丢保驾 SOS－CALL 头盔	肇庆学院	科技发明制作类	一般项目
542	pdjh2016b0542	华南地区高校自媒体与微信公众号联盟的创建实践	肇庆学院	科技发明制作类	一般项目
543	pdjh2016b0543	基于摄像头图像采集与物体捕捉追踪四轴飞行器*	肇庆学院	科技发明制作类	一般项目
544	pdjh2016b0544	贵广南广高铁对肇庆经济影响的预测模型研究	肇庆学院	哲学社会科学类	一般项目
545	pdjh2016b0545	地方普通院校大学生逆境商与创业就业关系的研究	肇庆学院	哲学社会科学类	一般项目
546	pdjh2016b0546	古村落旅游开发保护的困境与出路 ——以肇庆市高要八卦村和广西黄姚古镇为个案	肇庆学院	哲学社会科学类	一般项目
547	pdjh2016b0547	新型疏水性金属有机骨架材料的制备	肇庆学院	自然科学类	一般项目
548	pdjh2016b0548	pH 敏感均臂/杂臂星形嵌段聚合物胶束载药性 能和释放行为的耗散粒子动力学（DPD）模拟研究	肇庆学院	自然科学类	一般项目
549	pdjh2016b0549	校园网络新媒体的建设与发展研究	广州民航职业技术学院	哲学社会科学类	一般项目
550	pdjh2016b0550	大学生网络借贷行为分析	广州民航职业技术学院	哲学社会科学类	一般项目
551	pdjh2016b0551	广东省高校共青团微信公众号实证分析 ——以中山大学等 8 所高校为例	广州民航职业技术学院	哲学社会科学类	一般项目
552	pdjh2016a0552	苯胺类化合物作为酪氨酸酶激活剂的合成以及活性研究	广东轻工职业技术学院	自然科学类	重点项目
553	pdjh2016b0553	农作物茎杆废弃物的干法改性及在造纸中的应用*	广东轻工职业技术学院	科技发明制作类	一般项目
554	pdjh2016b0554	智能便捷式太阳能汽车舒适调节预警系统	广东轻工职业技术学院	科技发明制作类	一般项目

续表

序号	项目编号	项目名称	承担单位	学科类别	项目等级
555	pdjh2016b0555	磁耦合谐振式媒体终端无线充电装置	广东轻工职业技术学院	科技发明制作类	一般项目
556	pdjh2016b0556	中国传统文化在高职的传承与发展	广东轻工职业技术学院	哲学社会科学类	一般项目
557	pdjh2016b0557	随印多功能自助云打印机	广东轻工职业技术学院	科技发明制作类	一般项目
558	pdjh2016b0558	基于大数据分析技术和存储论模型解决跨境电商“海外仓”库存成本问题的研究	广东轻工职业技术学院	哲学社会科学类	一般项目
559	pdjh2016b0559	氨基改性纳米铁制备及降解 Cr6 + 研究	广东轻工职业技术学院	自然科学类	一般项目
560	pdjh2016b0560	SiteChecker（目击者）——多场景管理督导之星	广东轻工职业技术学院	科技发明制作类	一般项目
561	pdjh2016b0561	氨肽酶产生菌筛选及产酶的研究	广东轻工职业技术学院	自然科学类	一般项目
562	pdjh2016a0562	广东高职学生网络自主学习能力影响因素探究	广东省外语艺术职业技术学院	哲学社会科学类	重点项目
563	pdjh2016b0563	高校生态文明教育合力研究	广东省外语艺术职业技术学院	哲学社会科学类	一般项目
564	pdjh2016b0564	基于3D全息投影技术的建筑展示设计研究	广东省外语艺术职业技术学院	科技发明制作类	一般项目
565	pdjh2016b0565	大学生毕业后创业状况调研——以广东省外语艺术职业学院为例	广东省外语艺术职业学院	哲学社会科学类	一般项目
566	pdjh2016b0566	通识教育视域下的学生职业核心能力培养实践研究	广东省外语艺术职业学院	哲学社会科学类	一般项目
567	pdjh2016a0567	基于大数据的校园用电能耗监控与节能方法的研究与应用	广东机电职业技术学院	自然科学类	重点项目
568	pdjh2016b0568	基于半导体技术的便携式太阳能冷热恒温外卖箱	广东机电职业技术学院	科技发明制作类	一般项目

续表

序号	项目编号	项目名称	承担单位	学科类别	项目等级
569	pdjh2016b0569	基于毒盗假泛滥影响下的陆丰市八万镇农村教育状况调	广东机电职业技术学院	哲学社会科学类	一般项目
570	pdjh2016b0570	APP 远程控制移动式空调机组性能检测仪	广东机电职业技术学院	科技发明制作类	一般项目
571	pdjh2016b0571	广州市专 A 类高职院校电子竞技发展现状及积极性分析	广东机电职业技术学院	哲学社会科学类	一般项目
572	pdjh2016b0572	袋装中药配方颗粒智能取药机的研究与开发	广东机电职业技术学院	科技发明制作类	一般项目
573	pdjh2016b0573	一种多功能智能教室	广东机电职业技术学院	科技发明制作类	一般项目
574	pdjh2016b0574	基于“互联网 +”的宠物照看系统开发与研究	广东机电职业技术学院	自然科学类	一般项目
575	pdjh2016b0575	折叠便携式精密多喷头 3D 打印机	广东机电职业技术学院	科技发明制作类	一般项目
576	pdjh2016b0576	智能菜园机器人及用户平台开发	广东机电职业技术学院	科技发明制作类	一般项目
577	pdjh2016a0577	智能家居可移动垃圾桶机器人的设计制作	广东工贸职业技术学院	科技发明制作类	重点项目
578	pdjh2016b0578	基于遥感和 GIS 的珠三角地区城市内涝模拟与风险评价	广东工贸职业技术学院	自然科学类	一般项目
579	pdjh2016b0579	互联网 + 花店创业可行性分析	广东工贸职业技术学院	哲学社会科学类	一般项目
580	pdjh2016b0580	传关爱共创业同圆梦	广东工贸职业技术学院	哲学社会科学类	一般项目
581	pdjh2016b0581	厨房智能安全管控系统	广东工贸职业技术学院	科技发明制作类	一般项目
582	pdjh2016b0582	基于 GIS 的广东国家森林公园旅游地吸引力评价分析	广东工贸职业技术学院	自然科学类	一般项目
583	pdjh2016b0583	智能家庭植物生长管理系统	广东职业技术学院	科技发明制作类	一般项目
584	pdjh2016b0584	基于移动互联网的校园助手设计与开发	广东职业技术学院	科技发明制作类	一般项目
585	pdjh2016b0585	方叔叔的摄影工作室	广东职业技术学院	哲学社会科学类	一般项目
586	pdjh2016b0586	新生代农民工城市社区融入问题研究	广东职业技术学院	哲学社会科学类	一般项目

续表

序号	项目编号	项目名称	承担单位	学科类别	项目等级
587	pdjh2016b0587	智能塑料瓶回收垃圾桶	广东职业技术学院	科技发明制作类	一般项目
588	pdjh2016b0588	蜂巢交易网	广东职业技术学院	科技发明制作类	一般项目
589	pdjh2016b0589	高校思想政治教育复杂性研究及协同创新理路新探	广东职业技术学院	哲学社会科学类	一般项目
590	pdjh2016b0590	广东特色节水型低成本屋顶绿化研究	广东建设职业技术学院	自然科学类	一般项目
591	pdjh2016b0591	全面二孩政策的实施对家庭二孩生育意愿的影响因素探究——以广州市白云区为例	广东建设职业技术学院	哲学社会科学类	一般项目
592	pdjh2016b0592	社会主义新农村建设背景下农村信仰文化传承与发展的现状调查与探究——以粤西上俗村信仰文化现状为例	广东建设职业技术学院	哲学社会科学类	一般项目
593	pdjh2016b0593	O2O 家装平台研发	广东建设职业技术学院	科技发明制作类	一般项目
594	pdjh2016b0594	基于 Revit 的风管预制族的开发与应用	广东建设职业技术学院	科技发明制作类	一般项目
595	pdjh2016b0595	印制电路板腐蚀残液无害化处理	广东建设职业技术学院	科技发明制作类	一般项目
596	pdjh2016b0596	光伏冷热窗	广东建设职业技术学院	科技发明制作类	一般项目
597	pdjh2016a0597	“钢结构屋面清扫除锈机器人”研究	广东理工职业学院	科技发明制作类	重点项目
598	pdjh2016b0598	基于语音识别的反向充电自平衡电动鞋设计与制作	广东理工职业学院	科技发明制作类	一般项目
599	pdjh2016b0599	基于 web 的儿童安全游戏开发	广东理工职业学院	科技发明制作类	一般项目
600	pdjh2016b0600	传统文化对经济发展的影响——潮汕地区传统“过节”文化对当地经济发展的影响	广东理工职业学院	哲学社会科学类	一般项目
601	pdjh2016b0601	“互联网 +”视角下高职院校毕业生自主创业现状调查与对策研究——以中山地区高职院校为例	广东理工职业学院	哲学社会科学类	一般项目
602	pdjh2016b0602	关于现代会展的新模式——智慧会展的调研报告	广东科学技术职业学院	哲学社会科学类	一般项目

续表

序号	项目编号	项目名称	承担单位	学科类别	项目等级
603	pdjh2016b0603	高职高专工科大学生创新创业调查	广东科学技术职业学院	哲学社会科学类	一般项目
604	pdjh2016a0604	智能水狗	广东交通职业技术学院	科技发明制作类	重点项目
605	pdjh2016b0605	基于 RSSI 煤矿井下人员定位技术与疏散模型研究	广东交通职业技术学院	自然科学类	一般项目
606	pdjh2016b0606	考虑土性参数变异性的桩基扩展可靠度设计及其与欧洲规范的比较	广东交通职业技术学院	自然科学类	一般项目
607	pdjh2016b0607	自贸区大发展背景下广东省现代物流技能型人才需求及职业能力研究	广东交通职业技术学院	哲学社会科学类	一般项目
608	pdjh2016b0608	具有防溺水智能报警功能的泳帽设计	广东交通职业技术学院	科技发明制作类	一般项目
609	pdjh2016b0609	基于现代传感技术的停车场智能化车位引导及反向寻车系统设计研究	广东交通职业技术学院	自然科学类	一般项目
610	pdjh2016b0610	广东省高职院校学生创业心理资本现状调查研究	广东交通职业技术学院	哲学社会科学类	一般项目
611	pdjh2016b0611	时空 GIS 在广州市交通事故黑点预判与鉴别中的应用	广东交通职业技术学院	自然科学类	一般项目
612	pdjh2016b0612	便携式窨井预警探测器	广东交通职业技术学院	科技发明制作类	一般项目
613	pdjh2016b0613	智慧城市・沙漏信号灯	广东交通职业技术学院	科技发明制作类	一般项目
614	pdjh2016b0614	一种中水利用节水便器及中水收集系统的设计	广东水利电力职业技术学院	科技发明制作类	一般项目
615	pdjh2016b0615	电磁炉磁条自动装配机构	广东水利电力职业技术学院	科技发明制作类	一般项目
616	pdjh2016b0616	高职院校基层团支部团日活动现状调查报告——基于对 8 所高职院校的调查问卷	广东水利电力职业技术学院	哲学社会科学类	一般项目

续表

序号	项目编号	项目名称	承担单位	学科类别	项目等级
617	pdjh2016b0617	经济新常态下的广东社会底层青年的职业情况调（以移动摊贩为例）	广东水利电力职业技术学院	哲学社会科学类	一般项目
618	pdjh2016b0618	智能恒温杯垫	广东水利电力职业技术学院	科技发明制作类	一般项目
619	pdjh2016b0619	河流护岸新型式及其应用研究	广东水利电力职业技术学院	自然科学类	一般项目
620	pdjh2016b0620	基于 O2O 移动超市系统的设计及实现	广东水利电力职业技术学院	自然科学类	一般项目
621	pdjh2016b0621	升格类高职院校学生干部角色认知、发展诉求与成长策略	广东水利电力职业技术学院	哲学社会科学类	一般项目
622	pdjh2016b0622	高职学生积极心理品质调研及培育路径研究	广东行政职业学院	哲学社会科学类	一般项目
623	pdjh2016b0623	高职院校学生自主军训工程研究	广东行政职业学院	哲学社会科学类	一般项目
624	pdjh2016b0624	多功能便携植保无人机*	广东文艺职业学院	科技发明制作类	一般项目
625	pdjh2016b0625	物道（椅子设计）	广东文艺职业学院	科技发明制作类	一般项目
626	pdjh2016b0626	3D 打印技术在艺术类高职院校的应用与实践	广东文艺职业学院	科技发明制作类	一般项目
627	pdjh2016a0627	微公益实践活动在高校思想政治教育工作中的定位——基于“大众创业、万众创新”之时代背景	广东食品药品职业学院	哲学社会科学类	重点项目
628	pdjh2016b0628	全自动内毒素检测芯片	广东食品药品职业学院	科技发明制作类	一般项目
629	pdjh2016b0629	“植物黄金”姜黄深加工及功能食品保健品开发	广东食品药品职业学院	自然科学类	一般项目
630	pdjh2016b0630	基于大数据的家庭饮食健康模型研究	广东食品药品职业学院	哲学社会科学类	一般项目

续表

序号	项目编号	项目名称	承担单位	学科类别	项目等级
631	pdjh2016b0631	微信订阅号“格子物语”移动阅读库推广	广东食品药品职业学院	哲学社会科学类	一般项目
632	pdjh2016b0632	小世界去纹贴	广东食品药品职业学院	科技发明制作类	一般项目
633	pdjh2016b0633	微流控芯片快速分离检测粮食中重金属残留研究	广东食品药品职业学院	自然科学类	一般项目
634	pdjh2016b0634	广东地区亚健康辨体质药膳养生	广东食品药品职业学院	科技发明制作类	一般项目
635	pdjh2016a0635	探究外来务工子女家庭教育现状 ——基于广州市番禺区的调查分析	广东女子职业技术学院	哲学社会科学类	重点项目
636	pdjh2016b0636	“果汁之王”——百香果的种植推广与产业转型	广东女子职业技术学院	自然科学类	一般项目
637	pdjh2016b0637	社会工作介入民俗文化的探索 ——以广州市增城区朱村街口述历史的行动研究为例	广东女子职业技术学校	哲学社会科学类	一般项目
638	pdjh2016b0638	城市流动儿童教育现状调查报告——以南沙区东涌镇为例	广东女子职业技术学院	哲学社会科学类	一般项目
639	pdjh2016b0639	城市人们间的包容度——基于广州地铁调查	广东女子职业技术学院	哲学社会科学类	一般项目
640	pdjh2016b0640	基于数字门禁系统的校园人群热力图解决方案	广东女子职业技术学院	科技发明制作类	一般项目
641	pdjh2016b0641	基于大学生综合素质提升的志愿服务模式构建研究	广东女子职业技术学院	哲学社会科学类	一般项目
642	pdjh2016b0642	众译乐翻译软件	广东松山职业技术学院	科技发明制作类	一般项目
643	pdjh2016b0643	基于超声波的便携式多功能洗衣机*	广东松山职业技术学院	科技发明制作类	一般项目
644	pdjh2016b0644	太阳能电磁感应的无线充电器	广东松山职业技术学院	科技发明制作类	一般项目
645	pdjh2016b0645	汽车传感器在系统快速诊断平台*	广东松山职业技术学院	科技发明制作类	一般项目
646	pdjh2016b0646	工业炉窑残氧量检测与燃烧自动控制的技术改进	广东松山职业技术学院	科技发明制作类	一般项目
647	pdjh2016b0647	行业精神和高职院校校园文化建设研究 ——以广东地区为例	广东农工商 职业技术学院	哲学社会科学类	一般项目

续表

序号	项目编号	项目名称	承担单位	学科类别	项目等级
648	pdjh2016b0648	广州市大型人工湖及湿地建设模式研究	广东农工商职业技术学院	自然科学类	一般项目
649	pdjh2016b0649	ROOMER/租维网	广东农工商职业技术学院	科技发明制作类	一般项目
650	pdjh2016b0650	物联网智能家居饮水机的研制	广东农工商职业技术学院	科技发明制作类	一般项目
651	pdjh2016b0651	基于跨境电商平台产品样本翻译器设计与实现	广东农工商职业技术学院	科技发明制作类	一般项目
652	pdjh2016b0652	多菌株活性乳酸菌全豆豆制品关键技术研究	广东农工商职业技术学院	科技发明制作类	一般项目
653	pdjh2016b0653	广州市登革热传染病防控的数学模型	广东农工商职业技术学院	自然科学类	一般项目
654	pdjh2016b0654	考勤管理系统	广东邮电职业技术学院	科技发明制作类	一般项目
655	pdjh2016b0655	智能家具物联网终端——交互路由器	广东邮电职业技术学院	科技发明制作类	一般项目
656	pdjh2016b0656	高职院校学生健康素养及健康危险行为现况研究——以龙洞片区高职学生为例	广东工程职业技术学院	哲学社会科学类	一般项目
657	pdjh2016b0657	环保风光互补汽车	广东工程职业技术学院	科技发明制作类	一般项目
658	pdjh2016b0658	智能电烙铁	广东工程职业技术学院	科技发明制作类	一般项目
659	pdjh2016b0659	微景观的植物及配件固定集成技术创新	广东科贸职业学院	科技发明制作类	一般项目
660	pdjh2016b0660	多肉植物创新育种研究	广东科贸职业学院	自然科学类	一般项目
661	pdjh2016b0661	瑞氏木霉 T. reesei 转化薯蓣皂素及其双水相分离工艺研究	广东科贸职业学院	自然科学类	一般项目

续表

序号	项目编号	项目名称	承担单位	学科类别	项目等级
662	pdjh2016b0662	绿色富硒食品的研发	广东科贸职业学院	自然科学类	一般项目
663	pdjh2016b0663	环境数据采集与智控系统的研发与应用*	广东环境保护工程职业学院	科技发明制作类	一般项目
664	pdjh2016b0664	电镀废水铜在线回收技术研究	广东环境保护工程职业学院	自然科学类	一般项目
665	pdjh2016b0665	广东地区污染场地的生态修复植物种类调查	广东环境保护工程职业学院	自然科学类	一般项目
666	pdjh2016b0666	单分散超细 Co_3O_4 粉末的制备	广东环境保护工程职业学院	自然科学类	一般项目
667	pdjh2016b0667	城市边缘地区人口空心化对基层政治生活的影响——以广州市白云区钟落潭镇为例	广东青年职业学院	哲学社会科学类	一般项目
668	pdjh2016b0668	青年发展对基层社会流动性的影响——钟落潭镇为例	广东青年职业学院	哲学社会科学类	一般项目
669	pdjh2016b0669	基于人才培养视野下的“三走”模式的创新实践	广东青年职业学院	哲学社会科学类	一般项目
670	pdjh2016b0670	景观植物二维码标识牌的研发与应用——以广东生态工程职业学院为例	广东生态工程职业学院	自然科学类	一般项目
671	pdjh2016b0671	广东省高职院校大学生感恩心理现状调查与分析	广东生态工程职业学院	哲学社会科学类	一般项目
672	pdjh2016b0672	交互式文字类游戏教学法*	广东舞蹈戏剧职业学院	哲学社会科学类	一般项目
673	pdjh2016a0673	基于认知模式的大学生创业决策研究	广州番禺职业技术学院	哲学社会科学类	重点项目
674	pdjh2016b0674	轨道交通车体型材热挤压模具三维热力耦合数值模拟与工艺研究	广州番禺职业技术学院	自然科学类	一般项目
675	pdjh2016b0675	广东大学生优秀传统文化教育现状及策略研究	广州番禺职业技术学院	哲学社会科学类	一般项目

续表

序号	项目编号	项目名称	承担单位	学科类别	项目等级
676	pdjh2016b0676	广东大学生公益创业组织运行保障体系研究	广州番禺职业技术学院	哲学社会科学类	一般项目
677	pdjh2016b0677	银基底载 Ag 类金刚石膜制备及其性能研究	广州番禺职业技术学院	自然科学类	一般项目
678	pdjh2016b0678	广东高职院校自招生学习适应性现状的调查研究	广州番禺职业技术学院	哲学社会科学	一般项目
679	pdjh2016b0679	在国家“精准扶贫”背景下探析广州市扶贫开发与构建村集体经济发展长效机制	广州番禺职业技术学院	哲学社会科学类	一般项目
680	pdjh2016b0680	“昱康小屋”健康管理系统的研发*	广州番禺职业技术学院	科技发明制作类	一般项目
681	pdjh2016b0681	一种物联网安全通信中间件系统	广州番禺职业技术学院	科技发明制作类	一般项目
682	pdjh2016b0682	工业 4.0 时代 DT（Datatechnology）创新力平台系统的开发与实践	广州工程技术职业学院	科技发明制作类	一般项目
683	pdjh2016b0683	班级心理委员管理系统的开发与应用	广州工程技术职业学院	科技发明制作类	一般项目
684	pdjh2016b0684	IH 型化工泵拆装虚拟仿真实训系统	广州工程技术职业学院	科技发明制作类	一般项目
685	pdjh2016b0685	新型高效环保多口径深孔杯清洁器	广州铁路职业技术学院	科技发明制作类	一般项目
686	pdjh2016b0686	基于 Kinect 的体感减压游戏设计与开发研究	广州铁路职业技术学院	自然科学类	一般项目
687	pdjh2016b0687	虚拟环境下地铁站场火灾模拟与人员疏散仿真研究	广州铁路职业技术学院	自然科学类	一般项目
688	pdjh2016b0688	纳米添加剂对电力机车常用油性能的影响研究	广州铁路职业技术学院	自然科学类	一般项目
689	pdjh2016b0689	“智享”充电式、多功能化妆镜护眼台灯	广州铁路职业技术学院	科技发明制作类	一般项目
690	pdjh2016a0690	不同程度菟丝子寄生对入侵植物假臭草的防治效应及其作用机制	广州城市职业学院	自然科学类	重点项目
691	pdjh2016b0691	数控车床四刀位精准装刀刀架的设计与研究	广州城市职业学院	科技发明制作类	一般项目
692	pdjh2016b0692	一种应用于 3D 打印的聚乳酸材料改性研究	广州城市职业学院	自然科学类	一般项目
693	pdjh2016b0693	香精香料的气味指纹分类鉴别技术*	广州城市职业学院	科技发明制作类	一般项目

续表

序号	项目编号	项目名称	承担单位	学科类别	项目等级
694	pdjh2016b0694	关于广州市农村儿童教育状况的调研与分析——以广州市九龙镇镇龙村为例	广州城市职业学院	哲学社会科学类	一般项目
695	pdjh2016b0695	关于广州抗日遗址现状的调查	广州城市职业学院	哲学社会科学类	一般项目
696	pdjh2016b0696	安卓智能多路温控器	广州城市职业学院	科技发明制作类	一般项目
697	pdjh2016b0697	高职大学生创造性人格、人际交往能力与父母教养方式的关系研究	广州科技贸易职业学院	哲学社会科学	一般项目
698	pdjh2016b0698	基于移动互联的高职创客学习模式研究	广州科技贸易职业学院	自然科学类	一般项目
699	pdjh2016b0699	基于移动/WIFI 网络的手机 APP 家庭防盗系统	广州科技贸易职业学院	科技发明制作类	一般项目
700	pdjh2016a0700	城镇污水厂 A2/O 工艺强化脱氮除磷优化控制策略研究	深圳职业技术学院	自然科学类	重点项目
701	pdjh2016b0701	车载主动安全感知与异常驾驶状态检测	深圳职业技术学院	科技发明制作类	一般项目
702	pdjh2016b0702	地铁进出口检票机的人流量自适应调节装置	深圳职业技术学院	科技发明制作类	一般项目
703	pdjh2016b0703	基于物联网的远程无线监控自动车	深圳职业技术学院	科技发明制作类	一般项目
704	pdjh2016b0704	民宿旅游的发展及创新——基于深圳的研究	深圳职业技术学院	哲学社会科学类	一般项目
705	pdjh2016b0705	碳气凝胶修饰氧化铁用于高容量锂电池负极材料的制备	深圳职业技术学院	自然科学类	一般项目
706	pdjh2016b0706	特区大学生创新创业交流机制研究	深圳职业技术学院	哲学社会科学类	一般项目
707	pdjh2016b0707	城市更新规划重的低碳技术与实践评估	深圳职业技术学院	自然科学类	一般项目
708	pdjh2016b0708	基于视觉识别的家庭自动看护系统设计	深圳职业技术学院	科技发明制作类	一般项目
709	pdjh2016b0709	实践能力导向的高职院校“社团 +”模式研究	深圳职业技术学院	哲学社会科学类	一般项目
710	pdjh2016a0710	速运邦邦最后一公里 OTO 云服务平台	深圳信息职业技术学院	科技发明制作类	重点项目

续表

序号	项目编号	项目名称	承担单位	学科类别	项目等级
711	pdjh2016b0711	可移动的多功能智能监控系统	深圳信息职业技术学院	科技发明制作类	一般项目
712	pdjh2016b0712	“互联网+”视域下高校思想政治教育创新研究	深圳信息职业技术学院	哲学社会科学类	一般项目
713	pdjh2016b0713	深圳大学生创业现状调查及对策研究	深圳信息职业技术学院	哲学社会科学类	一般项目
714	pdjh2016b0714	污水处理中溶解氧浓度的软测量与智能控制研究	深圳信息职业技术学院	自然科学类	一般项目
715	pdjh2016b0715	基于无人机的高精度建筑物自动三维重建	深圳信息职业技术学院	自然科学类	一般项目
716	pdjh2016b0716	大幅面五轴数控激光加工装备	深圳信息职业技术学院	科技发明制作类	一般项目
717	pdjh2016b0717	沉浸式虚拟现实无人机驾驶系统研制	深圳信息职业技术学院	科技发明制作类	一般项目
718	pdjh2016b0718	纯电动公交车运营信息化体系研究	深圳信息职业技术学院	自然科学类	一般项目
719	pdjh2016b0719	嘿！设吧	深圳信息职业技术学院	自然科学类	一般项目
720	pdjh2016b0720	无线手机充电器的设计与制作	珠海城市职业技术学院	自然科学类	一般项目
721	pdjh2016b0721	高校思政教育工作方法创新研究——以服务学习为视角	珠海城市职业技术学院	哲学社会科学类	一般项目
722	Pdjh2016b0722	新常态下大学生就业形势分析及对策研究	珠海城市职业技术学院	哲学社会科学类	一般项目
723	pdjh2016b0723	太阳能供电的液位检测无线传送终端及远程管理系统	汕头职业技术学院	科技发明制作类	一般项目
724	pdjh2016b0724	高职学生对地方特色文化认同的调查研究——以潮汕侨批为例	汕头职业技术学院	哲学社会科学类	一般项目
725	pdjh2016b0725	基于 Arduino 的智能家居控制系统设计	汕头职业技术学院	科技发明制作类	一般项目
726	pdjh2016b0726	关于新媒体环境下大学生对客家文化的传承与学习途径的调查研究——以广东地区院校为例	河源职业技术学院	哲学社会科学类	一般项目
727	pdjh2016b0727	六自由度机械手的设计与研发	河源职业技术学院	科技发明制作类	一般项目
728	pdjh2016b0728	基于谐波工作台五轴联动精雕机设计与制造	河源职业技术学院	科技发明制作类	一般项目

续表

序号	项目编号	项目名称	承担单位	学科类别	项目等级
729	pdjh2016b0729	基于微信公众号的高职院校思想政治教育工作方法研究	河源职业技术学院	哲学社会科学类	一般项目
730	pdjh2016b0730	关于河源市东江水质的调研及保护建议	河源职业技术学院	自然科学类	一般项目
731	pdjh2016b0731	擦肩	河源职业技术学院	科技发明制作类	一般项目
732	pdjh2016b0732	新媒体环境下欠发达地区高职院校思想引领工作的现状及对策研究	河源职业技术学院	哲学社会科学类	一般项目
733	pdjh2016b0733	“关爱留守儿童，关注国家未来” 调查项目*	惠州卫生职业技术学院	哲学社会科学类	一般项目
734	pdjh2016b0734	广东省市售芝类商品调查及其生药鉴定	惠州卫生职业技术学院	自然科学类	一般项目
735	pdjh2016b0735	广东省大中专实习护士对养老护理认知情况及求职意向调查	惠州卫生职业技术学院	哲学社会科学类	一般项目
736	pdjh2016b0736	中药杉寄生的生药学研究*	惠州卫生职业技术学院	自然科学类	一般项目
737	pdjh2016b0737	农村“空巢老人”养老问题探析及对策研究——以惠州市（龙门县）为例*	惠州城市职业学院	哲学社会科学类	一般项目
738	pdjh2016b0738	打造惠州水东街文化品牌商业模式的应用研究*	惠州城市职业学院	哲学社会科学类	一般项目
739	pdjh2016b0739	智能家居机器人	汕尾职业技术学院	科技发明制作类	一般项目
740	pdjh2016b0740	当前大学生性教育的现状与对策研究	中山火炬职业技术学院	哲学社会科学类	一般项目
741	pdjh2016b0741	家用智能垃圾桶	中山火炬职业技术学院	科技发明制作类	一般项目
742	pdjh2016b0742	基于 stm32 的智能运钞车反挟持装置的设计与实现	中山职业技术学院	科技发明制作类	一般项目
743	pdjh2016b0743	多视预警安全头盔的研究与设计	中山职业技术学院	科技发明制作类	一般项目
744	pdjh2016b0744	全民参与社会治理施政理念下中山民生工程建设情况调查报告	中山职业技术学院	哲学社会科学类	一般项目
745	pdjh2016b0745	便携式多功能绘图压痕仪	中山职业技术学院	科技发明制作类	一般项目

续表

序号	项目编号	项目名称	承担单位	学科类别	项目等级
746	pdjh2016b0746	基于3D打印技术的创意食物打印机*	中山职业技术学院	科技发明制作类	一般项目
747	pdjh2016b0747	基于机器视觉的伺服机械手抓取、角度校正及快速定位控制系统设计	中山职业技术学院	科技发明制作类	一般项目
748	pdjh2016a0748	“全国小微企业双创示范”建设突围“珠西战略”——江门市推进“小微双创”工作对中小微企业的影响调查	江门职业技术学院	哲学社会科学类	重点项目
749	pdjh2016a0749	半导体Janus球微纳马达的开发及驱动机理研究*	江门职业技术学院	自然科学类	重点项目
750	pdjh2016b0750	智能农业大棚管家	江门职业技术学院	科技发明制作类	一般项目
751	pdjh2016b0751	纵列式两轮自平衡电动车控制机理研究与模型车研制*	江门职业技术学院	科技发明制作类	一般项目
752	pdjh2016b0752	电机故障声学诊断仪	江门职业技术学院	科技发明制作类	一般项目
753	pdjh2016b0753	低速低噪声无传感器永磁无刷直流电机设计与研制	江门职业技术学院	科技发明制作类	一般项目
754	pdjh2016b0754	基于网络空间命运共同体下“互联网+”在“精准扶贫”中的作用研究	江门职业技术学院	哲学社会科学类	一般项目
755	pdjh2016b0755	基于物联网的人体生命体征采集及健康状态分析系统	江门职业技术学院	科技发明制作类	一般项目
756	pdjh2016b0756	苛刻环境下高效聚醚有机硅消泡剂的研制与应用	江门职业技术学院	科技发明制作类	一般项目
757	pdjh2016b0757	基于光子晶体选择性增强红光发射的研究	江门职业技术学院	自然科学类	一般项目
758	pdjh2016b0758	离网智能光伏控制器的研制	佛山职业技术学院	科技发明制作类	一般项目
759	pdjh2016b0759	结肠靶向型氨糖聚电解质微胶囊产品的研制	佛山职业技术学院	自然科学类	一般项目
760	Pdjh2016b0760	融合主客观前提指标的高职生就业质量调查——以工商企业管理专业为例	佛山职业技术学院	哲学社会科学类	一般项目
761	pdjh2016b0761	佛山市互联网金融行业人才需求调研报告	佛山职业技术学院	哲学社会科学类	一般项目

续表

序号	项目编号	项目名称	承担单位	学科类别	项目等级
762	pdjh2016b0762	佛山市汽车服务业的薪酬现状分析和对策研究	佛山职业技术学院	哲学社会科学类	一般项目
763	pdjh2016b0763	低噪音大功率光伏电抗器的研发	佛山职业技术学院	科技发明制作类	一般项目
764	pdjh2016b0764	栀子果中有效成分提取生产工艺研究	佛山职业技术学院	自然科学类	一般项目
765	pdjh2016b0765	阳江市民办小学学生心理状况及学习环境调查研究	阳江职业技术学院	哲学社会科学类	一般项目
766	pdjh2016b0766	纳米 TiO2 光催化剂的优化合成及应用研究	阳江职业技术学院	自然科学类	一般项目
767	pdjh2016b0767	粤西高职院校学生宿舍文化构建的探索 ———以阳江职业技术学院为例	阳江职业技术学院	哲学社会科学类	一般项目
768	pdjh2016b0768	淮山年糕的制作及保质期研究	茂名职业技术学院	科技发明制作类	一般项目
769	pdjh2016b0769	鲜果龙眼自动去壳去核系统设计	茂名职业技术学院	科技发明制作类	一般项目
770	pdjh2016b0770	高校大学生公益创新创业研究	茂名职业技术学院	哲学社会科学类	一般项目
771	pdjh2016b0771	“三社联动”视域下大学生志愿者社区服务路径研究	肇庆医学高等专科学校	哲学社会科学类	一般项目
772	pdjh2016b0772	防止回血静脉输液器的开发研究	肇庆医学高等专科学校	科技发明制作类	一般项目
773	pdjh2016b0773	在抗氧剂保护条件下提取紫锥菊中菊苣酸的研究*	肇庆医学高等专科学校	科技发明制作类	一般项目
774	pdjh2016b0774	1－硝基芘对大鼠致畸作用研究*	肇庆医学高等专科学校	自然科学类	一般项目
775	pdjh2016b0775	茉莉酸甲酯对巴戟天活性成分积累的诱导作用研究	肇庆医学高等专科学校	自然科学类	一般项目
776	pdjh2016b0776	基于 GSM 短信双工模式的智能密码锁系统设计	揭阳职业技术学院	科技发明制作类	重点项目
777	pdjh2016b0777	白腐真菌处理含重金属电镀废水研究	揭阳职业技术学院	自然科学类	一般项目
778	pdjh2016b0778	大学生兼职过程中的权益保护	揭阳职业技术学院	哲学社会科学类	一般项目

续表

序号	项目编号	项目名称	承担单位	学科类别	项目等级
779	pdjh2016b0779	淘宝村模式下的电商产业园的思考 ——基于广东省揭阳市军埔电商村样本	揭阳职业技术学院	哲学社会科学类	一般项目
780	pdjh2016a0780	基于 ModBus 协议的物联网环境监测系统开发	揭阳职业技术学院	科技发明制作类	一般项目
781	pdjh2016b0781	可视化智能监控系统第三方平台关键技术研发	揭阳职业技术学院	科技发明制作类	一般项目
782	pdjh2016b0782	竹笋壳废弃物在灵芝培养基质中的应用研究	揭阳职业技术学院	自然科学类	一般项目
783	pdjh2016b0783	高职分散顶岗实习有效性评价研究——以计算机专业为例	罗定职业技术学院	哲学社会科学类	一般项目
784	pdjh2016b0784	经济欠发达地区的高职院校传承优秀传统文化的路径研究与实践 ——以罗定职业技术学院为例	罗定职业技术学院	哲学社会科学类	一般项目
785	pdjh2016b0785	云浮市县级城市公园建设现状及发展策略研究	罗定职业技术学院	哲学社会科学类	一般项目
786	pdjh2016a0786	环境友好型水溶性大豆蛋白重金属捕捉剂的开发与应用	顺德职业技术学院	科技发明制作类	重点项目
787	pdjh2016a0787	全面建成小康社会背景下的“休闲贫困”问题研究 ——基于广东顺德十镇街的实证调研	顺德职业技术学院	哲学社会科学类	重点项目
788	pdjh2016b0788	适老化智能坐便器的研究与开发	顺德职业技术学院	科技发明制作类	一般项目
789	pdjh2016b0789	新一代基于用户评论的信息推荐系统的关键技术研究	顺德职业技术学院	自然科学类	一般项目
790	pdjh2016b0790	深耕供应链，中国农村生鲜电商的出路 ——基于相关参与主体的调研分析	顺德职业技术学院	哲学社会科学类	一般项目
791	pdjh2016b0791	“互联网 +”背景下基于众筹的大学生创业融资模式研究	顺德职业技术学院	哲学社会科学类	一般项目
792	pdjh2016b0792	用于锂离子电池的 VO2 海绵网状中空纳米 结构电极材料的制备及电化学性质研究	顺德职业技术学院	科技发明制作类	一般项目
793	pdjh2016b0793	齿轮齿条直线运动线性测量与分析	顺德职业技术学院	科技发明制作类	一般项目

续表

序号	项目编号	项目名称	承担单位	学科类别	项目等级
794	pdjh2016b0794	灵芝多糖与微量元素硒螯合物的研究	顺德职业技术学院	自然科学类	一般项目
795	pdjh2016a0795	广东高职院校大学生职业精神状况调查报告	东莞职业技术学院	哲学社会科学类	重点项目
796	pdjh2016b0796	互联网 + 莞游移动智云平台的实现	东莞职业技术学院	科技发明制作类	一般项目
797	pdjh2016b0797	基于 LED 可见光通信的光编码系统研究	东莞职业技术学院	科技发明制作类	一般项目
798	pdjh2016b0798	防水防潮的可拆卸运输包装箱	东莞职业技术学院	科技发明制作类	一般项目
799	pdjh2016b0799	一种移动对战智能车平台的设计与开发	东莞职业技术学院	科技发明制作类	一般项目
800	pdjh2016b0800	东莞新型研发机构发展现状及对策研究	东莞职业技术学院	哲学社会科学类	一般项目
801	pdjh2016b0801	一种自动擦拭黑板的机器人	东莞职业技术学院	科技发明制作类	一般项目
802	pdjh2016a0802	广州民办高校大学生就业能力现状分析及其开发研究*	广东培正学院	哲学社会科学类	重点项目
803	pdjh2016a0803	环保材料与天然染料应用于服装服饰上的研究	广东培正学院	哲学社会科学类	重点项目
804	pdjh2016b0804	“互联网 + ” 背景下废旧物资回收系统的模式研究	广东培正学院	哲学社会科学类	一般项目
805	pdjh2016b0805	通过余额宝分析互联网金融创新的发展前景	广东培正学院	哲学社会科学类	一般项目
806	pdjh2016b0806	遂溪农村土地租赁种植合作经营研究	广东培正学院	哲学社会科学类	一般项目
807	pdjh2016b0807	惠州农村小型养蜂场成本控制研究	广东培正学院	哲学社会科学类	一般项目
808	pdjh2016b0808	“创新创业类实训课程” 校企合作开发模式的实践研究	广东培正学院	哲学社会科学类	一般项目
809	pdjh2016b0809	“互联网 + ” 时代下新媒体（APP）在高校精神文明建设中发挥的作用——以校园公益为例	广东培正学院	哲学社会科学类	一般项目
810	pdjh2016b0810	废旧汽车零部件的再设计应用	广东白云学院	科技发明制作类	一般项目
811	pdjh2016b0811	民族文化之剪纸产品的创新设计	广东白云学院	科技发明制作类	一般项目

续表

序号	项目编号	项目名称	承担单位	学科类别	项目等级
812	pdjh2016b0812	基于云制造的分布式数控加工 B2C 服务平台	广东白云学院	科技发明制作类	一般项目
813	pdjh2016b0813	流动儿童社会融入状况及社会工作介入模式研究	广东白云学院	哲学社会科学类	一般项目
814	pdjh2016b0814	广州小微金融服务进社区状况调查	广东白云学院	哲学社会科学类	一般项目
815	pdjh2016b0815	自然风系统在岭南建筑中的应用	广东白云学院	科技发明制作类	一般项目
816	pdjh2016b0816	一种新型教学用六轴工业机器人	广东白云学院	科技发明制作类	一般项目
817	pdjh2016b0817	古桥建筑文化与修复研究	广东白云学院	科技发明制作类	一般项目
818	pdjh2016b0818	基于 ARM 的智慧住宅网关控制系统	广东白云学院	科技发明制作类	一般项目
819	pdjh2016b0819	家庭背景影响下大学生专业选择研究 ——基于广东高校的实地调查	广东科技学院	哲学社会科学类	一般项目
820	pdjh2016b0820	大学生暑期三下乡社会实践组织管理工作研究	广东科技学院	哲学社会科学类	一般项目
821	pdjh2016b0821	自媒体时代背景下大学生网络舆情现状与引导对策研究	广东科技学院	哲学社会科学类	一般项目
822	pdjh2016a0822	基于增强大学生体质的手机 APP 运动软件在“阳光体育”和“三走运动”中的运用研究——以广州商学院为例*	广州商学院	哲学社会科学类	重点项目
823	pdjh2016b0823	“北斗星”——面向学生的多模式知识互动科普系统研究*	广州商学院	科技发明制作类	一般项目
824	pdjh2016b0824	城镇化进程中村民与村组织法律意识调查调查研究 ——以广东省广州市九龙镇 28 个村为例	广州商学院	哲学社会科学类	一般项目
825	pdjh2016b0825	今代麒麟舞，何人来继承 ——关于东莞市清溪镇麒麟舞的调查研究	广州商学院	哲学社会科学类	一般项目
826	pdjh2016b0826	大众创业、万众创新背景下的大学生创新创业能力培养研究	广州商学院	哲学社会科学类	一般项目
827	pdjh2016b0827	“互联网 + 废品回收”的融合发展研究	广州商学院	哲学社会科学类	一般项目

续表

序号	项目编号	项目名称	承担单位	学科类别	项目等级
828	pdjh2016b0828	蛟龙耀九州，文化传千年 ——关于龙舟文化继承和当代价值的调查研究	广州商学院	哲学社会科学类	一般项目
829	pdjh2016b0829	客家传统民居文化内涵探析——以客家围龙屋为例	广州商学院	哲学社会科学类	一般项目
830	pdjh2016b0830	大学生参与法治社区建设的路径研究	广州商学院	哲学社会科学类	一般项目
831	pdjh2016b0831	基于智能手机金标试纸定量检测仪的研究	广东东软学院	自然科学类	一般项目
832	pdjh2016b0832	基于云计算的人脸识别课堂考勤系统	广东东软学院	科技发明制作类	一般项目
833	pdjh2016b0833	以学生众筹经营的商业模式去培养创新创业能力的研究	广东东软学院	哲学社会科学类	一般项目
834	pdjh2016b0834	电子积木	广东东软学院	科技发明制作类	一般项目
835	pdjh2016b0835	“互联网＋”陶瓷业面临的问题及应对措施研究 ——以佛山市为例	广东东软学院	哲学社会科学类	一般项目
836	pdjh2016b0836	序列图像运动目标智能检测跟踪方法研究	广东东软学院	自然科学类	一般项目
837	pdjh2016b0837	红外线遥控 LED 旋转显示屏	广州工商学院	科技发明制作类	一般项目
838	pdjh2016b0838	HACPP 在易腐食品冷链物流中的应用	广州工商学院	自然科学类	一般项目
839	pdjh2016b0839	大学生农村电子商务创业就业现状调查分析研究 ——以广东省为例	广州工商学院	哲学社会科学类	一般项目
840	pdjh2016b0840	软材料在皮雕艺术设计中的研究与实践	广州工商学院	科技发明制作类	一般项目
841	pdjh2016b0841	互联网＋时代大学生对新媒体运营的满意度调查 ——以微信平台为例	广州工商学院	哲学社会科学类	一般项目
842	pdjh2016b0842	三维重构算法中异构计算技术的研究	广东理工学院	自然科学类	一般项目
843	pdjh2016b0843	小型水陆空三栖无人侦察机	广东理工学院	科技发明制作类	一般项目

续表

序号	项目编号	项目名称	承担单位	学科类别	项目等级
844	pdjh2016b0844	3D 打印技术在旅游纪念品个性化定制及创意设计中的应用	广东理工学院	科技发明制作类	一般项目
845	pdjh2016a0845	社会转型期社会组织视角下大学生公益创业能力提升的支持体系研究	广东南华工商职业学院	哲学社会科学类	重点项目
846	pdjh2016b0846	旅游背景下连南瑶族村寨环境建设调查研究	广东南华工商职业学院	哲学社会科学类	一般项目
847	pdjh2016b0847	色觉异常者助手 APP	广东南华工商职业学院	科技发明制作类	一般项目
848	pdjh2016b0848	关爱老人和谐社会风气养成的典型调查——以广东为例	广东南华工商职业学院	哲学社会科学类	一般项目
849	pdjh2016b0849	"互联网+"背景下农村电子商务现状及对策研究——基于广东省 100 个村庄的调研	广东南华工商职业学院	哲学社会科学类	一般项目
850	pdjh2016b0850	基于安卓自动扫描识别分拣邮件包裹机器人	私立华联学院	科技发明制作类	一般项目
851	pdjh2016b0851	立陶强生，"两论"铸魂，实验归真	私立华联学院	哲学社会科学类	一般项目
852	pdjh2016b0852	基于蓝牙技术的老人沐浴监护器设计	广东岭南职业技术学院	科技发明制作类	一般项目
853	pdjh2016b0853	基于互联网+学校的微系统便利通平台开发与实践	广东岭南职业技术学院	科技发明制作类	一般项目
854	pdjh2016b0854	基于 ARDUINO 模块化搬运机器人的研究与开发	广东岭南职业技术学院	科技发明制作类	一般项目
855	pdjh2016b0855	岭南野菜保健作用的开发利用	广东岭南职业技术学院	科技发明制作类	一般项目
856	pdjh2016b0856	英语口语练习 APP 的设计与实现	广州康大职业技术学院	科技发明制作类	一般项目
857	pdjh2016b0857	高职学生综合素质能力评价体系创新研究	广州康大职业技术学院	哲学社会科学类	一般项目
858	pdjh2016b0858	红色文化资源在高校民族精神教育中的实施策略——以广州红色资源为例	广州康大职业技术学院	哲学社会科学类	一般项目
859	pdjh2016b0859	新媒体对高校校园文化建设的影响和对策	广州涉外经济职业技术学院	哲学社会科学类	一般项目

续表

序号	项目编号	项目名称	承担单位	学科类别	项目等级
860	pdjh2016b0860	关于“90后”大学生恋爱观调查分析与教育策略	广州涉外经济职业技术学院	哲学社会科学类	一般项目
861	pdjh2016b0861	北部山区生态旅游之农家资源宣传推广平台建设*	广州南洋理工职业学院	科技发明制作类	一般项目
862	pdjh2016b0862	自动雨阳棚*	广州南洋理工职业学院	科技发明制作类	一般项目
863	pdjh2016b0863	半空心铝型材挤压模的结构研究	广州科技职业技术学院	自然科学类	一般项目
864	pdjh2016b0864	新媒体与电商平台对私人定制服务的影响	广州科技职业技术学院	哲学社会科学类	一般项目
865	pdjh2016b0865	一模多孔铝型材挤压模的设计与制造研究	广州科技职业技术学院	自然科学类	一般项目
866	pdjh2016b0866	惠州大学生创业融资问题研究——基于惠城区和仲恺区的调研	惠州经济职业技术学院	哲学社会科学类	一般项目
867	pdjh2016b0867	理财师与客户对接平台（惠理财）的研究与开发	惠州经济职业技术学院	哲学社会科学类	一般项目
868	pdjh2016b0868	无人机航拍器	广东工商职业学院	科技发明制作类	一般项目
869	pdjh2016b0869	网络营销语言状况的现象分析及其运用的对策研究	广东工商职业学院	哲学社会科学类	一般项目
870	pdjh2016b0870	大学生创业项目效益研究——以华立创业园创业项目为调查对象	广州华立科技职业学院	哲学社会科学类	一般项目
871	pdjh2016b0871	3D打印机大口径喷头机构制作	广州华立科技职业学院	科技发明制作类	一般项目
872	pdjh2016b0872	新型精密研磨抛光机的设计与制作	广州华立科技职业学院	科技发明制作类	一般项目
873	pdjh2016b0873	智能交通信号导引系统*	广东现代信息工程职业技术学院	科技发明制作类	一般项目
874	pdjh2016b0874	水温度检测及水温度报警器*	广东现代信息工程职业技术学院	科技发明制作类	一般项目
875	pdjh2016b0875	微信营销在高职院校实训课程中的应用研究*	广州珠江职业技术学院	哲学社会科学类	一般项目

续表

序号	项目编号	项目名称	承担单位	学科类别	项目等级
876	pdjh2016b0876	电子商务校企合作联合培养学生的职业素养和职业技能	广州珠江职业技术学院	哲学社会科学类	一般项目
877	pdjh2016b0877	智能家居生活	广州珠江职业技术学院校	自然科学类	一般项目
878	pdjh2016b0878	考证对高职院校学生就业与教育影响浅析	广州松田职业学院	哲学社会科学类	一般项目
879	pdjh2016b0879	“帮偶买”——超市代购手机 APP 应用	广州松田职业学院	科技发明制作类	一般项目
880	pdjh2016b0880	关于职业院校依托地方经济实行新模式教学改革调查报告	广东文理职业学院	哲学社会科学类	一般项目
881	pdjh2016b0881	关于粤西地区年俗习惯的调查报告	广东文理职业学院	哲学社会科学类	一般项目
882	pdjh2016b0882	岩土边坡预应力锚索循环注浆技术研究	广州城建职业学院	科技发明制作类	一般项目
883	pdjh2016b0883	以服务从化区域经济为导向的大学生互联网+农业创业研究与实践	广州城建职业学院	哲学社会科学类	一般项目
884	Pdjh2016b0884	仿生四足步行机器人的设计与实现	广州城建职业学院	科技发明制作类	一般项目
885	pdjh2016b0885	“互联网+”视角下校园快递“最后一公里”配送模式研究——以广州增城区大学校园为例	广州华商职业学院	哲学社会科学类	一般项目
886	pdjh2016b0886	便携万用炊具*	广州华商职业学院	科技发明制作类	一般项目
887	pdjh2016b0887	商务英语实践性教学对高职学生综合能力提升	广州华夏职业学院	哲学社会科学类	一般项目
888	pdjh2016b0888	团学工作介入广东省农村地区少年儿童心理健康教育研究——以广州市从化区鳌头镇为例	广州华夏职业学院	哲学社会科学类	一般项目
889	pdjh2016b0889	恒乾云商创业孵化服务中心	广东创新科技职业学院	科技发明制作类	一般项目
890	pdjh2016b0890	“好学生”手机 APP	广东创新科技职业学院	科技发明制作类	一般项目

续表

序号	项目编号	项目名称	承担单位	学科类别	项目等级
891	pdjh2016b0891	"一带一路"国家战略背景下绿色城市应用研究——以碧桂园集团马来西亚森林城市项目为例	广东碧桂园职业学院	自然科学类	一般项目
892	pdjh2016b0892	精准扶贫背景下"智力帮扶"对我省贫困家庭脱贫实效调查研究——以碧桂园集团教育扶贫为例	广东碧桂园职业学院	哲学社会科学类	一般项目
893	pdjh2016b0893	"通衢风流"——清远地域文化特质研究	广东碧桂园职业学院	哲学社会科学类	一般项目
894	pdjh2016b0894	非法传销策略和参与传销者的特征探析	北京师范大学－香港浸会大学联合国际学院	哲学社会科学类	一般项目
895	pdjh2016b0895	学生学习风格与学业成就关系之研究	北京师范大学－香港浸会大学联合国际学院	哲学社会科学类	一般项目
896	pdjh2016b0896	少数民族文化遗产的传承与商业推广探究——以贵州省黔东南地区苗族手工花草纸为例	北京师范大学－香港浸会大学联合国际学院	哲学社会科学类	一般项目
897	pdjh2016b0897	程序设计在线评测辅助教学系统	北京师范大学珠海分校	科技发明制作类	一般项目
898	pdjh2016b0898	基于本体库的中文语义校正技术研究	北京师范大学珠海分校	自然科学类	一般项目
899	pdjh2016b0899	珠三角大学生志愿服务长效机制研	北京师范大学珠海分校	哲学社会科学类	一般项目
900	pdjh2016b0900	广东高校微博谣言传播与治理	北京师范大学珠海分校	哲学社会科学类	一般项目
901	pdjh2016b0901	珠海高校海岛适应性课程体系构建与实践	北京师范大学珠海分校	哲学社会科学类	一般项目
902	pdjh2016b0902	WEBOOK 群书开发	北京师范大学珠海分校	科技发明制作类	一般项目
903	pdjh2016b0903	拟环纹豹蛛与猎物间信息联系机理研究	北京师范大学珠海分校	自然科学类	一般项目
904	pdjh2016b0904	汽车保养与维修推荐平台	北京师范大学珠海分校	科技发明制作类	一般项目
905	pdjh2016b0905	DID 智能口罩	北京师范大学珠海分校	科技发明制作类	一般项目

续表

序号	项目编号	项目名称	承担单位	学科类别	项目等级
906	pdjh2016a0906	基于云端的远程随身电子听诊系统	电子科技大学中山学院	科技发明制作类	重点项目
907	pdjh2016a0907	基于物联网的智能水产养殖管理系统	电子科技大学中山学院	科技发明制作类	重点项目
908	pdjh2016b0908	人口老龄化背景下养老服务人才状况调查——以广东省为例	电子科技大学中山学院	哲学社会科学类	一般项目
909	pdjh2016b0909	基于ARM的六轴机械手控制系统的研究与开发	电子科技大学中山学院	科技发明制作类	一般项目
910	Pdjh2016b0910	锥形板镦粗与强制冷却工艺研究	电子科技大学中山学院	自然科学类	一般项目
911	pdjh2016b0911	广东省中小企业跨境电商物流解决方案研究	电子科技大学中山学院	哲学社会科学类	一般项目
912	pdjh2016b0912	基于双目视觉的全自主服务机器人	电子科技大学中山学院	科技发明制作类	一般项目
913	pdjh2016b0913	油茶麸中茶皂素的提取及其在洗衣液中的应用	电子科技大学中山学院	自然科学类	一般项目
914	pdjh2016b0914	生物大分子蛋白及DNAMarker的研制	电子科技大学中山学院	科技发明制作类	一般项目
915	pdjh2016a0915	智能多功能插件机的研发	北京理工大学珠海学院	科技发明制作类	重点项目
916	pdjh2016a0916	金刚石合金磨具磨边轮自动化焊接机	北京理工大学珠海学院	科技发明制作类	重点项目
917	pdjh2016b0917	乌饭树黑色素提取及其在染发产品中的应用	北京理工大学珠海学院	自然科学类	一般项目
918	pdjh2016b0918	物联网环境下楼宇安全逃生系统	北京理工大学珠海学院	科技发明制作类	一般项目
919	pdjh2016b0919	基于微网控制的分布式能源发电系统的研究与设计	北京理工大学珠海学院	科技发明制作类	一般项目
920	pdjh2016b0920	基于STM32的儿童管家	北京理工大学珠海学院	科技发明制作类	一般项目
921	pdjh2016b0921	海峡两岸词汇差异与互通性的调查与研究	北京理工大学珠海学院	哲学社会科学类	一般项目
922	pdjh2016b0922	汽车雨刷橡胶切割机的研究	北京理工大学珠海学院	科技发明制作类	一般项目
923	pdjh2016a0923	面向移动医疗的心电信号分析系统研究与实现	吉林大学珠海学院	科技发明制作类	重点项目

续表

序号	项目编号	项目名称	承担单位	学科类别	项目等级
924	pdjh2016b0924	绣球菌子实体超微粉片剂工艺制备研究	吉林大学珠海学院	自然科学类	一般项目
925	pdjh2016b0925	响应面法优化荷叶碱提取工艺及其配方颗粒制备工艺研究	吉林大学珠海学院	自然科学类	一般项目
926	pdjh2016b0926	基于 PLC 的地下车库智能引导和可视化管理系统	吉林大学珠海学院	科技发明制作类	一般项目
927	pdjh2016b0927	智能家居服务型机器人设计	吉林大学珠海学院	科技发明制作类	一般项目
928	pdjh2016b0928	新形势下大学生创业现状研究——以广东十所高校大学生为例	吉林大学珠海学院	哲学社会科学类	一般项目
929	pdjh2016b0929	珠海市“区校”共建大学生志愿服务体系的调查研究	吉林大学珠海学院	哲学社会科学类	一般项目
930	pdjh2016b0930	（PLA）－（PLA－b－PEG）－（PEG）型复合保鲜包装的开发	吉林大学珠海学院	科技发明制作类	一般项目
931	pdjh2016a0931	基于 RFID 技术和 STM32 的嵌入式智能充电桩	广东工业大学华立学院	科技发明制作类	重点项目
932	pdjh2016b0932	可控高空作业机械臂	广东工业大学华立学院	科技发明制作类	一般项目
933	pdjh2016b0933	基于 STM32 四轴飞行器控制台及数据传输	广东工业大学华立学院	科技发明制作类	一般项目
934	pdjh2016b0934	基于稀疏表示与三维拟合的模型动态构建	广东工业大学华立学院	自然科学类	一般项目
935	pdjh2016b0935	增城区乡村学前教育调查研究	广东工业大学华立学院	哲学社会科学类	一般项目
936	pdjh2016b0936	卫生间节水型智能洗手盆－马桶一体化设计	广东工业大学华立学院	科技发明制作类	一般项目
937	pdjh2016b0937	解决城市住房存量的政策引导下，新生代农民工住房购买力情况调查分析——以增城地区为例	广东工业大学华立学院	哲学社会科学类	一般项目
938	pdjh2016b0938	基于知信行理论视角下的城镇居民健身运动损伤预防措施研究	广东工业大学华立学院	自然科学类	一般项目
939	pdjh2016b0939	嵌入式控制系统的 VXI 总线数据采集技术研究	广东工业大学华立学院	自然科学类	一般项目
940	pdjh2016b0940	基于改进 PID 的无人机飞行消除姿态漂移算法	广东工业大学华立学院	自然科学类	一般项目
941	pdjh2016b0941	校园电子商务	广州大学松田学院	科技发明制作类	一般项目

续表

序号	项目编号	项目名称	承担单位	学科类别	项目等级
942	pdjh2016b0942	智能晾衣杆设计*	广州大学松田学院	科技发明制作类	一般项目
943	pdjh2016b0943	基于 iBeacon 技术的“互联网+微信”智慧校园应用建设*	广州大学松田学院	科技发明制作类	一般项目
944	pdjh2016b0944	“证书邦”在线平台开发与应用*	广州大学松田学院	科技发明制作类	一般项目
945	pdjh2016b0945	拼音法学英语的推广与创新研究*	广州大学松田学院	哲学社会科学类	一般项目
946	pdjh2016b0946	我国农产品区域品牌建设与发展研究——以增城农产品为例*	广州大学松田学院	自然科学类	一般项目
947	pdjh2016b0947	成长在线系统*	广州大学松田学院	科技发明制作类	一般项目
948	pdjh2016b0948	大学生宿舍无线控制智能节能系统的开发*	广州大学松田学院	科技发明制作类	一般项目
949	pdjh2016b0949	大学生移动网络创业现状及模式研究 ——以东莞理工学院城市学院为例	东莞理工学院城市学院	哲学社会科学类	一般项目
950	pdjh2016b0950	可测心率与体温的智能背心	东莞理工学院城市学院	科技发明制作类	一般项目
951	pdjh2016b0951	智慧箱包	东莞理工学院城市学院	科技发明制作类	一般项目
952	pdjh2016b0952	基于 FDM 的大型型材 3D 打印机*	东莞理工学院城市学院	科技发明制作类	一般项目
953	pdjh2016b0953	广东木偶戏的民俗文化特征研究	中山大学新华学院	哲学社会科学类	一般项目
954	pdjh2016b0954	“雷公之锁”大学生新型防盗锁项目	中山大学新华学院	科技发明制作类	一般项目
955	pdjh2016b0955	辣木总黄酮祛斑美白面霜的研制	中山大学新华学院	自然科学类	一般项目
956	Pdjh2016b0956	“取货易”自助取货机	中山大学南方学院	科技发明制作类	一般项目
957	pdjh2016b0957	迎宾机器人的视觉和路径系统的研制	中山大学南方学院	科技发明制作类	一般项目
958	Pdjh2016b0958	“智能”摄像机安装调试助手	中山大学南方学院	科技发明制作类	一般项目
959	pdjh2016b0959	时代变迁视域下年例文化对社会发展的影响研究——以茂名为例	中山大学南方学院	哲学社会科学类	一般项目

续表

序号	项目编号	项目名称	承担单位	学科类别	项目等级
960	pdjh2016a0960	基于人脸识别的安保机器人系统的设计与实现	华南理工大学广州学院	科技发明制作类	重点项目
961	pdjh2016a0961	基于 AR 技术的虚实图书	华南理工大学广州学院	科技发明制作类	重点项目
962	pdjh2016b0962	大型截面空心铝合金型材挤压模具结构优化研究	华南理工大学广州学院	自然科学类	一般项目
963	pdjh2016b0963	智能续航四旋翼飞行器	华南理工大学广州学院	科技发明制作类	一般项目
964	pdjh2016b0964	基于脑电波实现的人机互动小车装置	华南理工大学广州学院	科技发明制作类	一般项目
965	pdjh2016b0965	广州北站空港铁路经济圈经济效益研究	华南理工大学广州学院	哲学社会科学类	一般项目
966	pdjh2016b0966	基于 LabVIEW 的多系统六轴机械臂	华南理工大学广州学院	科技发明制作类	一般项目
967	pdjh2016b0967	基于 iGPS 定位的麦克纳姆轮工业用途全向移动平台研究	华南理工大学广州学院	科技发明制作类	一般项目
968	pdjh2016b0968	基于多旋翼适应复杂路况的地面无人车辆开发研究	华南理工大学广州学院	科技发明制作类	一般项目
969	pdjh2016b0969	电力魔方（基于 BPLC 通讯技术的流媒体智能系统）	华南理工大学广州学院	科技发明制作类	一般项目
970	pdjh2016b0970	蜜源植物在广州市综合公园中的应用	华南农业大学珠江学院	自然科学类	一般项目
971	pdjh2016b0971	“一带一路”视野下的裕固族文化传承与保护	华南农业大学珠江学院	哲学社会科学类	一般项目
972	pdjh2016b0972	基于互联网技术的 APP 远程监控的机器人	华南农业大学珠江学院	科技发明制作类	一般项目
973	pdjh2016b0973	基于 RHFMs 的合成伪造图像检测算法研究	广东外语外贸大学	南国商学院 自然科学类	一般项目
974	pdjh2016b0974	高校青年利用国际化平台推动大学文化创新与自我教育创新模式的探究——以 TEDxSCBC 为例	广东外语外贸大学	南国商学院 哲学社会科学类	一般项目
975	pdjh2016b0975	交通实时路况手机应用：路况一点通（APP）	广东外语外贸大学 南国商学院	科技发明制作类	一般项目

续表

序号	项目编号	项目名称	承担单位	学科类别	项目等级
976	pdjh2016b0976	未来中国养老机构市场的发展前景及其新模式探索	广东外语外贸大学南国商学院	哲学社会科学类	一般项目
977	pdjh2016b0977	南国红豆“多语言”网络化外语教学 APP	广东外语外贸大学南国商学院	科技发明制作类	一般项目
978	pdjh2016b0978	指尖校园 APP	广东外语外贸大学南国商学院	科技发明制作类	一般项目
979	pdjh2016b0979	科学管理理论评述及现实意义	广东财经大学华商学院	哲学社会科学类	一般项目
980	pdjh2016b0980	引企入校开展实习实训教育——以广东财经大学华商学院信息工程系为例	广东财经大学华商学院	哲学社会科学类	一般项目
981	pdjh2016b0981	畲族文化再发展的形式与对策——以广州部分地区为例	广东财经大学华商学院	哲学社会科学类	一般项目
982	pdjh2016b0982	冼夫人文化建筑艺术传承调查报告——以湛江、茂名为例	广东海洋大学寸金学院	哲学社会科学类	一般项目
983	pdjh2016b0983	多旋翼飞行器的研究与制作	广东海洋大学寸金学院	科技发明制作类	一般项目
984	pdjh2016b0984	新型农村合作医疗	广东海洋大学寸金学院	哲学社会科学类	一般项目
985	pdjh2016a0985	跨境电子商务的社会调研	广东技术师范学院天河学院	哲学社会科学类	重点项目
986	pdjh2016b0986	现阶段东莞中小企型制造企业的困境与出路	广东技术师范学院天河学院	哲学社会科学类	一般项目

续表

序号	项目编号	项目名称	承担单位	学科类别	项目等级
987	pdjh20160987	普惠金融政策背景下的广东省乡镇居民投资理财市场调查报告	广东技术师范学院天河学院	哲学社会科学类	一般项目
988	pdjh2016b0988	房屋安全性鉴定技术研究	广东技术师范学院天河学院	自然科学类	一般项目
989	pdjh2016b0989	钢波纹板 CBS 组合梁受力性能研究	广东技术师范学院天河学院	自然科学类	一般项目
990	pdjh2016b0990	校企协同育人对造价专业学生的影响研究——以天河学院为例	广东技术师范学院天河学院	哲学社会科学类	一般项目
991	pdjh2016a0991	基于 WEB 文本挖掘的电商网站个性化推荐技术研究	广州大学华软软件学院	自然科学类	重点项目
992	pdjh2016b0992	精细化智能养殖系统	广州大学华软软件学院	科技发明制作类	一般项目
993	Pdjh2016b0993	救援飞行器的设计与实现	广州大学华软软件学院	科技发明制作类	一般项目
994	pdjh2016b0994	“指尖上的舌尖安全”——网上订餐的食品安全问题调查研究	广州大学华软软件学院	哲学社会科学类	一般项目
995	pdjh2016b0995	珠三角地区新生代农民工职业教育现状调查研究——基于珠三角 4 市的调查	广州大学华软软件学院	哲学社会科学类	一般项目
996	pdjh2016b0996	Grabcut 图像分割算法优化及其应用研究	广州大学华软软件学院	自然科学类	一般项目
997	pdjh2016b0997	中国在高校思想政治教育中的运用研究	广州大学华软软件学院	哲学社会科学类	一般项目
998	pdjh2016b0998	危险品仓储环境中巡逻机器人系统的设计	广州大学华软软件学院	科技发明制作类	一般项目
999	pdjh2016b0999	家居医疗手环	广州大学华软软件学院	科技发明制作类	一般项目
1000	pdjh2016b1000	高速公路安全预警系统	广州大学华软软件学院	科技发明制作类	一般项目

注：表中＊号标注项目为未结项项目，其余项目均已结项。

广东大学生科技创新培育专项资金管理暂行办法（修订版）

第一章　总则

第一条　为规范广东大学生科技创新培育专项资金（攀登计划专项资金）管理，提高资金使用效益，贯彻落实省委省政府《关于全面深化科技体制改革加快创新驱动发展的决定》（粤发〔2014〕12 号），实施原始创新能力提升培养计划，促进大学生成为创新创业生力军，为创新驱动发展战略积累人才储备，根据《广东省省级财政专项资金管理办法》（粤府〔2013〕125 号）等有关规定，修订定本办法。

第二条　本办法所指广东大学生科技创新培育专项资金（以下简称专项资金），是指由省财政预算安排，专项用于资助省内高校大学生（包括全日制专科生、本科生、研究生）科技创新团队开展科技创新实践研究的专项资金。

第三条　专项资金的使用和管理应坚持以下原则：

（一）依法依规。专项资金使用必须严格遵守有关法律、法规和相关规章制度。专项资金分配必须公开透明，广泛接受监督。

（二）竞争择优。专项资金分配引入竞争机制，通过竞争性安排方式，在科学论证、专家评审、民主决策的基础上，优选支持项目。

（三）突出重点。专项资金重点支持大学生自主开展具有原创性、前沿性、现实性的科技创新实践研究。

（四）绩效导向。增强专项资金分配使用的绩效观念，项目申报、评审、资金使用等各环节，都必须以提高资金使用效益为基本导向，加强对资金使用、项目实施的监督管理，提高资金使用效益。

第二章　部门职责

第四条　省财政厅负责专项资金预算管理，会同共青团广东省委员会审核、下达项目计划，下达专项资金计划，办理资金拨付手续，对资金使用情况进行监督检查和开展绩效评价。

第五条　共青团广东省委员会负责专项资金的具体管理和项目管理工作。负责组织项目申报，联合省财政厅组织专项资金评审，联合下达项目计划；对专项资金支持项目进行监督检查和绩效自评，负责组织项目实施、验收、信息公开，并配合省财政厅开展绩效评价等工作。

第三章　扶持范围和分配方法

第六条　专项资金申报单位包括：广东省内部属、省属、市属及省直部门办普通高等学校，民办普通高等学校，民办独立学院。高等学校作为资金申报主体和项目管理单位，承担立项项目的培育、辅导、监督和经费管理工作，并对立项项目按照 1∶1 的比例安排有关工作经费。配套工作经费主要作为项目培育和管理经费、立项项目的配套资助以及优秀结题项目的奖励经费。

第七条　专项资金主要资助广东省境内的高等学校在校大学生科技创新团队开展自然科学、哲学社科和科技发明制作等方向的实践研究。资助项目包括自然科学类学术论文、哲学社会科学类社会调查报告和学术论文、科技发明制作等三类。研究期限一般为一年。其中自然科学类学术论文项目的申报作者限本科生、专科生。毕业设计和课程设计（论文）、学年论文和学位论文、国际竞赛中获奖的作品、获国家级奖励的成果等均不在支持范围之列。

（一）自然科学类学术论文。本类项目主要是针对某一学科或某一领域前沿问题的探索和研究，要求具有较强的前沿性和学术性。

（二）哲学社会科学类社会调查报告和学术论文。本类项目主要是针对当前经济社会发展热点难点问题的研究，通过理论探索和实证调查，分析得出具有较强可行性、前瞻意义的对策、建议或学术论文。本类项目限定在哲学、经济、社会、法律、教育、管理等学科内。

（三）科技发明制作。本类项目主要是科技创新、发明创造，要求作品具有较强的应用价值和转化前景。

第八条　项目资助等级分为“重点项目”“一般项目”两类。

（一）自然科学类学术论文。重点项目每个资助4.5万元，一般项目每个资助1.5万元。

（二）哲学社会科学类社会调查报告和学术论文。重点项目每个资助3万元，一般项目每个资助1万元。

（三）科技发明制作。重点项目每个资助6万元，一般项目每个资助2万元。

第四章　申报与审核

第九条　共青团广东省委员会会同省财政厅每年根据我省大学生科技创新实践教育发展情况和工作重点，通过省级财政专项资金管理平台（以下简称管理平台）发布专项资金申报指南，提出申报程序和相关要求。

第十条　各高等学校根据专项资金支持范围组织动员学生申报项目、组织校内评审、择优推荐，并以学校为单位向共青团广东省委员会申报参与竞争。申报项目必须符合国家和省关于高校科研学术行为的有关规定和程序。

第十一条　共青团广东省委员会会同省财政厅对申报项目通过省财政专项资金管理平台予以受理，对不符合申报条件的项目予以退回。

第十二条　共青团广东省委员会会同省财政厅对通过前置审查的申报项目组织评审，提出专项资金分配方案，并在管理平台上公示无异议后，按规定程序报省领导审批。

第五章　资金管理

第十三条　省财政厅对按规定批准使用的专项资金按照国库集中支付管理

规定办理资金拨付手续，各地、各单位在收到专项资金之日起15个工作日内将资金下达到有关学校。

第十四条　专项资金可用于以下开支：

（一）科研业务费：计算、测试、分析费（使用本单位设备的只收消耗费），业务资料、报告、论文版面费和印刷费，文献检索、入网等信息通信费，专用软件购置费，学术刊物订阅费，专利申请与保护费用。

（二）差旅会议费：研究项目所必需的国内调研差旅费和学术会议费，其中差旅费开支范围包括城市间交通费、住宿费、伙食补助费和市内交通费，会议费指在项目研究过程中为组织学术研讨、咨询以及协调等活动而发生的会议费用。差旅会议费开支管理严格按照《省直党政机关和事业单位差旅费管理办法》和《省直党政机关和事业单位会议费管理办法》的有关要求办理。

（三）实验材料费：原材料、试剂、药品等消耗性物品购置费，实验动物、植物的购置、种植、养殖费，标本、样品采集加工费和运杂包装费。

（四）仪器设备费：专用仪器设备的购置、运输、安装费和修理费，自制专用仪器设备的材料、配件购置费和外协加工费。但交通运输设备、声像录放设备、复制打印设备、空调冷藏设备、办公设备等费用不得列入。

（五）专家咨询费：是指在项目研究开发过程中支付给临时聘请的咨询专家的费用，专家咨询费不得支付给参与项目管理相关工作人员。

（六）国际合作与交流费：指项目研究过程中发生的国际合作与交流费用，包括项目组成员出访及外国专家来访的费用。

第十五条　获得专项资金的单位要加强专项资金使用管理，对专项资金实行专款专用，单独列账，独立核算。严格按照财政专项资金各项管理规定、开支范围和相关标准使用资金，严格执行财政资金使用票据销账制度，严禁用“白头单”入账或套取现金，不得挪作他用。

第六章　信息公开

第十六条　共青团广东省委员会、省财政厅按照《广东省省级财政专项资金信息公开办法》的规定，通过专项资金管理平台以及共青团广东省委员会和省财政厅门户网站等渠道公开专项资金管理相关信息：专项资金管理办法、申报指南、申报情况、资金分配程序和分配方式、分配结果、绩效评价、监督检查和审计结果、接受处理投诉情况等。

第七章　监督管理与绩效评价

第十七条　省财政厅负责对专项资金的使用情况进行管理和监督，共青团广东省委员会负责对专项资金支持项目实施情况进行管理和监督。

第十八条　获得专项资金的单位要切实加强对立项项目的管理，制定专项资金资助项目管理办法和实施细则，并自觉接受财政、审计部门的监督检查。项目完成后，项目管理单位应当及时指导项目团队做好总结，编制项目决算，按时提交验收或结题申请，无特殊原因未按时提出验收申请的，按不通过验收处理。项目结题验收实现以下绩效目标：

（一）自然科学类学术论文。重点项目要求在核心期刊或 SCI、EI 发表 1 篇学术论文。一般项目要求发表 1 篇学术论文。

（二）哲学社会科学类社会调查报告和学术论文。重点项目要求在核心期刊或 SSCI、CSSCI 发表 1 篇学术论文。一般项目要求发表 1 篇学术论文。

（三）科技发明制作。重点项目要求制作出实物，同时要申请 1 项专利及发表 1 篇学术论文。一般项目要求制作出实物，同时要申请 1 项专利或发表 1 篇学术论文。

各申报单位必须推荐立项项目参加“挑战杯”广东大学生课外学术科技作品竞赛，参赛综合成绩将作为本单位项目验收绩效评价的重要依据。对本科生项目，参加“挑战杯”竞赛并获得省赛一等奖以上可等同于发表 1 篇核心论文。对专科生项目，参加“挑战杯”竞赛并获得省赛二等奖以上可等同于发表 1 篇核心论文。

第十九条　建立专项资金绩效评价制度。共青团广东省委员会按照规定组织项目管理单位、获得专项资金的单位开展专项资金绩效自评，并配合省财政厅做好其他评价工作；省财政厅将根据有关规定和年度工作计划组织专项资金绩效评价工作，评价结果作为专项经费安排、调整、撤销以及责任追究的重要依据。各高等学校项目验收绩效考核情况将作为下一年度资金安排计划的重要依据。

第二十条　建立专项资金使用监督检查制度。共青团广东省委员会、省财政厅按规定对专项资金支持项目进行监督检查，发现问题及时纠正。

第二十一条　专项资金实行责任追究制度。

（一）对各级财政部门、资金管理单位相关责任人在专项资金分配、审批过程中存在违法违纪行为的，依照有关规定处理。涉嫌犯罪的，移送司法机关依法处理。

（二）项目申报人（负责人）、参与人有伪造或者变造申请材料的，由共青团广东省委员会给予撤销当年申请项目资格；其申请项目已决定资助的，撤销原资助决定，追回已拨付的专项资助经费；剽窃他人科学研究成果或者在科学研究中有弄虚作假等情节严重的行为，一经查实，由共青团广东省委员会直接做出终止资助项目实施的决定。有以上违法情形之一的，5 年之内不得申请或者参与申请大学生科技创新培育专项资金项目，并向社会公开其不守信用信息。

（三）评审专家利用评审权索取、收受申报单位或个人财物的，共青团广东省委员会建立黑名单制度，登记其不良信用记录信息，通报其所在单位和有关项目组织单位，依照有关规定进行处理，并取消其评审资格。涉嫌犯罪的，移送司法机关依法处理。

第二十二条　项目在执行过程中因故变更或中止时，须逐级报共青团广东省委员会、省财政厅批复同意。对因故中止的项目，省财政厅将收回全部或部分专项资金。

第八章　附则

第二十三条　本办法由省财政厅和共青团广东省委员会负责解释。

第二十四条　本办法自印发之日起施行。

2015 年 9 月 16 日